全国高等院校经济管理类
专业本科教材

中国税制

（修订版）

主编 李国淮 韦宁卫

经济科学出版社

图书在版编目（CIP）数据

中国税制／李国淮，韦宁卫主编．—修订本．—北京：经济科学出版社，2012.8　（2016.4 重印）
全国高等院校经济管理类专业本科教材
ISBN 978－7－5141－2187－2

Ⅰ.①中… Ⅱ.①李…②韦… Ⅲ.①税收制度－中国－高等学校－教材　Ⅳ.①F812.422

中国版本图书馆 CIP 数据核字（2012）第 167850 号

责任编辑：王东萍
责任校对：徐领弟
责任印制：李　鹏

中 国 税 制
（修订版）
主编　李国淮　韦宁卫
经济科学出版社出版、发行　新华书店经销
社址：北京市海淀区阜成路甲 28 号　邮编：100142
教材分社电话：88191344　发行部电话：88191537
网址：www.esp.com.cn
电子邮件：espbj3@esp.com.cn
北京密兴印刷有限公司印装
787×1092　16 开　17.5 印张　430000 字
2012 年 8 月第 1 版　2016 年 4 月第 6 次印刷
ISBN 978－7－5141－2187－2　定价：34.00 元
（图书出现印装问题，本社负责调换。电话：88191502）
（版权所有　翻印必究）

修订版前言

本书为普通高等学校经济管理类本科专业的适用教材，已于 2006 年由国家级出版社正式出版，并在相关的院校中使用至今。长期以来，为了满足教学的需要，根据我国税制改革的逐步推进和税收制度的变化，我们曾多次对该书内容进行过修订，使之逐步形成新修订版本的基本框架，付梓正式出版。出版前，我们还继续对书中内容进行反复修改才予以定稿，书中所阐述的税法内容截止至 2012 年 7 月的最新规定。

作为经济管理类专业的适用教材，税收问题属于经济问题。因此，从学科的属性来说，本教材定名为《中国税制》而不叫《税法》，更符合税收的学科属性。作为税收学科知识的内在逻辑关系的研究，可依次分为税收学、税收制度、税务管理。本教材根据经济管理类专业人才培养目标要求，专注于阐述我国的税收制度，不涉及外国的税收制度。目的在于体现培养学生的税收政策理念和政策水平、税收操作技能和从事税收工作能力，体现行业性、专业性的要求。本书共分十二章及两个附录。具体为：绪论；中国税收制度的历史沿革与发展；增值税；消费税；营业税；关税；企业所得税；个人所得税；资源税和土地增值税；城镇土地使用税和耕地占用税；房产税、车船税、船舶吨税和契税；城市维护建设税、印花税和车辆购置税。另为附录：烟叶税和教育费附加。全书涵盖了我国现行税种的全部内容及教育费附加。

在现代经济社会中，税收的地位和作用越来越重要。税收已日益深入到人们经济社会生活的方方面面，成为解决好民生问题的一大热点。依法纳税已成为每一个公民应尽的义务。每一个经济人都迫切地要求掌握税收政策，了解税收制度内容，熟练计算纳税的方法，在确保正确履行纳税义务的同时，能维护自身的税收权益。因此，本书不仅仅是大学经济管理类专业的适用教材，同时还可以作为广大纳税人学习和掌握税收制度内容和操作技能的知识读本。因此，本书写作的目的之一，就是在于它的适用范围的广泛性。它既可以作为高等教育经济管理类专业的适用教材，也可以作为各行业广大从业人员、财会人员的学习参考及培训用书，尤其适用于广大自学者使用。

本教材在写作上具有较为鲜明的特点：一是严格以税收法律、法规为基础叙述税收制度。在叙述中，严格体现税收制度结构与税收法律、法规结构的差异。对于具体税种的制度，书中将其划分为征税对象、纳税人、纳税义务发生时间等实体性质的规定；税基、税率、税额计算等实体性量的规定；纳税期限、纳税地点等程序性规定三个层次来叙述。二是内容的系统性和新颖性。在处理税收理论和税收实务的关系上，从税收制度的原理出发，深入分析各个税种的制度特点和特殊作用，充分论述各个税制要素内容，体现理论与实践的相结合。在具体税种的介绍上，没有简单停留在对税收法律、法规的解释上，而是力求系统深入叙述税收制度的理论，注重知识的系统性，并引用了我国税收法律、法规的最新内容。三是具有阅读的通俗性和操作的实用性。为了满足不同读者的需要，书中运用了大量的例题和案例，并对内容进行科学组织和编排，力求表达的通俗化。在技能操作层面上，侧重于对读者的"有用"和"实用"，突出可操作性。

本书由李国淮教授和韦宁卫副教授担任主编，对全书进行总纂定稿。李国淮负责编写和修订第一章和第二章；韦宁卫负责编写和修订第四章、第八章、第十二章及附录；覃庆寅负责编写和修订第三章、第十章；蒙强负责编写和修订第五章、第九章；王红晓负责编写和修订第六章、第十一章；韦坚负责编写和修订第七章。

作为教材，不能仅仅体现作者个人的学术观点，而应反映学术界研究成熟的知识和理论体系内容。因此，在本书的编写过程中，我们吸收了同行专家、学者的大量研究成果。为了突出本书"内容最新"的时效性，及时满足教学用书和广大读者学习的需要，经济科学出版社的领导和教材中心对该书的出版给予了全力的支持和帮助。在此，我们一并表示由衷的感谢！

由于我们的水平有限，书中不可避免地存在不足和这样或那样的缺点及错误，恳请同行专家、学者与读者提出批评意见。

编　者
2012.7

修订说明

本书长期作为财经类院校教学用书，并经过多次修订出版反复使用。近两年来，由于国内外经济形势的变化，国家运用税收政策调节经济力度的加大和税收制度改革进度的加快，使得原教材内容发生的较大的变化，不能满足教学的需要。为了使教学内容及时适应变化了的税收制度，以满足教学的需要，我们决定对原教材内容进行修订。当然，由于近年来国家对税收政策调整的力度大、内容多、范围广，我们不可能把所有变化了的税收政策一一列入教材之中。对此，请读者给予理解和谅解。

李国淮和韦宁卫负责对书稿的总修订工作，覃庆寅、蒙强、王红晓和韦坚等同志负责对书稿的相关章节的修订工作。经济科学出版社王东萍同志为该书的修订给予了大力的支持和帮助。在此，我们一并表示最衷心的感谢！

编　者
2012.7.13

目 录

第1章 绪 论 / 1
 第一节 税收制度概述 / 1
 第二节 税收制度和税法 / 9
 第三节 税收制度的构成要素 / 15
 第四节 税制结构 / 25

第2章 中国税收制度的历史沿革与发展 / 30
 第一节 税收制度发展与演变的历史分析 / 30
 第二节 新中国税收制度的建立与税制修正 / 32
 第三节 1958~1978年：改革工商税制和统一全国农业税制 / 36
 第四节 1979~1993年：工商税制重大改革 / 39
 第五节 1994年：建立与社会主义市场经济相适应的税收制度 / 42
 第六节 2004年以来的新一轮税制改革 / 44

第3章 增值税 / 48
 第一节 增值税概述 / 48
 第二节 增值税的征税范围、纳税人和税率 / 55
 第三节 增值税的减税免税 / 60
 第四节 增值税应纳税额的计算 / 62
 第五节 出口货物的退（免）税 / 69
 第六节 增值税的征收管理 / 76
 第七节 增值税专用发票的使用与管理 / 77

第4章 消费税 / 82
 第一节 消费税概述 / 82
 第二节 消费税的征税范围、纳税人和税目税率 / 85
 第三节 消费税的纳税环节和计税依据 / 91
 第四节 消费税应纳税额的计算 / 94
 第五节 出口应税消费品的退（免）税 / 104

  第六节 消费税的征收管理 / 106

第5章 营业税 / 108
  第一节 营业税概述 / 108
  第二节 营业税的征税范围、纳税人及税目税率 / 110
  第三节 营业税的减税免税 / 116
  第四节 营业税应纳税额的计算 / 117
  第五节 营业税的征收管理 / 122

第6章 关 税 / 124
  第一节 关税概述 / 124
  第二节 关税的征税对象、纳税人、税则、税率 / 127
  第三节 关税的税收优惠 / 135
  第四节 关税的完税价格 / 138
  第五节 进境物品进口税 / 141
  第六节 关税的征收管理 / 142

第7章 企业所得税 / 145
  第一节 企业所得税概述 / 145
  第二节 企业所得税的征税对象、纳税人和税率 / 147
  第三节 企业所得税应纳税所得额的确定 / 149
  第四节 资产的税务处理 / 159
  第五节 企业所得税应纳税额的计算 / 163
  第六节 企业所得税的税收优惠 / 168
  第七节 特别纳税调整 / 173
  第八节 企业所得税的征收管理 / 176

第8章 个人所得税 / 179
  第一节 个人所得税概述 / 179
  第二节 个人所得税的纳税人、征税对象和税率 / 181
  第三节 个人所得税的税收优惠 / 185
  第四节 个人所得税应纳税额的计算 / 187
  第五节 个人所得税的征收管理 / 204

第9章 资源税和土地增值税 / 208
  第一节 资源税 / 208
  第二节 土地增值税 / 216

第10章 城镇土地使用税和耕地占用税 / 225
  第一节 城镇土地使用税 / 225
  第二节 耕地占用税 / 229

第11章 房产税、车船税、船舶吨税和契税 / 233
  第一节 房产税 / 233
  第二节 车船税 / 238
  第三节 船舶吨税 / 243
  第四节 契税 / 247

第12章 城市维护建设税、印花税和车辆购置税 / 252
  第一节 城市维护建设税 / 252
  第二节 印花税 / 256
  第三节 车辆购置税 / 262

附录1：烟叶税 / 266
附录2：教育费附加 / 268

第1章

绪 论

【内容提要】 税收是国家或政府为满足社会公共需要，凭借政治权力，按法定标准强制、无偿地参与国民收入分配，取得财政收入的一种形式。税收自身具有强制性、无偿性和固定性的形式特征。这是现代世界各国税收所共同具有的特征，也是税收区别于其他财政收入的基本标志。一般地说，税收作为财政收入的一种最主要形式，是国家组织财政收入和调控经济的手段。只有当这种形式和手段具有法律化、制度化的时候，才能行之有效，才能由理论转换为现实。当今世界，各个国家都是通过确立税收制度来达到这一目的的。

第一节 税收制度概述

一、税收制度的概念

税收制度简称税制，是国家以法律形式规定的各种课税办法的总称。它既是国家向纳税人征税的法律依据和税收工作的规程，又是纳税人履行纳税义务的法定准则。税收制度作为国家财政经济制度的重要组成部分，体现了国家处理税收分配关系的规范性。

税收制度的概念可从广义和狭义两个角度理解。广义的税收制度是指国家设置的所有税种的法律法规和各项征收管理制度的总称。其具体内容有：各种税收的基本法规，包括已经完成和尚未完成全部立法程序的各种税法、条例、实施细则、办法、暂行规定、协定、换文等；税收管理体制，即在中央和地方之间划分税收管理权限和立法权的制度；税收征收管理制度，即税收程序法方面的各项制度；税务机构和税务人员制度，即有关税务机构的设置、分工、隶属关系以及税务人员的职责、权限等方面的制度；税收计划、会计、统计工作制度等。狭义的税收制度是指税收法律制度，即国家设置某一税种的课征制度，包括税种设置、各个税种的具体内容，如征税对象、纳税人、税率、纳税环节、纳税期限、违章处理等。本书所研究的税收制度是指狭义的税收制度。

无论是广义的税收制度还是狭义的税收制度，它们都是指税制的法律形式，通过法律形式使税制成为税收分配活动的规范。如果从整个国家税制建设层面上理解,税收制度则是指一个国家在一定历史条件下所形成的税收制度的结构体系,即各税类、税种、税制要素等相互配合、相互协调构成的税制体系。如以所得税为主体的税制体系、以流转税为主体的税制体系、以流转税和所得税并重为主体的税制体系等。因此,从这一层面上理解税收制度概念,不能脱离一个国家现实的生产力发展水平和经济结构等情况;从这一层面上研究税收制度,可为税制改革、税收立法提供可行的理论依据。

二、税收制度的分类

税收制度的分类是指按照一定的标准对税收体系中性质相同或相近的税种进行的归类。对税收制度进行分类的意义在于进行分类后,便于对不同类别的税种及其收入、税源、税负、税收管理权限等问题进行分析、研究、比较和评价。从而为研究税收问题提供方便条件,为建立合理的税收体系提供依据,使税收在各个经济发展时期都能够充分发挥作用。

根据税收的基本理论,按征税对象的性质对税收进行分类,可将税种分为流转税、所得税、资源税、财产税和行为税五大类。与此相对应,税收制度的分类也可分为流转税制、所得税制、资源税制、财产税制和行为税制五大类。尽管各国划分的类别多少不一,但这是世界各国普遍采用的税收制度分类方式,也是各国税制分类中最基本、最重要的方式。通过这种分类方式,可以体现各国税制结构的模式。研究我国的税收制度问题,也必须根据征税对象的性质对我国税制进行分类。将我国现行税制分为流转税制、所得税制、资源税制、财产税制和行为税制五大类,可以体现我国税制结构的模式。

(一) 流转税制

流转税制是以商品或劳务流转额为征税对象的那一类税收制度的统称。根据税收原理,流转税的经济前提是存在商品的交换和劳务的提供,其计税依据是商品或劳务的流转额。流转额又分商品流转额和非商品流转额。商品流转额是指在商品交换过程中发生的交易额。对卖方来说,具体表现为商品销售额;对买方来说,具体表现为购进商品支付的金额。对商品流转额征税,既可以卖方实现的销售收入额为征税对象,称卖方税制;也可以买方发生的购进支付额为征税对象,称买方税制。非商品流转额是指单位和个人向社会提供劳务服务取得的邮政电讯、金融保险、文化体育、娱乐与服务等各项劳务性收入额。对非商品流转额征税,一般是以提供劳务方发生的营业额为征税对象。此外,流转税制既可以全部流转额为征税对象,又可以部分流转额为征税对象。增值税就是以新创造的那部分流转额为征税对象的。

(二) 所得税制

所得税制是以所得额为征税对象的那一类税收制度的统称。所得额包括利润所得和其他所得两大类。利润所得是指从事生产经营活动的企业和个体经营者获得的经营收入扣除为取得这些收入所支付的各种成本费用以及流转税税款后的余额。其他所得是指工资、劳务报酬、股息、利息、租金、转让特许权所得等。所得税制是世界各国普遍实行的税收制度,也是许多国家特别是经济发达国家主要实行的税收制度。从世界各国看,所得税制主要包括企业所得税制（也称公司或法人所得税制）、个人所得税制和社会保险税制（也称工薪税制）。目前，我国只建立了企业所得税制和个人所得税制。

（三） 资源税制

资源税制是以资源的绝对收益和级差收益为征税对象的那一类税收制度的统称。作为征税对象的自然资源是指那些具有商品属性的资源，即具有交换价值和使用价值的自然资源。因此，各国对资源的征税是有选择的，而不是对所有的资源都征税。建立资源税制是为了促使人类合理开发和节约使用自然资源，避免资源的无效损耗，调节资源的级差收入，为达到这一目的，各国对资源征税时，通常都遵循受益原则、公平原则和效率原则。具体讲就是：列入资源征税范围的应当是那些因开发和使用自然资源而受益的单位和个人；政府必须参与调节资源开发者和使用者所获得的级差收入，为实现平等竞争创造公平的社会环境；由于资源的不可再生性，对稀缺资源除用税收手段限制外，还需配以行政手段予以管理。

资源税制可分为一般资源税制和级差资源税制两种类型。一般资源税制是以自然资源的开发和利用为前提，无论资源的好坏和收益的多少，都对开发利用者所获取的绝对收益进行征税。级差资源税制则是根据开发和利用自然资源的等级以及收益的多少所形成的级差收入为征税对象来进行征税。资源税制一般具有征税范围固定、采用差别税率、实行从量定额征收的特点。我国现行的资源税制中由资源税、城镇土地使用税、土地增值税、耕地占用税等税种的税收制度组成。

（四） 财产税制

财产税制是指以纳税人拥有或支配的财产为征税对象的那一类税收制度的统称。作为征税对象的财产包括不动产和动产两大类。不动产是指不能移动或移动后会损失其经济价值的财产，如土地和地上附着物等。动产是指除不动产以外的，各种可能移动的财产，包括有形动产和无形动产。有形动产如车辆、船舶等；无形动产如股票、债券、银行存款等。由于财产的种类繁多，存在形态的多样性，一些财产的价值难以估算，一些财产又易于转移和隐匿，因此，要对纳税人的全部财产征税是困难的。一般说来，各国的财产税制并不规定对所有的财产都征税，而只是选择某些特定的财产进行征税，其中主要以对不动产征税为主。我国现行的财产税制由房产税、契税等税种的税收制度组成。

（五） 行为税制

行为税制是指以某些特定行为作为征税对象的那一类税收制度的统称。世界各国普遍实行对行为课税制度，其目的除了为增加地方财政收入外，更主要的是为加强对某些特定行为的监督、限制和管理，或者是对某些特定行为的认可，从而实现国家政治或经济上的某种特定目的或者管理上的某种需要。虽然由于国情的差异及历史因素的影响，各国的行为税制选择征税的行为差异较大，但各国的行为税制都具有征税对象单一、税源分散、税种灵活的特点。作为征税对象的行为名目繁多，从某种意义上说，几乎所有税收都是行为税，如在生产环节征收的税收可以说成是对生产经营行为征税、在消费环节征收的税收可以说成是对消费行为征税、对投资征收的税收可以说成是对投资行为征税、对娱乐业征收的税收可以说成是对娱乐行为征税，等等。因此，行为税不是对所有的行为征税，而是仅对行为税制规定的某些特定行为征税。例如，一些国家开征的赌博税、彩票税、狩猎税、犬税等。我国现行的行为税制由车船税、印花税、城市维护建设税等税种的税收制度组成。

三、优化税收制度的原则

税收制度属于上层建筑的范畴，是经济基础决定的、不同的历史时期人的利益及其选择的结果。建立最大限度地符合当前经济条件及人们利益选择的税收制度，是税制优化的基本要求。但是，税收制度的优化与否是一个价值判断问题，古今中外，仁者见仁，智者见智，各有各的说法，很难完全统一。从重商主义一开始，许多杰出的经济学家都曾经思考过这个问题。比较全面的有代表性的表述主要有18世纪英国经济学家亚当·斯密的"税收四原则"和19世纪德国经济学家瓦格纳提出的"税收四原则"。亚当·斯密的税收四原则是：平等原则，即每一个有收入的人都应当按比例、平等地向国家纳税；确实原则，即税收制度要使纳税人确切地了解确实应该缴纳的税收，征收制度和方式都应该让纳税人知道；便利原则，即要从便利纳税人的角度确定什么时候缴税、在哪里缴税、用什么方式缴税；节省原则，即最小征收费用原则，就是政府征税所花的费用要尽可能最小，因为费用过大，最终将会给纳税人造成沉重的负担。瓦格纳的税收四原则是：财政收入原则，即税收收入要充分且要有弹性；经济政策原则，即税收制度要保护资本，税种的选择要不妨碍经济发展，对所得税课税要不侵蚀资本；社会政策原则，即征税要普遍，要考虑到纳税人的不同支付能力；税务行政原则，即征税数额要确实，要便利纳税人，征收费用要最小。由于人们受当时的市场观和政府观所限，亚当·斯密没有将保证财政收入作为税制建设所应遵循的原则。其"确实、便利、节省"三项原则，实际上是对税收管理提出的原则要求。瓦格纳关于税制设置的原则的论述，除了公平原则和管理原则外，还突出了国民经济原则，强调减少效率损失的必要性。

19世纪末，英国新古典学派对税制原则研究的重点也转向"效率原则"。马歇尔运用近代效用理论、消费者盈余与供需弹性等基本概念，首次详细地研究了税收可能带来的效率损失，提出了税收额外负担的概念。此后，不少新古典经济学家致力于研究如何设置税制，选择税种，以降低效率损失。至19世纪末，效率、公平与管理原则已成为西方财税学界普遍接受的税制建立原则。现代经济学家在前人的基础上，对税制建立的原则又进行了深入研究，几经变化不断充实。但是，所思考的方面和得到的结论大同小异，基本上还是围绕效率和公平两个大的方面来立论。

在现代市场经济条件下，税收已成为国家调控经济的重要手段。税制设置不仅要从减少税收对经济的扭曲、减少效率损失角度来考虑，还应从宏观的角度考虑增加税收带来的收益。在税制设计和调整中，充分考虑税收对微观经济主体行为选择产生的影响，使税制设置所形成的税收运行机制能够在社会资源配置及矫正和激励某种经济行为方面产生一定作用，使之能够充分体现国家的宏观经济政策，符合国家的整体利益。实践证明，在现实的市场经济环境中，税制建设仅仅立足于减少市场经济运行中的效率损失已不能适应当前要求提高经济增长质量，谋求经济可持续增长，形成合理的经济发展结构和态势的要求。因此，人们已明确提出了税制优化的概念和税制优化的理论。对税制优化问题的研究并不仅仅限于对税制建设原则的研究，西方税制优化理论的精髓是：既然扭曲性税收所带来的效率损失是不可避免且可能很大,税制优化的任务就是尽量使这些损失降至最小。在最简化的优化税制模型中,将效率损失降到最小就是惟一的目标。而在较为复杂的优化税制模型中,则应在效率损失最小化和税收公平、福利的社会分配方面寻求一个权衡点。

应该强调指出,世界上并不存在也难以形成一个永远适用,具有范例性质的标准化的税制模式。税制优化并不是形成一个无可比拟和替代的税制模式,而是一个动态过程。它是要求随着客观条件和环境的变化而及时地对税制做出相应的调整。也就是说,某一类型的税制符合了当时的客观经济环境和人们当时的利益选择,就是"最优"的税制。而当客观经济环境发生变化时,就会由新的税制替代旧的税制,使现行税收制度始终处于"最优"状态。一个国家的税收制度始终是处于不断调整和演进的过程中,现行税制实质上是处于不断优化过程中的一个暂停点。归根结底,税制优化就是根据客观环境和社会政治经济发展的要求而对现行税制不断完善的过程。

新中国的税制变迁,实际上就是在税收制度的外在政治、经济和社会环境发生变化时,国家相关的经济政策、目标发生了变化,因而引起税收政策目标的变化。进而根据税收政策目标的变化对现行税制进行优化,以适应变化了的政治、经济和社会环境对税制的需要,建立有利于经济进一步发展的新的税收制度。在我国税制变迁或优化的不同时期,都提出了不同的税制建设原则。例如,1950年,根据《中国人民政治协商会议共同纲领》第40条规定的"国家的税收政策,以保证革命战争的供给,照顾生产的恢复和发展及国家建设的需要为原则,简化税制,实行合理负担"方针,统一全国税政,建立新税制。从理论上可以将它概括为保障供给、发展经济、简化税制、合理负担的原则。[①] 又例如,1953年,我国提出了"保证税收,简化税制"的税制修正原则;1958年,我国提出了"在基本保证原税负的基础上简化税制"的税制改革原则;1994年税制改革时,中央提出了"统一税制、公平税负、简化税制、合理分权、理顺分配关系、保证财政收入"的指导思想,从理论上也可以概括为税制改革的原则。从2004年开始,我国实行新一轮税制改革,中央提出的税制改革的原则是:"简税制、宽税基、低税率、严征管"。按照新一轮税制改革的原则,经过五年左右时间的努力,我国将建立起适合我国国情的,有利于推动市场经济发展和构建社会主义和谐社会的完善的税收制度。

四、影响税收制度的因素

根据税制优化理论,一国的税收制度必须随着客观条件和环境的变化及时地进行调整。而税收制度无论是建立还是调整,都会受到诸多因素的影响。这些影响因素既有国内的,也有国际的,既有经济的、政治的、社会的,也有税收征收管理自身因素。因此,税收制度的建立和调整是多因素综合影响的结果。一般来说,影响一个国家税收制度的主要因素有:

(一) 世界税制改革趋势的影响

经济全球化引发了生产要素自由流动,形成了各国经济紧密依存和联系发展的关系。无论是物的国际流动,还是人员、资本的国际流动,都与税收有着千丝万缕的联系。在经济全球化的作用下,各国为了吸引国际流动资本、国际流动贸易等流动性生产要素,促进本国的

---

① 张馨等:《当代财政与财政学主流》,492页,大连,东北财经大学出版社,2000年。

经济增长，而通过降低税率、增加税收优惠甚至实行避税的税制模式，以减少纳税人的税收负担，形成国际税收竞争。实践证明，经济全球化带动了世界性税制改革的发展。

自 20 世纪 80 年代以来，以美国为首的经济发达国家率先掀起了历史上规模最大、持续时间最长的税制改革浪潮。这次税制改革不仅蔓延整个 90 年代，而且还在向本世纪波及。在经济全球化的背景下，一个具有强大国际影响力国家的税制变动，必然会引起与其经济关系密切的国家采取相应的税制改革举动，最终导致税制改革的国际化和税收制度的国际化。可以肯定地说，20 多年来，世界上大大小小的国家几乎都进行了不同程度的税制改革，对各国和世界经济的发展产生了深刻的影响。尽管各国都有自身的具体情况，税制改革的措施千差万别，但是改革的起因却相似并具有共同点。一般来说，发达国家税制改革的共同点是：降低所得税税率、拓宽其税基，普遍开征增值税且提高增值税的标准税率，个人所得税与公司所得税一体化，普遍采取税收指数化措施。发展中国家税制改革在 20 世纪后期分为两个阶段：第一阶段是从 70 年代中后期到 80 年代末，第二阶段是 90 年代的 10 年。在后一阶段的税制改革呈现的特征是：增值税被广泛采用，税基逐步拓宽，税率降低，纳税档次减少，降低税收优惠，减少税基侵蚀。

我国税收制度的改革和完善，就是要增强国民经济的持久的竞争力，使我国在国际竞争中永远立于不败之地。因此，这场税制改革的浪潮对我国税制的改革与完善产生直接的影响。1994 年的税制改革，使我国初步建立了以增值税、所得税为主体的税制模式，基本适应了我国经济发展的需要。但是，经过十多年的运行，现行税制需要进一步优化和调整。2003 年 9 月底，国务院公布了我国新一轮税制改革的方案，并从 2004 年 1 月 1 日起实施。随着新一轮税制改革的逐步深入，我国税收制度的开放性和国际性特征将越来越明显。

（二）社会经济发展水平的影响

税收制度确立了政府在整个社会产品分配中取得多大的份额，从哪一个环节取得必要的份额，如何取得必要的份额。因此，税收制度总是在一个国家一定时期的经济环境中运作的。社会生产力发展水平决定着经济发达程度、经济结构、收入水平、经济运行状况以及政府的宏观经济政策和目标，从而构成了一个国家在一定时期的经济环境。随着社会生产力的发展，人类社会的经济环境在不断地发生变化，人们之间的利益分配关系也在不断地变化。由于经济环境的变化，因此要求重新界定人们之间的利益分配关系，形成新的制度安排，以使经济进一步地发展。税收制度作为国家经济制度的重要组成部分，以经济环境为根本而建立。当经济环境发生变化时，必然要求对税收制度进行调整和改革，以形成有利于经济发展的新的税收制度。

由此可见，一个国家在选择税收制度时，必须综合考虑国家的总体经济发展水平。一个国家的社会经济发展总体水平，可以通过国民生产总值和人均国民生产总值这两个综合指标来反映。国民生产总值特别是人均国民生产总值，最能反映一个国家的富裕程度。一般而言，在人均国民生产总值比较高的国家，个人的税负承受力较强，就有征收所得税的可能。相反，在人均国民生产总值比较低的国家，个人的税负承受力较弱，所得税的收入比重一般都不大，国家的税收收入主要来源于流转税。世界银行的调查资料也表明，人均国民生产总值较高的国家，一般实行以所得税为主体的税收制度；人均国民生产总值较低的国家，一般实行以流转税为主体的税收制度。

我国人均国民生产总值比较低，属于发展中国家。如何选择我国的税收制度、如何确定主体税种，不取决于人们的主观愿望而取决于经济环境。如果首先考虑我国社会经济发展水平，片面地追求税收制度的先进性，使税收制度的选择超出了经济发展水平，势必会阻碍社会经济的发展。

(三) 国家宏观经济政策的影响

税收作为政府宏观调控的重要手段，税收制度的设置与调整必须服务于政府的宏观经济目标和政策。在市场经济条件下，市场虽然是配置资源的较好机制，但市场也有缺陷，会产生市场失效，导致经济的低效率。市场的失效，必须由政府来弥补。通过建立国家宏观调控体系，发挥政府的资源配置功能，提高经济效率，就是一种选择。因此，任何国家为了发展经济，必须综合运用各种经济、法律以及行政手段，来强化宏观调控体系。宏观调控体系建立的依据是国家的宏观经济政策目标，而宏观经济政策目标是与现实的经济环境紧密联系在一起的。在不同的经济环境下，国家宏观调控的重点迥然不同。税收制度作为国家宏观调控体系的重要内容，国家将根据经济环境的变化，适当地对税收制度进行调整，使之有利于促进社会经济的发展。因此，税收制度在某种程度上不可避免地会受到国家宏观经济政策的影响。

(四) 税收征收管理能力的影响

税收征收管理能力是指税务机关的行政执法能力，是一个国家依法治税水平、公民纳税意识、税收工作规程、税务人员素质、现代化的征管手段等因素的综合反映。一般说来，一个国家的税收征收管理能力越强，税收的流失就越少，税收收入就越能得到保证。国家的税收征收管理能力对税收制度确定的影响主要体现在：一个国家的税收征收管理能力越强，在制定税收制度时更多地考虑社会经济发展的需要，选择税种的余地较大，而不必过多考虑能否将税款征收上来；而在一些税收征收管理能力较差的国家，可选择的税种有限，勉强开征一些税种也很难保证税收收入，选择税收制度的余地就较小，只能选择一些征收管理简单的税种，而不能过多地考虑是否对经济发展有利。

五、税收制度的作用

税收制度属于上层建筑范畴。税收制度的作用，是上层建筑对经济基础的反作用在税收分配关系上的具体体现。作为国家经济制度的重要组成部分，税收制度不仅反映在一定社会条件下国家与纳税人之间以及纳税人相互之间的分配关系，而且反映国家的政治制度、经济制度、社会制度和法律制度。税收制度具体体现着税收的职能和作用，必然对经济的发展和社会进步有着重大影响。因此，国家根据一定时期的政治、社会经济形势要求制定本国的税收制度，并利用税收制度来贯彻一定的方针政策，达到政治上和经济上的目标，促使社会经济朝着预定的方向发展。

但应强调指出，同国家的其他经济制度一样，一国的税收制度也有好坏之分。凡体现生产力发展水平，与经济运行相适应的税收制度就是好的税收制度；反之，就是不好的税收制度。好的税收制度可以充分体现税收的职能与作用，推动社会经济的发展。这是税收制度作用的正效应。不好的税收制度对社会经济的发展起破坏作用,甚至危及社会稳定和国家政权的巩固。这是税收制度作用的负效应。从税收制度发展与演变的历史看,在一定的历史时期内,税收制度具有相对的稳定性,但各项具体税收制度则应随着政治和社会经济形势的变化而变化。这正是税制改革的客观要求,目的是要建立起与经济发展相适应的税收制度,以便更好地发挥税收制度的作用,推动社会经济的发展。

(一) 税收职能必须通过税收制度才能得以实现

在一定意义上说,税收制度是税收作用的载体,只有通过税收制度的建设,税收作用才能得以发挥。税收作用是税收职能在一定社会经济条件下具体运用时所反映出来的效应或效果,是税收内在功能的外在表现,是对象化了的税收职能。因此,它是具体的、有条件的,受到人们的主观意志、社会的客观条件以及税收本身的具体制度所制约。实质上,所谓税收本身的具体制度就是指税收制度。税收职能是由税收本质所决定的,内在于税收分配过程中的基本功能,是抽象的、无条件的,是不同社会形态下税收共同具有的基本职能。它是一个客观存在,不以人们的主观意志为转移,甚至也不以国家的意志为转移。人们为了达到某种目的,对税收提出这样或那样的要求,但这些要求都必须是在税收职能范围之内。税收职能包括财政职能、经济职能和监督管理职能,国家不能为税收创造职能,只能是对税收职能的认识和利用。国家对税收职能的利用,就是通过制定税收制度来发挥税收的作用。而不同的税收制度规定产生的税收作用效果是不完全相同的。因此,离开了税收制度的具体规定,税收的职能只能是一种潜在的功能,而无法现实地发挥作用。

(二) 税收分配关系只有通过税收制度才能得以实现

任何分配关系的背后都体现着一定政治权力或财产权利。税收分配关系是一部分社会产品由各类企业单位或个人向国家转移的过程,其背后体现的是国家的政治权力。税收分配关系是通过税收制度加以规定,并按照税收制度的有关规定来进行的。离开了税收制度的规定,这些社会产品的转移就无法实现,税收分配关系就无法体现出来。因此,税收制度是税收分配关系的体现形式,体现了国家与纳税人之间的分配关系。要正确处理税收分配关系,就必须建立合理完善的税收制度。

(三) 税收制度是征纳双方共同遵守的法律规范

税收行为涉及征纳双方的利益,而征纳双方作为不同的利益主体,是一对矛盾的统一体。征纳双方既有共同利益,也存在着利益矛盾,科学合理的税收制度符合征纳双方的共同利益。征税人是政府,税务机关代表政府,具体执行税收征收职能。政府通过税收实现收入目标和政策调控目标。因此,政府要求税收制度能够为其取得充足的税收收入,以满足政府支出的需要;能够成为政府宏观经济政策的有效载体,促进资源的有效配置,能够成为经济稳定和经济增长的推动力;便于税务机关有效地实施征收管理,准确有效地掌握纳税人的有关信息,有效地降低税收征管成本。纳税人不同于征税人,其追求的是在一定条件下尽可能少纳税或不纳税。但是,在纳税成为不可避免的条件下,纳税人就希望有一个符合其愿望的好的税收制度。因此,纳税人要求税收制度能够使税负水平较低;方便的纳税方式和较低的纳税成本;所有纳税人具有相同的税收待遇,税收制度要公平。既然双方是矛盾的统一体,双方都有不同的利益追求，那么，无论是征税行为还是纳税行为都必须有所依据、有所遵循，不能凭主观意志行事。税收制度就是税收征纳工作的法律依据。在国家征税过程中，向谁征、征多少、何时征等，都必须在税收制度中加以规定；同样，纳税人在履行纳税义务时，如何纳、纳多少、何时纳等，也要严格按照税收制度的规定进行。

第二节 税收制度和税法

税收制度和税法是一个问题的两个方面。从学科方向来界定，税收制度属于经济学二级学科应用经济学的范畴，而税法则属于法学学科的范畴。经济学的研究对象是社会物质资料的生产、交换、分配与消费的活动规律及其运行方面的经济现象。法学的研究对象是法律现象及其发展规律。研究税收制度离不开经济学的基本理论和方法，研究税法现象离不开法学的基本理论和方法。在任何国家，税收制度的确立总是以法律形式来加以体现的，这种法律就是税法。税法付诸实施后，就转化为税收制度，成为社会经济秩序的有机组成部分。

一、税法的概念

税法是国家制定的用于调整国家税收分配关系的法律规范的总称，是税收制度的法律体现形式。税法亦有广义和狭义之分。广义税法是指调整一切涉及税收关系的法律规范的总称，体现在宪法、刑法、民法等国家的基本法规和概括性税法中。狭义税法则仅指调整税务机关与纳税人等税务管理相对人之间权利义务关系的法律规范的总称，体现在各种单行税法中。一般地说，有一个税种就有一个单行税法，狭义税法都冠以"税法"等规范名称的法律。

任何法律都有一定的调整对象。法律的调整对象是该法律所以需要设置和发挥作用的前提，也是区别不同法律部门的主要标志。税法作为一个独立的法律部门，其调整对象是税收关系。税收关系的核心内容就是税收利益的分配，是税收利益在各个相关主体之间进行分配时所产生的各种关系的总称。更具体地说，税收关系就是国家、税务机关、纳税人之间在税收利益分配中所产生的各种关系。因此，税法的调整对象：第一，调整国家与税务机关之间的授权关系。因为只有国家才拥有税收利益的所有权，税务机关代表国家履行征税职能，所以税务机关的征税权不是与生俱来的，而是国家授予的。国家授权关系在前，税收关系在后。因此，国家与税收机关的授权关系成为税法首要的调整对象。第二，调整税务机关与纳税人之间的征纳关系。税收征纳关系是在税务机关与纳税人之间因征税、纳税而发生的各种关系。通过税法的调整，形成税收征纳主体之间各自的权利和义务。由于税务机关与纳税人之间的征纳关系是税收关系中最直观的一面，因此也是税法最主要的调整对象。第三，调整其他税收关系。其他税收关系是指税收关系的衍生关系。如中央政府与地方政府之间的税权归属关系、税务机关与委托代征人的行政委托关系、税收机关与其他行政机关的行政协调关系、代扣代缴义务人与税收机关以及与纳税人之间的代扣代缴关系等。税法调整这些衍生关系时，很多不具有鲜明的强制性特征，通常不能规定过于苛刻的条件和罚则。

税收制度建设与税收法制建设密不可分，税制改革总是与税法的制定、修订联系在一起的。每开征一个新税种就要制定一个新税法；每变更一种税的征收内容，就要对税法作相应的调整；每废止征收一种税，就要废除一个税法。税收制度是为实现国家职能服务，而税法是税制达到这一目的的保证。税法是以法律形式规范国家参与国民收入分配所形成的分配关系，从法律上肯定国家占有剩余产品的合法化。从上述意义上说，税法同税收制度的目的、本质、性质及作用等方面的内容是一致的。

二、税法的特征

税法具有与国家法律体系中其他法律部门相同的共性。但是，由于税法是一个相对独立的法律部门，调整对象不同，因而具有与其他法律部门不同的特征。

（一）税与法的共存性

国家征税凭借的是政治权力，通过法律表现出来的强制力参与社会产品或国民收入的分配。税收是随着国家的产生而产生的，税收的产生与存在必须要有法律保证。有税必有税法，有税无法是一种不正常的现象。税法充分体现了税收强制性、无偿性、固定性的特征。如果没有事先以法的形式加以规定，税收分配关系就难以发生。如果没有法律的强制力予以保证，税务机关的征税行为和纳税人的纳税行为就难以规范，税收分配关系就是无序的。因此，任何税收只有得到法律的确认、保护和推动，才能充分发挥其作用。这充分体现了税收与税法始终如一的共存性特征。

（二）税收法律关系主体的单方固定性

税收分配活动的主体是国家。在税收法律关系中，国家不仅以立法者和执法者的姿态参与税收法律关系的调整，而且直接以税收法律关系主体的身份出现。我们知道，任何法律关系必须有主体，即有双方当事人，否则法律关系就不能成立。税收法律关系主体是税务机关和纳税人双方构成。不同的各类纳税人构成税收法律关系主体的一方，是可以随时随事变更的。由于税收利益的所有权归国家所有，税务机关代表国家行使征税权，因此税务机关构成税收法律关系主体的另一方是固定不变的。如果没有国家或国家授权的税务机关的参与，其他任何机关与法人或自然人之间、法人与法人之间、法人与自然人之间、自然人与自然人之间，都不会发生和存在任何税收法律关系。

（三）税收法律关系主体双方权利与义务的不对等性

在民事法律关系中，法律关系主体彼此间享有平等的权利和义务，即使构成法律关系主体的一方是国家，它也只能以平等的身份参加民事活动。但是，在税收法律关系中，其主体彼此间的权利和义务关系不是直接对等关系。首先，税法确定的征纳关系不是按照协商、等价、有偿的原则建立，而是国家凭借政治权力，通过立法程序制定并强制执行的。其次，国家可以根据需要，通过立法行使其征税权，纳税人则必须依照税法规定履行纳税义务，否则，国家税务机关就有权强制征税。最后，国家征税的结果是财富由纳税人向国家单向转移，因此，税收法律关系中主体双方权利与义务的不对等性充分体现在征纳双方财富转移上的不对等性。总之，这种不对等性具体表现为：作为主体一方的国家享有较多的权利，承担较少的义务；作为主体另一方的纳税人则承担较多的义务，享有较少的权利。但是，国家与纳税人之间权利和义务的不对等性，只能存在于税收法律关系之中，扩大这个范围，此结论不能成立。还应该强调指出，税收法律关系中主体双方权利和义务的不对等性，并不意味着法律地位的不平等。法律面前人人平等的原则在任何法律关系中都是适用的。

（四）税法结构的综合性

税法是由一系列单行的税收法律法规构成的综合性法律。税法的这一特征是由税法调整经济关系的广泛性所决定的。税法是实体法和程序法相结合的一种法律结构形式。它与刑法和民法等法律不同，没有实体法与诉讼法分别制定的结构形式。税收法律除规定征税主体、纳税主体、征税客体、计税依据、税率以及其他双方的权利和义务外，还规定了全部权利和义务履行过程中的执行程序。

三、税收法律关系

税收法律关系是税法所确认和调整的，税务机关和纳税人之间以及各级政府之间在税收分配过程中形成的权利义务关系。税收法律关系的实质就是税收关系在法律上的体现，而税法规范是税收法律关系的前提。在现代社会中，由于税收法定主义的存在，税收法律关系与税收关系在外延上应当是一致的。也就是说，所有税收关系都应当由税法进行调整和规范，而经过税法调整和规范后的税收关系就成为税收法律关系。但是，税收法律关系和税收关系的内涵是不同的，税收关系强调的是经济关系和社会关系，而税收法律关系强调并加以明确的是权利和义务关系。

（一）税收法律关系的主体

税收法律关系主体是指在税收法律关系中依法享有权利和承担义务的当事人。作为一个合格的税收法律关系主体应当具备权利能力和纳税能力，即由存在税收权利和义务关系的征税主体和纳税主体所组成。

征税主体是指参加税收法律关系，享有国家税收征管权力和履行国家税收征管职能，依法对纳税主体进行税收征收管理的当事人。征税主体必须具备权利能力，即税法赋予其参加税收法律关系的资格。一般只有机关法人身份的税务机关才能具有代表国家行使税收权力的资格。因此，征税主体只能是税务行政执法机关。在我国税务行政执法机关这个大系统中，国务院负责全面领导和管理税收工作，组织实施各项税法。财政部和国家税务总局是国务院管理税收工作的职能部门，其中国家税务总局不仅负责组织税收征收管理工作，而且负责制定比较具体的税收政策。按照分税制的要求，省以下税收行政机关分为国税局和地税局两套行政执法系统。国税系统直接代表中央政府组织中央税收收入；地税系统作为各级地方政府的职能机构负责组织本地区的税收收入，管理其业务范围内的征收活动，并接受国家税务总局的业务领导。此外，海关负责关税和进口税的征收管理；一些地方的财政机关负责契税的征收管理。因而海关和财政机关也享有征税主体的权利和义务，也是征税主体的组成部分。

纳税主体是指在税收法律关系中负有纳税义务的一方当事人。在一般情况下，纳税主体就是纳税人，即税法规定负有纳税义务的单位和个人。此外，由于纳税担保人是以自己的信誉或财产保证纳税人履行纳税义务的税务债务者，当被担保的纳税人不能履行纳税义务时，纳税担保人要代其履行纳税义务。因此,纳税担保人也是纳税主体的组成部分。负税人尽管最终承受着税负,但税法并没有规定由其直接缴税,因此,负税人不是纳税人,不承担税收法律责任,不是纳税主体的组成部分。代扣代缴义务人只是将他人应缴纳的税款经手后交给税务机关,其自身并不负有纳税义务。但是,如果他们不承担这项责任,与纳税人拒不纳税给国家造成的损失是相同的,因此,各国税法都将代扣代缴作为一项法定义务固定下来。代扣代缴义务人不履行其应尽义务应承担的法律责任与纳税人相比,没有本质区别。可见,代扣代缴义务人也是纳税主体的组成部分。

(二) 税收法律关系的客体

税收法律关系的客体是指税收法律关系主体双方的权利和义务共同指向、影响和作用的客观对象。它既是税收法律关系产生的前提和存在的载体,也是权利和义务联系的中介。税收法律关系客体包括物质财富、某些能够量化的非物质财富以及主体双方的行为。物质财富也叫"标的物",作为税收法律关系客体的标的物,是由税法规定的。例如,纳税人的应税商品、货物、财产等,便是税收法律关系客体中所指的物。非物质财富也称"智力成果"或"精神财富",是人的脑力劳动的成果。作为税收法律关系客体的非物质财富是指税法规定应该纳税的科学发明、技术成果、商标产权等。行为就是指人们的活动,又分作为和不作为。作为税收法律关系客体的行为是指税法规定应该纳税的纳税主体的某些经济行为及社会行为。例如,纳税人购销合同的订立行为、对纳税人货物的查封行为、纳税人提请行政复议行为等。

(三) 税收法律关系的内容

税收法律关系的内容是税法体系的核心,它包括征税主体的权利义务和纳税主体的权利义务两大方面。征税主体的权利源自国家授予,一般包括税收征收权、税法解释权、估税权、委托代征权、税收保全权、强制执行权、行政处罚权、税收检查权、税款追缴权,等等。征税主体的义务体现税务机关在履行和担负国家赋予的相应职责过程中的法定责任,是对纳税人相应权利的确认、尊重和保护。它主要包括依法行使税务管理权,维护国家税收利益的义务;依法办理税务登记、开具完税凭证的义务;保密义务;多征税款立即返还义务;实施税收保全过程中的义务;依法解决税务争议过程中应履行的义务等。纳税主体的权利是税法赋予的,主要包括信息公告和资料知悉权、延期纳税权、税收减免申请权、多缴税款申请退还权、委托税务代理权、要求税务机关承担赔偿责任权、申请行政复议和提起诉讼权、税收保密权以及对重大处罚申请听证权等。纳税主体的义务是税法规范的重点和核心,具体包括依法办理税务登记的义务、依法设置账簿和正确使用凭证的义务、按期办理纳税申报的义务、按期缴纳或解缴税款的义务、执行税务机关行政处罚的义务、接受税务检查的义务、揭发他人违反税法行为和税务人员违法行为的义务等。

四、税收法律体系

根据税收法定主义原则,税收法律关系中必须包括各课税要素、各课税实际要件的规定、对税务机关行政执法的程序保障和征收管理行为的约束、对税务争议事件的处理、对纳税人的权利保障等方面的内容。因此，一个完整的税收法律体系应该有如下内容构成：

（一）税法通则

税法通则也称税收基本法，是税收的一般性规范。它是税法领域内的"宪法性法律"，又称"税收母法"，是税法体系的主体和核心，用以统领、约束、指导、协调各单行税法、法规，具有仅次于宪法的法律地位和法律效力。它作为宪法精神的延伸，对税收的基本制度作出规定，对税收的共同问题进行规范，一般规定税收的立法原则、税务管理机构及其权利义务、税收立法及管理权限、纳税人的权利与义务等。因此，税法通则是关于税法体系建设的纲领性规范，其范围包括税收法律的一切基本内容。

（二）税收实体法

税收实体法也称税收债务法，是规定国家征税机关和纳税人的实体权利与义务关系、权力和责任关系的法律规范的总称。实质上，税收实体法是对各个税种单独课税的规定，其内容主要包括纳税主体、征税客体、计税依据、税率、税目等，是国家向纳税人行使征税权和纳税人承担纳税义务的要件。只有当以上要件全部具备时，纳税人才负有纳税义务，国家才能向纳税人征税。税收实体法关于税收权利义务的规定，实质上是对税收的性质以及各个税种内容的规定。它是体现税收性质的税法体系中最实质性的内容，是税法的核心部分。没有税收实体法，税收体系就不能成立。

（三）税收程序法

税收程序法是以国家税收活动中所发生的程序关系为调整对象的税法，是规定国家征税权行使程序和纳税人纳税义务履行程序的法律规范的总称。税收程序法的内容主要包括税收确定程序、税收征收程序、税收检查程序、税务争议的解决程序和税务处罚程序等的规定。我国的《税收征收管理法》就属于税收程序法。此外，税收程序法还应包括税收行政程序，即规定国家税务行政机关的职责范围、设立、变更和撤销的程序以及它们之间的相互关系，国家税务机关与其他机关的关系等。

（四）税收处罚法

税收处罚法也称税收责任法，是对税收活动中的违法与犯罪行为进行处罚的法律规范的总称。我国对税收处罚法没有进行专门立法，税收处罚的法律法规主要体现在：一是刑法中对偷税、抗税、骗税等税收犯罪行为的刑事罚则；二是国家最高权力机关与最高司法机关对税收犯罪做出的立法解释、司法解释和规定；三是我国《税收征收管理法》中"法律责任"一章对税收违法行为的行政处罚规定；四是有关单行税法和其他法规中有关税务违法处罚的规定。

（五）税收救济法

税收救济法是指为制止和纠正征税主体侵害纳税主体合法权益的行为，使纳税主体的合法权益获得补救而在法律上设置的一系列制度的总称。法律上设置一系列完整的税收救济制度来制止和纠正征税主体侵害纳税主体合法权益的行为，并为受到损害的纳税人提供救济补偿是十分必要的。税收救济法律制度可划分为行政救济和司法救济两部分。行政救济即一般所说的行政复议，也有人称之为准司法救济。司法救济一般指行政诉讼。行政赔偿制度分散在行政复议和行政诉讼中，但又相对独立。因此，税收救济法律制度由税收行政复议制度、税收行政诉讼制度和税收行政赔偿制度三部分组成。

（六）税务行政法

税务行政法是规定国家税务行政组织的规范性法律文件的总称。其内容一般包括各种不同的税务机关的职责范围、人员编制、经费来源，各级各类税务机关的设立、变更和撤销的程序和它们之间的相互关系以及与其他国家机关的关系等。从一定意义上说，税务行政法也是税务行政组织法。

五、我国现行税法体系

（一）我国现行税收实体法体系内容

我国现行税法是通过1994年进行的大规模工商税制改革后形成的，由税收法律、税收行政法规、税收部门规章等多级法律级次组成的一个统一的法律体系。通过2004年以来的税制改革，我国现行税收实体法体系中共有18个税种，具体是：

增值税、消费税、营业税、关税、烟叶税、资源税、企业所得税、个人所得税、土地增值税、城镇土地使用税、房产税、城市维护建设税、车船税、车辆购置税、印花税、耕地占用税、契税、船舶吨税等。

在上述18种税中，除个人所得税法和企业所得税法外，其他16种税都是经全国人大授权立法，由国务院以暂行条例的形式发布实施。这18个税收法律、法规组成了我国的税收实体法体系。

（二）我国现行税法的法律级次

按照税权集中的原则，我国的税收立法权高度集中在中央，地方立法机关几乎没有税收立法权。由于我国税收法制建设仍处在不断完善的过程中，因此税收立法主要是以授权立法为主。我国现行税法的法律级次如下：

1. 全国人民代表大会和全国人大常委会制定的税收法律。它是税法体系中最高的法律级次，具有最高的法律效力。如《企业所得税法》、《个人所得税法》、《税收征收管理法》等。

2. 国务院基于全国人民代表大会或全国人大常委会授权立法而制定的税收暂行条例或规定。这些税收暂行条例或规定与国务院制定的税收行政法规不同，它具有国家法律的性质与地位，其法律效力高于税收行政法规。如增值税、消费税、营业税、资源税、土地增值税等税收暂行条例。

3. 国务院制定的税收行政法规。作为在全国范围内适用的全国性税收行政法规，是由国务院来立法制定并予颁布实施。如国务院发布的《税收征收管理法实施细则》等。

4. 地方人民代表大会及其常委会制定的地方性税收法规。根据"统一税法"的税法立法原则，我国目前仅有海南省及民族自治地区可以按照全国人大授权立法的规定，在遵循宪法、法律和行政法规的原则基础上，制定有关税收的地方性法规。除此之外，其他的省、市一般都无权自定地方性的税收法规。

5. 国务院税务主管部门制定的税收部门规章。国务院税务主管部门是指财政部和国家税务总局，其制定的税收部门规章在全国范围内具有普遍的适用效力，但不得与税收法律、法规相抵触。如财政部颁布的《增值税暂行条例实施细则》、国家税务总局颁布的《税务代理试行办法》等。

6. 地方政府制定的地方税收规章。地方政府可以在税收法律和税收法规的授权范围内，根据其自身的情况制定一些地方性的税收规章制度。如城市维护建设税、车船税、房产税等地方性税种暂行条例制定实施细则等。

（三）我国现行税法体系的实施

1. 征收管理机关。我国税收征收管理机关是指税务机关、财政机关和海关机关。其中，税务机关又分为国家税务机关和地方税务机关两个系统。海关机关主要征收管理关税和船舶吨税两个税种；部分省份的财政机关还继续负责契税和耕地占用税的征收管理；其余税种均由国税机关和地税机关负责征收管理。

2. 对外适用的税收法律。目前，在我国现行税收实体法体系中，除城市维护建设税不适用外商投资企业、外国企业外，其余税种均内外一致。按照"国民待遇"的原则，基本实现了内外无差别的税收法律制度。

3. 对税收程序法的适用规定。除税收实体法外，我国对税收征收管理适用的法律制度，是按照税收管理机关的不同而分别规定的。其具体规定是：由税务机关和财政部门负责征收管理税种，按照全国人大常委会发布实施的《税收征收管理法》执行；由海关机关负责征收管理的税种，按照《海关法》及《进出口关税条例》等有关规定执行。

第三节 税收制度的构成要素

税收制度构成要素，亦称"税法构成要素"或"课税要素"，简称"税制要素"。税制要素是税收制度的实体部分，是基本的税收术语和税法必须规定的内容。在税法中，税制要素是国家征税通常所需具备的要件，包括实体要素和程序要素。税法不仅要规定向谁征税、对什么东西征税、征多少，而且还要规定征纳的程序和征管的方法。虽然各国税法不同，国内各税种涉及的内容与范围不同，但税法都是由一些共同要素构成的。这些要素包括：征税对象、纳税人、税率、税收优惠、纳税环节、纳税期限、纳税地点、违章处理等。

一、征税对象

征税对象是指对什么征税，是税法规定的征税的目的物，在税法上亦称"征税客体"。它表明国家对什么征税，是征税的标的物。征税对象是一种税区别于另一种税的主要标志，是税收制度最基本的要素。国家为了筹集财政资金和调节经济的需要，可以根据客观经济需要选择多种多样的征税对象。概括起来，可选择的征税对象一般有：一是选择商品或劳务。即以生产和流通中的商品或提供的劳务为征税对象，并按其流转额征税，所以也称为对流转额征税。二是选择收益额。即以经营和非经营所取得的总收益或纯收益为征税对象，并按其收益征税，所以也称为对收益额征税或对所得额征税。三是选择财产。即以拥有、使用、继承的财产为征税对象，并按财产的价值或收益征税，所以也称为对财产征税。四是选择自然资源。即以开发、利用的自然资源为征税对象，并按自然资源的开采量或销售量（额）征税，所以也称为对资源的征税。五是选择特定行为。即以某种特定的行为作为征税对象，并按某种特定行为的量化指标额征税，所以也称为对行为的征税。六是选择自然人的人身。即以人为征税对象，并按人头征税，所以也称为对人征税或称为人头税。

征税对象只解决征税客体一般的外延范围问题。为了便于征收管理和具体计算税额，税收制度还必须对征税对象的质和量作具体的规定。其质的规定为征税范围和税目，其量的规定为计税依据和计税单位。税收制度中对征税对象质和量规定的内容，与税类、税种、税基、税源、税本等共同补充或外延了征税对象的功能并使之具体化。

征税范围或称"征收范围"，是指征税对象的覆盖面及其外延界定。因为法律规定的征税对象要付诸实施，必须要明确具体的适用范围，所以法律上的征税对象，必须通过在税法中对征收范围的具体界定来体现。凡列入征税范围的征税对象，都应该征税；凡不列入征税范围的征税对象，都不征税。例如，在我国现行消费税条例规定的征税对象中，并非经营这些消费品的单位和个人都被纳入征税范围，也并非这些消费品在所有的生产经营环节都被纳入征税范围。目前只是对生产、进口和委托加工的消费品征税，批发和零售的消费品一般是无需缴纳消费税的。相反，2000年规定对金银首饰在零售环节缴纳消费税，而在生产环节不缴纳消费税。这更进一步说明了征税范围的意义所在。

税目亦称"征税品目"，是税法上规定应征税的具体项目，是征税对象的具体化。税目体现了征税的广度，反映税种的具体征税范围。税目不一定体现在每一个税种中，有些税种是不需要划分税种的，如企业所得税就不需要划分税目。但是，有些税种为了使征税对象更加明确和具体，以便根据不同情况进行不同的税收处理（如制定不同的税率或减免税措施），在税收制度中要划分税目。由此可见，设置税目的目的有两个：一是征税技术上的需要，便于划清征免界限，明确征税范围；二是贯彻国家政策的需要，根据不同的税目设计不同的税率来体现国家的经济政策。税目设置的方法有概括法和列举法两种。它可以在税法中进行一一列举，也可以采用反列举的方法来加以规定。

计税依据是量化了的征税对象，是计算应纳税额所根据的标准，即根据税法规定所确定的用以计算应纳税额的基数。在税率既定的情况下，计税依据的大小直接决定了税款的多少和税收负担的高低。因此，计税依据是税收征、纳双方直接面对的征税对象，是非常具体和实在的。在通常情况下，计税依据要比税法规定的征税对象小。但在非常明确且没有任何例外的情况下，现实的征税对象与计税的征税对象实际上就是一回事。在确定计税依据时，要明确计税单位究竟是按照征税对象的实物量（如：数量、重量、体积、容积、面积、长度等），还是按照征税对象的价值或金额来确定。按照实物量为计税单位的税收，称为从量税；按照价值量为计税单位的税收，称为从价税。

税基是指征税的客观基础。例如，如果政府试图对人们取得的收入征税时，那么收入就是理论上的课税基础，亦称为"广义税基"；如果政府要对人们的收入征税，就必须在税法中明确规定应纳税的收入,即规定哪些收入要纳税,哪些收入可以不纳税,这就必须明确征税范围,这个征税范围就是税法上明确了的课税基础,亦称为"中义税基";如果政府对某一类收入征税时,规定相应的扣除标准和计税单位,这就明确了计税时的课税基础,这时的课税基础就是计税依据,亦称为"狭义税基"。因此,从理论上的或潜在的税基到现实的或法律上的征税对象,再从征税范围到计税依据的整个过程,就是税基不断明确、不断具体、不断细化的过程。

税源是指每一种税的具体经济来源,是各种税收收入的最终出处。从一般意义上说,税源来自当年创造的剩余产品,但具体到每一种税,则各有各的经济来源。税源与征税对象密切相关。有的税种征税对象与税源是相同的,如所得税的征税对象和税源都是纳税人的所得;有的税种两者则不相同,如财产税的征税对象是应税财产,而税源则是财产的收益或财产所有人的收入。研究和把握税源的发展变化,对制定相应的税收政策和税收制度,涵养税源,开辟新税源,以及增加税收收入都具有重要意义。

二、纳税人

纳税人又称"纳税义务人",在税法上亦称"纳税主体",是指税法上规定的直接负有纳税义务的单位和个人,是税款的直接承担者。不同的税种有不同纳税义务人,它是税收制度构成的最基本的要素之一。从法律角度划分,纳税人包括法人和自然人两种。法人是指按照法律程序建立,具备必要的生产经营条件,实行独立经济核算并能承担经济责任和行使经济权利的单位。在我国包括国有企业、集体企业、私营企业、外商投资企业和外国企业、各类事业单位和社会组织等。自然人是指在法律上可以独立地享受民事权利并承担民事义务的公民个人。如从事营利性经营活动的个人以及有应税收入和有应税财产的个人。应该强调指出,在税收法律法规中,法人和自然人的划分一般是在税种的层面上,有专门针对法人征收的税种,如企业所得税或法人所得税;有专门针对自然人征收的税种,如个人所得税。而在某一税种的税收制度构成要素的层面上,一般不再划分法人和自然人。如在流转税的税种中,纳税人只要发生了纳税义务就必须按规定纳税,而不管纳税人是法人还是自然人。总而言之,谁是纳税人,谁不是纳税人,不是由某个人或某个组织规定的,而是由税法规定的。除非法律明确规定可以由税务机关和税务人员自行决定外,否则,即使是税务机关和税务人员也无权决定纳税人的资格或身份。

纳税人是在法律上直接而不是间接承担纳税义务的组织和个人。但是,有些直接负有纳税义务的纳税人,往往由于其缴纳税款不方便或有可能偷逃税款,或者由于税务机关向其征收税款的成本过大等原因,税法还规定了扣缴义务人、委托代征人、税务代理人。目的在于简化纳税手续,有效控制税源和方便纳税人。扣缴义务人是税法规定的,在经营活动中向纳税人支付款项或向纳税人取得收入时,负有代扣或代收纳税人的应纳税款并向国库缴纳税款义务的单位和个人。由于扣缴义务人的扣缴义务是税法规定的,因此必须认真履行,否则应负法律责任。委托代征人是指按照税法规定,由税务机关指派、委托,代税务机关征收税款的单位和个人。实质上,委托代征人是在取得税务机关的授权的前提下,履行税务机关的部分职能。税务代理人是指经有关部门批准,依照税法规定,在一定的代理权限内,以纳税人、扣缴义务人的名义,代为办理各项税务事宜的单位和个人。税务代理是一种民事代理行为，享受我国民法通则所规定的关于代理人的各项权利，履行一定义务，承担一定法律责任。了解扣缴义务人、税务代理人和委托代征人，有利于在法律上区别直接纳税义务和间接纳税义务。扣缴义务人、税务代理人和委托代征人都只是负有间接纳税义务，它们不是真正的纳税义务人。只有直接承担纳税义务的单位和个人，才是纳税义务人。

根据税收转嫁理论，税收的直接缴纳人与税收的最终负担人有时候是不一致的。纳税人虽然在法律上承担了纳税义务，但并不一定表明实际上或经济上承担了纳税义务。为了把法律上的纳税义务和经济上的纳税负担相区别，人们把在经济上承担纳税义务的组织和个人称为负税人。纳税人并不一定需要负担税收，但负税人一定是税收的实际负担者。在实际生活中，有的税款最终由纳税人自己负担，在这种情况下，纳税人本身就是负税人；有的税款虽然由纳税人缴纳，但通过转嫁税负，最终是由别人负担的，在这种情况下，纳税人并不是负税人。理解这一点，对研究微观税负水平和国家宏观调控的税收政策取向特别重要。

三、税率

税率是应纳税额与征税对象之间的比例，是应纳税额的计算尺度。税率体现国家征税的深度和纳税人的负担程度，是税收制度的中心环节。它反映国家有关的经济政策与社会政策，直接关系着国家的财政收入。因此，税率要素是设计税收制度的主要议题。在实际运用中，税率主要有以下几种形式：

（一）比例税率

比例税率是对同一征税对象不分其数额大小，只规定一个比例的税率，即应征税额与征税对象数量之间的等比关系。这种税率不因征税对象的多少而变化。比例税率的优点主要体现在：一是，同一征税对象不同纳税人的税收负担相同，税负比较均衡合理，具有鼓励先进，鞭策后进的作用，有利于在同等条件下开展竞争；二是，计算简便，有利于税收的征收管理。比例税率的缺点主要体现在：税收负担与纳税人的负担能力不相适应，不能体现负担能力大者多征、小者少征的原则，税收负担程度不合理，调节收入有局限性。在具体运用上，比例税率可分为以下几种：

1. 单一比例税率。单一比例税率是指一种税只采用一个比例的税率，如企业所得税的税率。

2. 差别比例税率。差别比例税率是指一种税规定不同比率的比例税率。按使用范围划分，差别比例税率可分为：产品差别比例税率，即对不同产品规定不同的比例税率，如消费税；行业差别比例税率，即区别不同的行业规定不同的比例税率，如营业税；地区差别比例税率，即区别不同的地区规定不同的比例税率，如原农业税。

3. 幅度比例税率。幅度比例税率是指税法中只规定最低税率和最高税率，各地可以在此幅度范围内自行确定一个适用的比例税率。

4. 有起征点或免征额的比例税率。有起征点的比例税率是指对同一征税对象达到规定的起征点后全额征税的比例税率；有免征额的比例税率是指对同一征税对象扣除一定数量的免征额后的余额征税的比例税率。

(二) 累进税率

累进税率是指对同一征税对象，随着数额的增大，征收比例也随着提高的税率。即在税收制度中按征税对象数额的大小，划分若干等级，每个等级由低到高规定相应的税率，征税对象数额越大税率越高。累进税率的特征是：应纳税额增加的幅度大于征税对象数量增加的幅度。累进税率因计算方法和依据不同，可分为以下几种：

1. 全额累进税率。全额累进税率是指当征税对象数额的增加达到高一级税率级距时，则对征税对象全额都按高一级税率计算应纳税额的一种税率制度。假定全额累进税率见表1-1：

表1-1　　　　　　　　　　全额累进税率表

级次	征税对象级距（元）	税率（%）
1	0～1 000（含）	10
2	1 000～2 000（含）	20
3	2 000～4 000（含）	30
4	4 000～6 000（含）	40
5	6 000以上	50

从计算方法上看，全额累进税率与比例税率相似。其计算公式为：

应纳税额 = 征税对象数额 × 适用税率（%）

公式中的"适用税率"是指征税对象数额所达到最高级距中的相应税率。全额累进税率具有计算简便的优点。但是，全额累进税率的缺点也相当突出，它在两个级距的临界处会出现应纳税额增加超过征税对象数额增加的现象，使税收负担极不合理。

【例1-1】甲、乙两人的应纳税收入分别为2 000元和2 001元。运用上述税率表分别计算两人应纳税额各为多少元？

答：甲应纳税额 = 2 000 × 20% = 400（元）

乙应纳税额 = 2 001 × 30% = 600.30（元）

从计算的结果看出，乙比甲的应纳税收入多了1元，则要多纳200.30元的税款。这种税率制度会造成税收负担的极不合理，几乎属于一种惩罚性税收制度，对扩大税基，增加税收收入起到极大的抑制作用。在新中国的税收历史上，曾经对个体工商户采用过21级全额累进税率。在我国现行的税收制度中，已经不再实行全额累进税率。在国外的税收制度中，实行全额累进税率的情况也非常罕见。

2. 全率累进税率。全率累进税率与全额累进税率的原理相同，优缺点也相同。二者不同的是，税率累进的依据不同。全率累进税率的依据不是征税对象数额而是某种比率，如销售利润率、资金利润率等。

3. 超额累进税率。超额累进税率是指把征税对象按数额的大小划分成若干等级，并规定每一等级的适用税率，当征税对象的数量超过某一等级时，只就其超过部分按高一等级的适用税率计税的一种税率制度。假设超额累进税率见表1-2。

表1-2　　　　　　　　　　　　超额累进税率表

级次	征税对象级距（元）	税率（%）	速算扣除数（元）
1	不超过1 000的部分	10	0
2	超过1 000~2 000的部分	20	100
3	超过2 000~4 000的部分	30	300
4	超过4 000~6 000的部分	40	700
5	超过6 000以上的部分	50	1 300

超额累进税率的优缺点与全额累进税率正好相反。其优点是：累进程度缓和，在两个级距的临界处不会出现应纳税额增加超过征税对象数额增加的现象，税收负担较为合理。其缺点是：应纳税额的计算较复杂。计算时，先分别计算出各级次的应纳税额，然后将各等级计算出来的应纳税额相加才是纳税人的应纳税总额。

【例1-2】某纳税人的应纳税收入为5 000元，运用表1-2中的税率计算其应纳税额为多少元？

解：根据累进税率的原理，其应纳税额计算如下：

第一级应纳税额为：1 000元×10% = 100元

第二级应纳税额为：(2 000元 - 1 000元)×20% = 200元

第三级应纳税额为：(4 000元 - 2 000元)×30% = 600元

第四级应纳税额为：(5 000元 - 4 000元)×40% = 400元

该纳税人应纳税额：100元 + 200元 + 600元 + 400元 = 1 300元

超额累进税率的计算比较烦琐，纳税人的计税收入越大，适用税率级次越多，计算就越复杂。为了克服其计算复杂的缺点，一般在制定税收制度时，用给定数额的征税对象，分别用相同级次、相同级距和相同税率的全额累进税率和超额累进税率计算出两者应纳税额的差额。这个差额在同一级次是固定的，被称为"速算扣除数"。运用速算扣除数计算应纳税额的方法称为"速算法"。其计算公式如下：

应纳税额 = 征税对象总额 × 适用税率 - 速算扣除数

公式中的"适用税率"是指征税对象数量所达到的最高的那一级税率；"速算扣除数"是指与适用税率同级的速算扣除数。

【例1-3】按照速算法计算例1-2中纳税人的应纳税额。

解：其应纳税额为：5 000元 × 40% - 700元 = 1 300元

4. 超率累进税率。超率累进税率与超额累进税率的原理相同，优缺点也相同。二者不同的是，税率累进的依据不同。超率累进税率的依据不是征税对象数额而是某种比率，如销售利润率、资金利润率等。我国现行税制中的土地增值税实行的就是超率累进税率。

此外，我国对原个人收入调节税实行的是超倍累进税率。超倍累进税率与超额累进税率的累进原理相同，累进的依据都是征税对象数额。二者不同的是，超额累进税率累进的依据是征税对象的绝对数，超倍累进税率累进的依据是征税对象基数的倍数。

（三）定额税率

定额税率又称"固定税额"，是指对每一单位的征税对象直接规定税额的一种税率。它是税率的一种特殊形式，一般适用于从量计征的税种。定额税率的优点：一是计算简便，其计算方法较比例税率更为简单；二是固定税额能使优质优价的产品税负轻、劣质劣价的产品税负重，有利于鼓励企业提高产品质量和改进包装；三是税额不受征税对象价格变化的影响，税负稳定。定额税率的缺点是：由于税额一般不随征税对象的价值的增长而增长，不能使国家财政收入随国民收入的增长而同步增长，在调节收入和适用范围上有局限性。在具体运用上，定额税率又可分为以下几种：

1. 地区差别定额税率。地区差别定额税率是指为了照顾不同地区的自然资源、生产水平和盈利水平的差别，根据各地区经济发展的不同情况对各地区分别制定不同的税率。

2. 幅度定额税率。幅度定额税率是指税法只规定一个税额幅度，由各地根据本地区实际情况在税法规定的幅度内确定一个执行税额，如土地使用税。

3. 分类分级定额税率。分类分级定额税率是指把征税对象划分为若干个类别和等级，对各类各级由低到高规定相应的税额，等级高的税率高，等级低的税率低，具有累进税的性质，如车船税。

（四）税率的几种特殊形式

除前述三种税率的基本形式外，作为反映征税程度和税收负担状况的还有几种税率的特殊形式。它们是税率要素的延伸或衍生，并与税率的基本形式一起，共同发挥着税率要素的功能与作用。

1. 附加与加成。附加与加成是通过税率的延伸增加纳税人负担的特殊形式。附加是在正税之外再附征一部分税款。加成是在依率计征税额的基础上，再征收一定成数的税款。

2. 综合征收率。综合征收率是为了征收管理上的需要，把多种税的负担比例折合成一种计税依据的比例综合征收。它适用于收入很少、各种税应纳税额很小的纳税人。

3. 零税率。零税率是以零表示的税率，是免税的一种方式。它表明征税对象的持有人有纳税义务，但不需要缴纳税款。零税率通常适用于两种情况：一是在所得征税中对所得中的免税部分规定税率为零；二是对出口商品规定税率为零，使之彻底退还出口商品在生产和流通环节已纳的商品税。

此外，从理论研究出发，还有名义税率与实际税率、边际税率与平均税率等。名义税率也就是法定税率；实际税率是税收实际负担率。名义税率与实际税率之间，由于存在税前大量扣除、税收优惠、经济的通货膨胀等因素，会产生比较大的差异。边际税率是指最后一个计税依据所适用的税率；平均税率是指全部应纳税额与收入之间的比率。边际税率与平均税率之间存在密切的联系。在累进税率制的情况下，平均税率随着边际税率的提高而提高，但平均税率低于边际税率；在比例税率制的情况下，边际税率就是平均税率。

四、纳税环节

纳税环节是对处于运动过程中的征税对象,选择应当缴纳税款的环节。任何一种税都要确定纳税环节,有的税种纳税环节比较明确和固定,有的税种则需要在许多流转环节中选择和确定适当的纳税环节。商品从生产到消费要经过许多环节。一般说来,要经过生产、运输、批发、零售等环节。如果对一种商品只选择其中某一个环节征税,称为"一次课征制";如果选择在两个环节征税,称为"两次课征制";如果选择三个以上或所有流转环节都征税,称为"多次课征制"。在一般情况下,所得税类、行为税类、资源税类、财产税类的税种和关税大都采用一次课征制;流转税类的税种大都采用两次课征制或多次课征制。因此,纳税环节是税收制度尤其是流转税税收制度的构成要素之一。

纳税环节关系到税制结构和税种的布局,关系到税款能否及时足额缴入国库,关系到税收收入在地区间的分布,同时也关系到企业的经济核算和是否便利纳税人缴纳税款等问题。因此,选择和确定纳税环节,必须和价格制度、企业财产核算制度相适应,与纯收入在各个环节的颁布状况相适应。总而言之,选择和确定纳税环节,必须有利于控制税源和税款的集中缴纳,必须符合纳税人的纳税规律,便于税务机关征税和纳税人缴税。

需要进一步分析指出,纳税环节和纳税地点一起构成了纳税的空间概念,因此人们也常把纳税地点列为税收制度的构成要素之一。纳税地点是指税法规定缴纳税款的所在地或场所,一般为纳税人的住地、营业地、财产所在地或特定行为发生地等。纳税空间问题属于税收程序法中要解决的问题。但是,由于纳税空间问题与特定税种的征纳有特殊的联系,因而常由税收实体法来确定。

五、纳税期限

纳税期限是指税法规定的在缴纳税款的时间方面的规范。纳税期限是纳税的时间概念,它与纳税的空间概念一样,属于税收程序法中要解决的问题。同样道理,由于纳税时间问题与特定税种的征纳有特殊的联系,因而常由税收实体法来确定。纳税期限包括纳税间隔期、纳税义务发生时点、纳税申报期三种纳税时间概念。

(一) 纳税间隔期

纳税间隔期是指税法规定的计算和报缴税款的间隔时间,也是纳税人每次缴纳税款的间隔时间,即纳税人应隔多长时间缴纳一次税款。计算纳税的间隔期有两种基本方法:一是按期计税;二是按次计税。通常,报缴税款的间隔期与计算税款的间隔期相同。

纳税间隔期的确定,主要取决于税收制度的特征、税款的多少和纳税人的性质等因素。不同的税制,由于征税对象不同,纳税间隔期就有所不同。就商品劳务税制而言,既可以按次征税,也可以按期征税,主要取决于征税对象是否具有稳定性。就所得税制而言,也是既可以按次征税,也可以按期征税。如果纳税人是按期取得所得的,则按期征税,通常是按月、季或年征税。企业所得税通常是按年计征的。对纳税人是按次取得所得的,也可以按次征税。税法对每种税的纳税间隔期只规定一个比较灵活的时间范围,具体到某一个纳税人缴纳某种税的纳税间隔期则由主管税务机关根据具体情况确定。

(二) 纳税义务发生时点

纳税义务发生时点是指纳税人就其应税行为承担纳税义务的具体法定时点，是确定纳税间隔期的起点。不同的税收制度对纳税义务发生时间的确定，有不同的处理方法。商品劳务税制纳税义务发生时间的选择，分卖方税制纳税义务发生时间的选择和买方税制纳税义务发生时间的选择两种。卖方税制纳税义务发生时间的选择：一是收取价款的时点；二是发出货物或提供劳务的时点；三是签订合同的时点。买方税制纳税义务发生时间的选择：一是购入货物或接受劳务的时点；二是支付价款的时点；三是办理交易确认的法定手续的时点。所得税制纳税义务发生时点的选择：一是纳税人应当取得所得的时点；二是支付单位支付所得的时点；三是税法规定的时点。财产税纳税义务发生时点的选择：一是静态财产税通常定期征收，其纳税义务通常是税法规定的某个时期的终点，如月底、年底；二是动态财产税纳税义务发生的时点，通常就是财产产权发生转移的时点。此外，对行为税制和资源税制纳税义务发生的时点，税法也作了一般性规定。

(三) 纳税申报期

纳税申报期是指纳税间隔期满后的一定时期，是纳税义务人办理纳税手续、解缴税款的时间。如果纳税申报期最后一天恰遇法定休假日，则应自动延长至休假日结束后的次日。但如果休假日在纳税申报期内是否允许扣除，不同的法律有不同规定。在我国关税条例中，是允许扣除的，而在其他税收法规中则没有明确说明。

商品劳务税的纳税申报期以纳税间隔期为基础确定。无论是按期限纳税还是按次纳税的商品劳务税，纳税申报期通常为期满后若干天。如我国增值税条例规定，纳税人以一个月为一期纳税的，应当自期满之日起 10 日内申报纳税；以 1 日、3 日、5 日或 15 日为一期纳税的，应当自期满之日起 5 日内预缴税款，于次月 1 日起 10 日内申报纳税并结清上月应纳税款。所得税的纳税申报期是根据取得所得的方式是一次性还是年终获得而有不同的规定。对于按次或按月获得所得的，一般规定为取得应税所得的 7 日内缴纳税款。实行分次或分月、分季预缴、年终清算的计税方式，则应在取得所得后的若干日内预缴税款，年终后若干日内汇算清缴、多退少补。此外，税法对财产税制、资源税制、行为税制的纳税申报期也作了具体规定。

六、减税免税

减税免税是国家为实现某种特定的社会、经济或政治目标而在税收制度中对某些纳税人和征税对象给予鼓励和照顾的一种规定。人们通常把税法中明确规定的那些照顾和鼓励措施作为税收优惠，因此减税免税也称"税收优惠"。但是，从广泛意义上说，减税免税应该包含在税收优惠之中，是税收优惠的主要内容而不是全部。因为，税收优惠包括在税收执法和司法过程中给予当事人的某些便利，以便减轻其经济上的或精力、时间、心理等方面的负担。减税是对应纳税额少征一部分；免税是对应纳税额全部予以免征。减税免税的基本特征是：减税免税的享受者比其他纳税人不承担或只承担较低的税负。实际上，减税免税是税率的一种辅助和补充手段。实施减税免税意味着国家把本来可以收取的一部分税款，通过税收优惠无偿地转让给了某一部分人，这实际上是一种间接的政府支出。正是在这个意义上，西方学者把政府实施税收优惠而放弃的税收收入称为"税收支出（Tax Expenditure）"或翻译为"税式支出"。

从减税免税的性质上看，可分为鼓励性减税免税和照顾性减税免税两种。鼓励性减税免税是国家对某一产业或产品、某区域、某类纳税人、某项活动等予以支持而做出的奖励性措施。照顾性减税免税是针对纳税人面临意外事故而导致纳税能力下降的情况而做出的道义上的减免措施。

从减税免税的形式上看，可分为税基式减税免税、税率式减税免税和税额式减税免税三种基本类型：

税基式减税免税是通过直接缩小计税依据的方法来实现降低税收负担的目的。常见的具体方式有起征点、免征额、项目扣除、跨期结转等。起征点是税法规定的征税对象开始征税的数额起点，即征税对象数额未达到起征点的不征税，达到或超过起征点的则就其全部数额征税。免征额是税法规定的在征税对象全部数额中免予征税的部分，即不论征税对象数额大小，只对按标准减去一定数额后的余额征税。项目扣除是在征税对象总额中先扣除某些项目的金额后，以其余额为计税依据计算应纳税额。跨期结转是将成本费用及损失向前或向后结转，抵销当期的一部分收益，以缩小税基，实现减税免税。

税率式减税免税是指通过直接降低税率的方式来实现减税免税，具体包括：重新确定税率、选用其他税率和规定零税率等。重新确定税率是指对特定的征税对象或纳税人，不再使用税法中规定的税率而重新确定一个较低税率。选用其他税率是指对特定的征税对象或纳税人，不再使用税法中规定的税率而比照其他税种或纳税人适用的更低的税率计算纳税的一项优惠措施。规定零税率是指对负有纳税义务的纳税人实行免税措施而规定的一种税率。税率式减税免税实际上就是制定一种低于正常水平的税率。其特点是不改变税基，而通过降低应纳税额与征税对象的比率来减轻纳税义务，实施起来比较简单和有效。但由于税率确定和变更程序一般比较严格，因此，这种减税免税方式难以作为经常性的灵活措施加以实施。它一般只适用于需要给予长期鼓励或照顾的情形。

税额式减税免税是指通过直接减少应纳税额的方式实现减税免税，具体包括：税额折扣、退税、税收抵免、税收饶让抵免等。税额折扣是按规定的减征比例对应纳税额打一个折扣，纳税人只需缴纳应纳税额扣除折扣额后的差额部分的税款。退税是国家出于某种特定的政策目的而将纳税人已经缴纳或实际承担的税款退还给规定的受益人的一种措施（这里不指在征纳过程中因计算上的技术差错而造成的退税）。税收抵免是对纳税人的国内外全部所得或一般财产价值，准予在税法规定的限度内将其在国外实际已经缴纳的税款从其全部应纳税额中抵减的一种优惠措施。税收饶让抵免是居住国政府对跨国纳税人因享受非居住国给予的减税或免税优惠而没有实际缴纳或承担的税款，视同已经缴纳而予以抵免的一种优惠措施。

七、违章处理

违章处理是对纳税人的税务违章所采取的教育处罚措施。税务违章处理属于税收程序法规定的范畴，其内容主要体现在《中华人民共和国税收征收管理法》。违章处理体现了税收的强制性，是保证税法正确贯彻执行、严格纳税纪律的重要手段。通过违章处理可以加强纳税人的法制观念，提高依法纳税的自觉性，从而有利于确保国家财政收入并充分发挥税收的职能作用。

（一）税务违章行为

税务违章行为是指纳税人违反税法或不遵守国家有关纳税的规定而发生的违章行为。根据《中华人民共和国税收征收管理法》的界定，税务违章行为主要包括几个方面：一是，属于税收征管制度方面的违章行为，如纳税人未按规定办理税务登记，未按规定使用税务登记证，未按规定设置、保管账簿或记账凭证，未按规定进行纳税申报等；二是，属于税收制度法规方面的违章行为；三是，拖欠税款、滞纳金和罚款等。

（二）对税务违章行为的惩罚措施

税务违章行为的惩罚，国家规定了一系列措施。这些惩罚措施集中体现在《中华人民共和国税收征收管理法》中，主要包括罚款、补税和加收滞纳金、补税并罚款、补税并加收滞纳金、税收保全、强制执行，对纳税人严重违反税法规定并构成犯罪的，还必须提请司法机关追究刑事责任。

综上所述，在所有的税收制度构成要素中，征税对象、纳税人、税率是税收制度的三个最基本要素。这三个基本要素不仅回答了税收制度的基本问题，即解决了向谁征税、对什么东西征税、征多少税的问题，而且也是进行税收理论分析、制定税收政策、设计税收制度的基本工具。

第四节 税制结构

一、税制结构的概念

税制结构是指实行复合税制的国家，在按一定标准进行税种分类的基础上形成的税种分布的总体格局及其内部构造。税制结构的研究范围主要包括：主体税种的选择以及主体税种与辅助税种的配合等问题。税制结构研究的前提是国家实行复合税制。因为，在国家实行单一税制的条件下，仅以一种征税对象为基础设置税种，往往表现为单一的土地税、单一的财产税、单一的消费税、单一的所得税等较为单纯的税种结构形式，其自身缺乏弹性，难以发挥筹集财政收入和调节经济的作用。事实上，单一税制从来就没有被哪一个国家使用过。所以，只有在复合税制条件下，才涉及到税制结构问题。所谓复合税制，是指由多种征税对象为基础设置税种所形成的税制，它是由主次搭配、层次分明的多个税种构成的税收体系。复合税制研究的是，在税制体系内部税种之间的协调与配合问题，特别是税收体系中主体税种的选择及与其他税种的相互关系问题。

在复合税制的基础上，以发挥主体作用的税种多少为标志，税收制度可分为单一主体税种的复合税制、两税并列主体税种的复合税制和多税种并重的复合税制。单一主体税种的复合税制是指以某一类税为主体，其他各类税为辅的税制结构类型。一般来说，某一种或某一类税的收入在税收总收入中的比重远远高于其他类税种,那么这类税种就属于税制结构中的主体税种。两税并列主体税种的复合税制是指以某两类税为主体,其他各类税为辅的税制结构类型。多税种并重的复合税制是指由三类和三类以上的税种作为主体税种的复合税制结构类型。

税制结构的形成和发展,是不以人们的主观意志为转移的。它往往受到一国的经济发展水平、政治经济制度与体制等多种客观因素的制约。在现实社会中,多数国家税制结构的形成和发展并非经过了事前的完整设计和周密计划。它往往受到某一发展阶段社会经济体制、生产力发展状况、政府宏观管理水平等因素的影响与制约。有的甚至要受到政治上各派势力集团力量对比的左右,并在各种重大历史事件积累的基础上形成的。因此,值得强调指出的是,一国税制结构的形成与发展,绝对不是按照"最优"税制理论推导出来的。按照"最优"税制理论推导出来的所谓理想的税制模式,绝对不能作为税制改革的目标。这种忽视特定的政策目标及其业已存在的具体国情的"理想税制模式"难以被社会所接受,并可能产生较大负面影响。研究税制结构的过程,就是结合本国具体国情深入分析和研究经济发展规律的过程。

二、以财产税为主体的税制结构

在以财产税为主体的税制结构中,财产税充当筹集国家税收收入和调节社会经济生活的主要手段,而其他税种只能起补充和辅助作用。财产税是一个古老的税种。在封建社会,土地、房屋是财产的主要形态,因而以土地和房屋为征税对象的财产税曾是封建社会税制结构中的主体税种。财产税可以充当实现社会政策的工具。它对未征所得税的资本财产征税,贯彻了税收公平的原则,在市场经济不发达的国家,财产税可以作为所得税的替代物加以利用。财产税能限制人们对财产的占有量,促进财产的公平分配,防止或削弱贫富差距,保证社会稳定。在征收遗产税、赠与税的情况下,财产税限制了人们由受赠或继承获得财富的权力,在一定程度上促进社会成员在机会平等的基础上展开竞争,在更大的范围和更深的层次上实现公平。

但是,随着社会经济的发展,财产税在整个税收体系中的地位逐渐下降。当今世界各国一般只把财产税当作辅助税种,以财产税为主体的税制结构在大多数国家已经不存在。首先,财产税会对经济效益的提高产生不利影响。财产税是以财产的存在为前提,以财产的数量或价值为计税依据,对财产的存量征税。这样,财产税起到鼓励个人消费,限制财产积累和储蓄的作用,从而不利于资本增长和经济效率的提高。其次,财产税不能体现支付能力的原则。财产税是对财富存量征税,财富存量只体现过去的积累,不能反映纳税人当前的收益。随着社会进步和经济发展,个人的收入越来越多,个人的支付能力主要体现在个人的所得上,因而以财产为税基不如以所得为税基更能体现有支付能力的原则。再次,财产税无法满足财政筹集资金的需要。在现代社会,财产税弹性小,征收管理上的限制也比较多,所能获得的税收收入却不大,不能满足国家财政的基本需要。第四,税收征管难度大。在现代社会条件下,财产的种类繁多。例如,随着金融工具的不断创新,对以债券、股票、期货及其他衍生金融工具等形式存在的动产查实较难,财产税的征收管理非常复杂。

从总体上看,在现代社会尤其是在市场经济条件下,财产税对效率、公平目标的实现都只能起辅助作用，以财产税为主体的税制已不可能成为现实税制的选择方向。但是，在实行分税制的国家中，财产税仍然是地方政府的主要收入来源。因此，把财产税当作补充性和辅助性税种加以运用，仍然具有特定的财政意义。

三、以流转税为主体的税制结构

以流转税为主体的税制结构体现着流转税在整个税制中占主导地位，并发挥着主导作用。流转税的具体税种名称，一般有营业税、货物税、销售税、周转税、增值税、关税等。从计税依据看，流转税中除增值税以增值额为计税依据外，其余税种一般都是以商品或劳务的全部销售收入额为计税依据征税。

（一）以全额流转税为主体的税制结构

在以全额流转税为主体的税制结构中，其主体税种的计税依据是商品流转额和非商品流转额的全额。例如，流转税对产制、批发、零售和劳务等多阶段、多环节进行普遍全额征收；销售税则对其中某一环节的产品或劳务全额征收。全额流转税的特点突出，主要表现在：税基宽，具有较强的聚财能力；对税收征管条件要求相对较低，稽查简便易行；对经济调节灵活，针对性强，可配合价格共同调节。这些特点成为全额流转税为主体的税制结构的优势，适用于在较为落后的发展中国家推行。目前，大约有五十多个国家和地区采用了这一税制结构模式。其中乌干达、哥斯达黎加等国还以关税为主体税种，对全额流转税有很强的依赖性。即使在已实行增值税的国家，仍有不少运用全额流转税制来弥补增值税调节功能不足的缺陷，挖掘税收收入。但是，全额流转税也有其致命的缺陷：一是重复征税，二是累退性，不符合公平原则。由于全额流转税既不利于专业分工协作，又难以按纳税人的实际负担能力征税，因而，除一些经济基础较差的国家和地区还是以全额流转税作为主体税种外，不少国家逐渐用增值税取而代之。

（二）以增值税为主体的税制结构

增值税是对生产、批发、零售等各个环节的商品和劳务的增值额征税。增值税税负与商品周转环节次数没有关联，只与增值额相关，可以避免重复征税，税基宽广，对经济影响是中性的。以增值税为主体的税制结构在公平和聚财方面不亚于全额流转税，在效益方面可以从根本上克服全额流转税为主的税制结构的缺陷，是一种比较好的税制结构。但是，增值税需要有完整的会计制度和税收征管制度的配合，直接征收成本高于全额流转税。如果条件不具备，即使实行增值税也无法达到预期的某些政策目标。此外，增值税呈累退性，不同收入阶层在商品购买和消费中，实际承担的税负相对于其收入比重是递减的，即收入越高所负担的税收比例越低，不符合税收公平原则。

四、以所得税为主体的税制结构

在以所得税为主体的税制结构中主体税种包括个人所得税、企业所得税和社会保障税，其中个人所得税和社会保障税是普遍征收并占主导地位，企业（法人）所得税也是其中的一个重要税种。以所得税为主体的税制结构在效率特别是在公平方面有着其他税制无法替代的优点。在组织财政收入方面，可以根据国家的财政需要，通过税率的调整使收入与支出相适应，是一种比较好的税制结构。首先，所得税的征税对象是纯收入，税收的变动不会对物价产生直接影响，一般不会影响纳税人的生产、生活，不会侵蚀纳税人的财产，不会侵蚀税本，因此不会影响社会再生产。其次，所得税较易适用累进税率，税收制度富有弹性，产生经济"内在稳定器"的效果。税收收入随着经济的增长而增加，随着经济的衰退而减少。在需求过旺、经济发展的高潮时期，通过税率的自动爬升，增加纳税人的纳税负担的同时增加国家的财政收入。从而降低整个社会的需求能力，在一定程度上缓解经济过热的局面，保持总供给和总需求的平衡。反之，在经济的衰退时期，所得税的税率自动降低，产生自动减税，从而提高整个社会的购买力，在一定程度上刺激社会需求的回升。再次，所得税一般奉行"多得多征、少得少征、无所得不征"的征税原则，加上税负不易转嫁，较好地体现了税收的公平原则，对社会分配起到了调节作用。

但是，以所得税为主体的税制结构也存在不足，主要是：第一，所得税特别是个人所得税的普遍征收是以市场经济发达为前提，在生产的社会化、商品化、货币化程度较低的国家，以所得税特别是个人所得税为主体的税制结构很难有效实施。第二，所得税一般实行累进税率，且税率档次多，有可能会对纳税人经济决策产生扭曲，使经济效率遭受损失。劳动越多、投资越多、收入越高的纳税人税收负担越重，从而挫伤劳动者的积极性和投资者的投资欲望。第三，当经济发展水平不高、经济效益低下时，采用以所得税为主体的税制结构，很难保证国家的税收收入。第四，所得税的计税依据是应税所得额，应税所得额是经过复杂的计算后得出的，所以以所得税为主体的税制结构征收管理相对困难，征收成本居各税之首。因此，只有普遍征收所得税的客观经济条件存在且税率合理，所得税在筹集财政收入上才能稳定可靠。总而言之，只有在市场经济发达的国家，才具备实行以所得税为主体的税制结构的条件。

五、以所得税和流转税为双主体的税制结构

在以所得税和流转税为双主体的税制结构中，所得税和流转税并重，均居主体地位，两类税收的作用相当，互相协调配合。流转税的优势在于聚财稳定，征收便利；所得税的优势在于较为公平，可调节收入分配，并产生经济"内在稳定器"的效果。既然二者各有所长，如能合理配置、相得益彰，从而奠定优良税制的基础。以所得税和流转税为双主体的税制结构，可发挥流转税和所得税各自的优点，使之配合得当，产生互补作用。一方面，能发挥流转税征税范围广、税源充足、能保证财政收入的及时性和稳定性的作用；另一方面，能发挥所得税按负担能力大小征收、自动调节经济运行和公平分配的作用。从而形成了两个主体税类优势互补的税制结构。这种税制结构不仅在发展比较快的发展中国家实行，而且开始引起以所得税为主体税种的发达国家的重视。此外，任何一种税收的选择都离不开现实条件。例如，流转税在我国实行已久，为人们所习惯，且税务机关对流转税征收较有效率，目前放弃流转税的主体地位显然是不符合实际的选择。又例如，选择所得税必须具备一定的条件，如商品经济发达、企业效益好、国民人均收入高，税收征管水平和企业财务管理水平高等。而在我国的现实条件下，一味主张实行以所得税为单一主体税种显然是脱离实际，如实施则欲

速而不达。因此，在我国这一发展中国家的具体国情下，以流转税为主、所得税次之的双主体税制结构是最佳的选择。

应该进一步强调指出的是，近年来，国际上税制结构变化呈现的趋势值得我们关注。这个趋势是：发达国家由偏重所得税转向适度重视流转税，流转税的比重逐渐上升，而发展中国家所得税的比重也在逐渐上升。这表明，流转税为主或是所得税为主并不是衡量税制优劣的绝对标准。一个国家的理想税制结构应是符合本国国情，促进社会经济发展，发挥税种的全面功能。

六、我国税制结构的形成及其演变

为了适应不同时期社会政治经济条件的变化，我国的税收制度经历了多次重大改革，但流转税在税制结构中的主体地位始终没有改变。新中国成立以来，我国的税制结构发展演变具体经历了三个阶段。

第一阶段，中华人民共和国成立初期到党的十一届三中全会以前。在这一阶段，我国税制实行以流转税为主体的"多种税、多次征"的税制结构模式。当时流转税收入在整个税收收入中的比重达80%以上。在国有经济占绝对比重、国家财政收入以利润上缴为主的计划经济背景下，这种税制结构虽然可以基本满足政府的财政需要，但是却排斥了税收发挥调节经济作用的功效。

第二阶段，党的十一届三中全会以后到1994年税制改革以前。这一阶段，我国实行经济体制改革并逐步深化。在税收制度改革方面，为了适应税源格局的变化，我国政府于1983年和1984年分两步进行了"利改税"改革，首次对国营企业开征了所得税，并改革了原工商税制。"利改税"改革后，我国所得税收入占工商税收收入的比重迅速上升。1985年，这一比重达到34.3%，基本形成了以流转税为主体、所得税次之、其他税种相互配合的税制结构。

第三阶段，1994年税制改革以后到现阶段。我国1994年的工商税制改革侧重于税制结构的调整和优化，目的在于建立以流转税和所得税为主体的"双主体"税制结构。经过10多年来的税制改革与完善，我国的双主体税制结构已逐步形成。其主要表现为流转税的收入比重是逐步降低而所得税的收入比重是逐步上升的趋势明显。因此，以流转税为主体、所得税次之的双主体是我国税制结构的基本特征。这种税制结构格局是与我国生产力发展状况以及经营管理水平基本相适应的。

第 2 章

中国税收制度的历史沿革与发展

【内容提要】 本章介绍的是中华人民共和国成立以来，中国税收制度建立和发展演变的历史事实。50多年来，我国税收制度建立和发展演变的历史过程，一方面体现了现代税收制度发展变化的共同规律；另一方面也体现了我国各个历史时期的政治经济形势、党的总路线、总政策以及经济结构和经营方式的要求。在新一轮税制改革启动之前，我国税收制度经历了六次大的变动和改革。而每次变动和改革都是国家的政策目标和经济环境变化必然要求税收制度进行调整的结果。

第一节 税收制度发展与演变的历史分析

从税收产生之日起，税收制度就随着国家经济和社会条件的变化而处于不断的变化之中。历史上，人类社会制度和经济发展经历了一个从简单到复杂、从低级到高级的发展演进过程。与之相适应，税收制度也经历了一个从简单到复杂、从低级到高级的发展演进和优化过程。任何制度都是在特定的历史背景、特定的社会制度和特定的经济条件下，人们的利益及其选择的结果。在不同的社会形态、在同一社会形态中不同发展阶段，人们选择了不同的税收制度。从古今中外税收制度演变的历史进程中，充分体现了税收制度的演变规律。而税收制度的演变规律中我们不难发现，到了资本主义社会，税收制度才在各方面趋于完善和稳定。进入资本主义社会以后税收制度的演进和变迁，反映了现代税制的演进和变迁。而西方发达国家税制的演进和变迁代表了世界税制演进变迁的过程。考察西方发达国家税制的演进变迁过程的总趋势，可以得出这样的结论：发达国家的税制始终处于不断的变革之中，其追求的是更为"理想"的税收制度；但是，在一定的历史时期，各发达国家的税制是处于一个相对稳定状态，其变动一般并未突破当时各国税制的基本模式；只有当社会政治经济发生重大历史转折时，税制的基本模式才会发生相应的变迁。

税收制度发展演变的过程，是新的更为完善的税收制度代替旧的落后的税收制度的过程。而决定税收制度发展演变的因素主要是：经济的发展水平和政府的经济社会发展的政策及目标。税收制度发展演变的内容包括税收法制程度的发展变化、税收征收实体的发展变化和税制结构的发展变化等方面。

一、税收法制程度的发展变化

税收并不是从其产生之日起就严格按照法律程序行使征税权力的。税收法制程度的发展变化体现在国家行使征税权力的程序演变方面。在自然经济条件下的奴隶社会和封建社会，实行封建专制制度，法律制度不健全，税法制度不完备。国家凭借专制政权实行专制征税，征税权同贡纳者的自由贡纳结合在一起，地方政府根据需要任意加税，封建贵族、僧侣享有税收特权。在商品经济条件下的资本主义社会，实行了民主制度，建立起了较为健全的法律制度，税收制度比较完善。国家通过法律程序逐步建立起了税收实体法和税收程序法，废除了税收特权。国家依据税收法律行使征税权。因此，塞里格曼把税收的产生与演进划分为七个阶段：一是自由献纳；二是政府求助；三是人民补助；四是为国牺牲；五是法律主义；六是强制征收；七是片面课税。日本的财政学者则将税收法制程度的发展变化归结为任意献纳时代、租税承诺时代、专制赋课时代和立宪协赞时代等四个阶段。[①] 通常也可以将税收法制程度分为简单型征税阶段、专制型征税阶段和立宪型阶段等三个阶段。在税收法制程度的发展变化过程中，税收制度由很不完善到逐步完善，国家征税从没有任何法律程序和依据到实行专制征税，最后发展到需要通过一定的立法程序，只有立法机关审议通过才能征税，税收法律制度逐步完善。税收法律制度的逐步完备使税收的课征由随意性、不确定性向有确定性演变；由无序课征向依法课征演变；由较小的征税面向普遍征税演变。

二、税收征收实体的发展变化

税收征收实体的发展变化反映在税收制度上是计税依据的发展变化。在自然经济条件下，自然经济社会是农业经济社会，税收主要来源于农业收入，国家征税对象主要是农民，缴纳的实体主要是实物。此外，农民还要服徭役，其缴纳的实体称之为力役税。在这一时期，虽然也对商业征税，但比较起来，在总收入中的比重很小。到了封建社会的中后期，由于商品货币经济的发展，货币形式的税收才开始出现，并逐步以征收货币为主。进入资本主义社会后，货币已成为商品经济社会税收的纳税依据和结算依据。税收征收实体基本上以货币为主，其他实体形式的税收逐渐减少。当今世界，除极个别国家的个别税种仍征收实物外，税收征收实体已实现了货币化。

三、税收制度结构的发展变化

税收制度结构的发展变化主要体现在主体税种的发展演进上。在自然经济条件下的奴隶社会和封建社会，由于农业经济的特点，只能实行以古老直接税为主的税制结构。古老的直接税不考虑个人的负担能力，以人头、土地为依据征收人头税和土地税，形成以简单的直接

[①] 金鑫、刘志诚、王绍飞：《中国税务百科全书》，第 2～3 页，北京，经济管理出版社，1991。

税为主体的税制结构。随着资本主义工商业的发展，逐渐形成了从古老的直接税为主向间接税为主的税制结构转变，即由人头税、土地税向商品税转变。商品税也不考虑商品经营者的负担能力，以商品销售额或商品销售量为计税依据。但是，商品税既可以转嫁又有利于增加财政收入，并且通过进口关税还可以对本国工商业的发展起到保护作用。这样，各国普遍开征各种类型的间接税逐步取代原来的简单、原始的直接税，形成了间接税为主体的税制结构。

但是，随着资本主义经济的发展，广泛开征间接税的弊端也逐渐显露出来，在一定程度上保护了自给自足经济的发展，抑制了资本主义的发展。商品税的多环节多次课征，造成商品价格上涨，抑制了自由竞争，阻碍了商品流通和交换的进一步发展，限制了商品市场的进一步拓展。特别是保护关税制度限制了对外贸易的发展和市场的进一步扩大。以间接税为主体的税收制度越来越不适应资本主义经济发展的需要。与此同时，资本主义经济发展带来了人们收入的不断增加，为征收所得税创造了条件。1799年，英国首先开征了所得税，其后经过多次反复和曲折的发展过程，最后在大多数西方发达国家建立起了以所得税这一现代直接税为主体的税制结构。

自20世纪80年代以来，西方国家进行了大规模的税制改革，重新调整了税收对经济的干预政策，开始重新重视商品课税的作用。特别是增值税的推广，使西方国家开始走降低所得税，加强和改进商品课税的道路，形成了所得税和商品税并重的双主体的税制结构。从商品税和所得税两大税系的演进看，商品税由以高关税为主向以关税与商品周转税为主，再进一步发展到今天的低关税，以增值税为主体的税制结构。所得税由比例税演进为累进税，税率由低税率、低累进向高税率、高累进演进，再向低税率、低累进演进；课征方式由分类所得税制趋向于综合所得税制。

我国是发展中的社会主义国家，其税收制度的建立和发展变化有自身的规律。一是税收制度必须要与我国各个历史时期的经济发展水平相适应；二是税收制度必须服从和服务于我国不同历史时期的经济社会发展的政策目标。全面分析新中国成立以来税收制度的发展演变过程不难看出，我国的税收制度的变迁，实际上就是在税收制度的外在政治经济和社会环境发生变化时，国家相关的经济政策、目标发生了变化，由此带来税收政策目标的变化。进而根据税收政策目标的变化对现行的税制进行调整与改革，以适应变化了的政治经济和社会环境对税制的需求，建立有利于经济进一步发展的新的税收制度，并保持税收制度在一定时期内的相对稳定。

第二节 新中国税收制度的建立与税制修正

一、建立新税制的历史背景

1949年10月1日，中华人民共和国的诞生标志着我国进入了一个新的社会历史时期。从此，在中国大地上出现了新的税收制度。我国新的税收制度是在继承发展革命根据地的税制和改造沿用国民党时期的旧税制的基础上建立起来的。

中华人民共和国成立后，百废待兴，灾民待济，财政入不敷出，赤字大，急需增加税收，以解燃眉之急。新的税制不可能在短期内建立和实施。所以，在老解放区仍沿用原来的税制，而在新解放区采取"暂时沿用旧税法，部分废除，在征收中逐步整理"的方法。即废除国民党时期的苛捐杂税，对暂时沿用的部分旧税法以当地人民政府的名义公布实施。各地沿用旧税法，抓重点税源，采取简便易行的方法组织征收，保证了财政的需要，对稳定大局，安定民生起了积极作用。

然而，沿用旧税法毕竟是不得已而为之的过渡性办法，它的最大缺陷是税制不统一，税负不均衡。例如，面粉的税率，东北地区为8%，华北及华东地区为25%；农业税的税率，东北地区采用地区差别的比例税率，华北则实行有免征额的比例税率；卷烟的税率，山西为40%，东北地区为60%。这种差别不仅造成税负不均，而且还严重影响地区之间货物的正常流通。

二、新税制的建立

1949年11月，财政部在北京召开了首届全国税务会议。会议根据全国政治协商会议通过的《共同纲领》第40条规定"国家的税收政策，应以保障革命战争的供给，照顾生产的恢复和发展及国家建设的需要为原则，简化税制，实行合理负担"的政策精神，全面研究统一全国税收，制定统一的新税法及统一建立税务机构等问题。于1950年1月，中央人民政府政务院颁布《关于统一全国税政的决定》的通令，并发布《全国税政实施要则》，明确规定了新中国税收政策、税收制度、税收管理体制、组织机构等重大问题。其中，明确规定建立新税制的政策和原则是：贯彻合理负担的原则，解决历次战争中农民的负担超过工商业者的问题，将适当平衡税负作为建立统一税收制度的指导原则；国营企业和合作社一律照章纳税、外侨经营的企业也须依法纳税；迅速改变全国税制不统一的状况；规定了新中国新税制的税种框架体系。

根据税种框架体系，除农业税外，共设置了14种税，具体包括：货物税、工商业税（包括坐商、行商、摊贩等营业税及所得税）、盐税、关税、薪给报酬所得税、存款利息所得税、印花税、遗产税、交易税、屠宰税、房产税、地产税、特种消费行为（筵席、娱乐、冷食、旅店）税、使用牌照税（1950年9月改称车船使用牌照税）。其后不久，又公布了契税暂行条例，开征了契税。上述税种的暂行条例和实施细则相继公布并陆续开征。至此，新中国的税收体系正式建立，统一了全国税政。

三、对新税制的调整与完善

1950年上半年，随着财政经济状况开始好转，长期通货膨胀所形成的虚假购买力随着物价的稳定而消失；部分私营企业的经营方式与新的情况不相适应，出现了暂时性的市场萧条和生产的减缩情况。在税收上，由于税目过细，发生了某些重复征税的现象，以及征税规定不明确，计税手续繁琐，造成税负分配不均的问题。1950年6月，中国共产党第七届三中全会和第二届全国赋税会议，研究调整了税收的原则和具体内容。按照巩固财政收支平衡及照顾生产的恢复和发展的原则，对税收的内容进行了调整和完善。其主要内容是：

1. 停征和简并税种。规定暂不开征薪给报酬所得税和遗产税，将房产税和地产税合并为城市房地产税。调整后，原定全国开征的14种税减为11种税。

2. 简并征税对象与税目。调整案中决定免征货物税的有 387 个品目,合并货物税的 391 个品目,经简并后,货物税的征税品目由原定的 1 136 个调减为 358 个。印花税的征税对象由原定的 30 个,免去 5 个,剩下 25 个。

3. 降低税率。

第一,盐税由原定的税额减半征收。

第二,在货物税征税项目中,卷烟税率由 120% 调为 90%~120%、毛织品税率由 30% 降为 20%、火柴税率由 20% 降为 15%。

第三,利息所得税税率由 10% 降为 5%。

第四,工商业税中的所得税采取提高累进起点和最高累进起点,增加累进级数,拉开累进级距的办法,以降低实际税负。最低级距由 100 元提高到 300 元,最高级距由 300 元提高到 1 000 元,累进级数由 14 级改为 21 级。

第五,其他税种也作了一些减轻税收负担的调整。

5. 改进征收方法。在改进征收方法,简化纳税手续方面,也采取了许多措施。

中央人民政府政务院根据调整税收的内容,于 1950 年 12 月重新修订公布《货物税暂行条例》和《工商业税暂行条例》。财政部同时制订、公布其实施细则,进一步健全税收法制。另外,在 1951 年 4 月,为配合棉纱统销政策,又从货物税中独立出棉纱一项开征棉纱统销税。

1950 年 12 月,中央人民政府政务院还发布《工商税民主评议委员会组织通则》和《税务复议委员会组织通则》,根据两个文件精神,各地相继组织了有工商业代表参加的民主评议和税务复议机构,以便发扬民主,改善征纳双方的关系,贯彻执行税收政策,督促工商业户完成纳税任务。

四、新税制的特点

上述政策的出台并在全国范围内统一组织实施,标志着新中国税制的确立。这一时期税制的特点是实行"多种税,多次征"的复合税制。所谓"多种税",是指在税收制度中开征了十多种税,分别从生产、批发、零售、所得、收益、财产、商事凭证等环节或事项征收。如产品出厂销售时,既要征收货物税,还要征收营业税和印花税。所谓"多次征",是指一种产品要经过工业加工、商业批发、商业零售等环节,每周转一次就要征收一次营业税。所谓"复合税制",是指以按产品或流转额课征的流转税和所得税为主体,其他税种为辅的税制结构。流转税的主要税种是货物税和工商业税中的营业税。它一方面具有征税面广、税源普遍、计算简便、收入稳定可靠等优点;另一方面便于根据不同产品和行业规定不同的税率,来实现国家奖励和限制的政策。所得税主要指工商业税中的所得税。在"五种经济成分"并存的情况下,它对调节各种经济成分的收入,特别是调节国家与资本主义工商业之间的利润分配关系,具有重要作用。

但是,当时所得税的主体地位并不明显。由于工资薪金普遍较低,且收入差距不大,开征薪给报酬所得税财政意义不大。劳务报酬数额一般较小,此时也没有开征薪给报酬所得税的必要。在此情况下,停征薪给报酬所得税是情理之中的事情。实际运用时,所得税类仅有存款利息所得税(后改为利息所得税)、工商业税中对固定工商业征收的所得税(国营企业除外）、对摊贩按所得征收的摊贩业税。相反，流转税收入占整体税收收入的比重达四分之三，货物税和工商业税中的营业税的地位非常突出。此外，由于当时的征管条件不成熟，没有开征遗产税；屠宰税、交易税等在聚财方面起到了补充作用；特种消费行为税有聚财和限制的双重目的，但功效甚微。

总体说来，统一后的新税制意图在于较多地取得财政收入，缓解财政紧张的局面，目的是集中资金用于经济恢复和建设；调节各种经济成分的收入水平，限制资本主义工商业取得过多的利润，并加强财政监督。因此，这一多种税、多次征的复合税制结构有其特定的历史背景。

五、1953年的税制修正

1952年年底，我国基本结束国民经济恢复时期，进入大规模经济建设时期，公有制经济在整个国民经济中的比重大幅度提高，工商企业的经营方式、商品流通渠道也有较大变化。国营企业和合作社大量用委托加工、代购代销、内部调拨的方式从事经营。私营企业则趋向组织联合，深购远销，产销直接见面的办法。这样，使商品流通环节减少，出现"经济日益繁荣，税收相对下降"的情况。而原税制的纳税方法以私人工商业者为主要纳税人，较为复杂繁琐，对国家计划管理和日益壮大的国营企业进行经济核算不利。为此，国家根据"保证税收，简化税制"的原则，决定从1953年起修正税制。修正税制的主要内容为：

（一）实行商品流通税

商品流通税对22种商品，如：烟、酒、麦粉、火柴、水泥、钢铁、棉纱等，从生产到消费按其流转额实行一次课征制。即将22种商品在生产环节征收应纳的货物税、营业税、印花税以及在商业批发和商品零售环节征收的营业税、印花税予以合并，在生产环节销售时一次征收。凡是已缴纳商品流通税的商品，在流转过程中不再征收所有属于流转税性质的税收。由于这些商品都是由国营企业大量生产和控制的，有些是国家专卖或统购统销的商品，或流转过程比较简单，征税项目虽然不多，但在税收收入中却占有较大比重。

（二）调整货物税

除上述应纳商品流通税的产品外，凡应纳货物税的产品的印花税、工业营业税、商业批发营业税及其附加，并入货物税一并征收。同时相应调整货物税的税率。货物税的应征品目也进一步简并，由原来的358个品目简并为172个品目。货物税的完税价格改为包含税款在内的国营公司批发牌价。粮食、土布交易税也改征货物税。

（三）修订工商业税

工商业税是对工商营利事业的营业额和所得额征收的一种税。其包括四个部分：对固定工商业按营业额征收营业税；按所得额征收所得税（一般不含国营企业）；对临时商业按每次营业额征收临时商业税；对摊贩业按营业额和所得额征收摊贩业税。修订工商业税的内容是：将工商业应纳的营业税及其附加的印花税并入营业税一并缴纳，相应调整税率；已缴纳商品流通税的商品，不再缴纳营业税；已缴纳货物税的商品，只在商业零售时缴纳营业税；

不属于商品流通税和货物税征收范围的商品，则不论工业销售或商业零售均需缴纳营业税。由于商业批发环节的营业税税负已分别并入商品流通税和货物税之内，因此对商业批发环节不再征收营业税。

（四）取消特种消费税，改征文化娱乐税

特种消费税原规定对电影、戏曲及娱乐、舞场、筵席、冷食、旅店等五种消费行为征收。这次税制修正，取消特种消费税，将电影、戏曲及娱乐部分税目改征文化娱乐税，其余税目则并入营业税内征收。

（五）调整交易税

交易税的征收内容包括棉花交易税、土布交易税、粮食交易税、药材交易税以及牲畜交易税。在这次税制调整案中，将棉花交易税并入商品流通税中征收，将土布交易税、粮食交易税并入货物税中征收，并停征药材交易税，仅保留牲畜交易税。

经过这次税制修正以后，在整个税制结构中，除农业税外只剩下14种税。即工商业税（含营业税、所得税、临时商业税）、货物税、交易税、印花税、车船使用牌照税、屠宰税、房产税、地产税、存款利息所得税、盐税、关税、特种消费税、薪给报酬所得税（未开征）、遗产税（未开征）。由于减并税目，减少纳税环节，简化征收手续，使得修改调整后的税制，对发展社会主义经济，加强改造私营企业与保证国家财政收入，有着十分重要的作用。

第三节 1958～1978年：改革工商税制和统一全国农业税制

一、1958年改革工商税制

（一）改革的历史背景和原则

1956年，我国基本上实现了对农业、手工业和资本主义工商业的社会主义改造，国民经济中的所有制结构发生了根本性变化。全民所有制和集体所有制经济成为国民经济的主要成分。国营企业、合作社和公私合营企业等公有经济的比重已达到93%，私营工商业和个体经济只有7%。原有的税制是根据当时的经济成分而制定的，在经济成分发生变化后，对税制的改革已提到重要地位。因此，我国在1958年进行了一次较大的税制改革。这次税制改革的原则是"基本上在原有税负的基础上简化税制"。改革的目的是为了适应国营经济发展和控制经济资源。

（二）改革的主要内容

这次工商税制改革的主要内容是试行工商统一税。1958年9月，经全国人大常委会审议通过，由国务院公布了《工商统一税条例（草案）》，决定试行工商统一税。工商统一税是将原来的商品流通税、货物税、营业税和印花税合并而成。同时简化有关税目的征收方法：

一是简化计税价格。将原来商品流通税、货物税中工业产品按国营企业批发价计税的方式，改为按工厂的实际销售价格计税。

二是简化对中间产品的征税办法。企业自行制造供本企业连续生产的应税中间产品，如五金、钢铁等26种产品，除白酒、棉纱、皮革三种产品外，其余的不再征税。

三是简化纳税环节。对工农业产品，从生产到流通，实行二次课征制。即工业品在工厂出厂环节征一次税，在商业零售环节再征一次税；农产品中的薰烟叶等11种产品，在采购环节征一次税，在商业零售环节再征一次税。取消批发环节征税。

四是调整税率。在维持原来税负的前提下，设计工商统一税税率。原则上采取比例税率，一个税目设计一个税率。个别税目包括的产品种类较多，积累水平高低悬殊时，则分设几个税率。对利润较高的产品适当调高税率，对利润较低或调低销售价格的产品则适当调低税率。

五是奖励协作生产。改变过去委托加工产品一律由受托方代替纳税的规定，委托工厂在收回加工产品后，用于本企业生产上的，不再征税；只有用于对外销售的部分才征税。此外，对同一品目加工改制的产品，在销售后按较低的"其他工业产品"的税率纳税。对于简单加工的产品，纳税人如有纳税困难，则由省、市、自治区批准免税。

此外，为了配合工商统一税的试行，原工商业税中的营业税并入工商统一税，对于工商业税中的所得税则独立为另一种税，即工商所得税。

经过改革后，除农业税外，我国实际开征11个税种：工商统一税、关税、工商所得税、利息所得税（1959年停征）、城市房地产税、契税、盐税、牲畜交易税、车船使用牌照税、屠宰税、文化娱乐税（1966年停征）。

（三）20世纪60年代初，开征集市交易税和调整工商所得税

经历了国民经济三年困难时期后，在1960年冬，我国对国民经济实行"调整、巩固、充实、提高"的八字方针，个体经济和集体经济有很大的发展。但是，工商所得税存在负担不合理的问题。主要体现在：个体经济的负担轻于集体经济，合作商业的负担轻于其他集体经济。为了改变这种不合理状况，1963年4月国务院发文调整工商所得税负担。这次调整工商所得税负担的原则是：限制个体经济、巩固集体经济、贯彻合理负担的政策，使个体经济的税负重于集体经济、合作商业的税负重于手工业合作社、交通运输合作社及其他集体经济，使集体经济之间的负担大致平衡。这次调整的主要内容：除供销社仍实行39%的比例税率外，集体经济均改为超额累进征税；个体经济仍维持原规定，按全额累进征税。改革后，集体企业的工商所得税负担逐渐趋于合理，但对个体工商业及合作商店却限制过严。

农村集市贸易开放以后，市场上出现了一些新情况。价格一般偏高，有些商贩乘机活动，牟取暴利，扰乱了正常的物资交流。为限制投机活动，1961年曾征收过暴利税。1962年4月，国务院决定开征集市交易税。从有利于发展农业生产和集市贸易，有利于国家对农副产品的收购出发，坚持"活而不乱，管而不死"的方针。对国家不需要掌握的产品从宽，对国家需要掌握的产品从严；对售价低的产品从宽，对售价高的产品从严；对农民出售自产品从宽，对从事贩卖的产品从严。征收范围原则上规定为家畜、家禽、肉类、蛋品、干鲜果、土特产和家庭手工业品等七类。税率一般为10%，少数价格高的产品为15%，家庭手

工业品和国家不需要掌握的产品为5%。由各省、直辖市、自治区根据当地情况制定征收办法。到1964年，由于农村集市贸易活动减少，成交额急剧下降，于是财政部报国务院批准，决定对集市交易税保留税种，暂停征收。

二、统一全国农业税制

新中国成立后，农业税由于各地继续沿用战争时期制定的征收制度，因此各地税收法规有一定的差异。在老解放区已实行过土地改革，采用比例税率。1950年9月，政务院颁布《新解放区农业税条例》，实施全额累进税制。其目的是为了打击地主经济，限制富农经济，贯彻合理负担的政策。1952年，在基本完成土地改革以后，由于富农经济依然存在，其收入仍然高于贫下中农。为了进一步限制富农经济，仍然没有实行比例税率，只把全额累进税制的级距适当缩小，并适当降低税率。1956年农业合作化以后，富农经济已被消灭，个体经济已走上合作化道路成为集体经济，此时已无必要继续实行两种农业税制。1958年6月，国务院公布《农业税条例》，在全国范围内废除了累进税制，统一实行分地区的比例税制，并继续实行"稳定负担，增产不增税"的政策。这项重大改革，对发展农业集体经济、鼓励增产、调节收入有着极其深远的影响。随后的40多年中，我国的农业税制都没有大的调整。随着社会主义市场经济体制的建立和建设社会主义新农村战略的实施，中央决定从2006年起，在全国范围内全面取消农业税。至此，在我国历史上实行了2 600多年的农业赋税制度彻底退出历史舞台。

三、1973年改革工商税制

（一）改革的历史背景和原则

在生产资料的社会主义改造完成以后，我国受前苏联"非税论"的影响。认为在社会主义国营企业的生产资料归国家所有，对国营企业征税实质上是上缴利润的性质，税收只是一个外壳。因此，对国营企业征税是没有必要的，并于1959年上半年开始，在成都、南京、武汉、石家庄、锦州、开封、宝鸡等七个城市进行"税利合一"的试点。即实行"以利代税"，取消税收。"文化大革命"期间，在"左"倾错误路线的影响下，这种观念得到了进一步的强化。当时的工商税收制度被批判为"有利于资本主义，不利于社会主义"，把已经简化了的税制仍被批判为"烦琐哲学"。认为随着国营经济的进一步扩大和非社会主义经济的日益缩小，社会主义税收在国家积累资金方面虽然能发挥一定作用，但国家财政收入唯一来源应是国营企业上缴的利润；税收在调节经济方面几乎没有作用。因此，税收制度成为"改革不合理的规章制度"的对象，税务机关被撤并，大批税务干部下放劳动，企业财会人员也大量减少，简化税制的呼声越来越高。在这种情况下，1972年3月国务院批准并下发了当时财政部拟定的《中华人民共和国工商税条例（草案）》，从1973年起在全国试行。

（二）改革的主要内容

1. 合并税种，开征工商税。将工商统一税及其附加、盐税以及对企业征收的城市房地产税、车船使用牌照税、屠宰税合并为工商税。经合并后，对国营企业只征工商税一种税；对集体所有制企业则征收工商税和工商所得税两种税；对个人、外侨及外国企业仍继续征收城市房地产税、车船使用牌照税、屠宰税。

2. 简化征税项目和税率。实行工商税后，按行业和产品设计征税项目和税率。征税项目由原工商统一税的108个减为44个，税率由141个减为82个。而在82个税率中很多是相同的，实际上不同的税率只有16个。这次税制改革大多数行业保持原来的税负水平，只对少数行业和产品加以调整。如降低农机、农药、化肥、水泥的税率，适当调高印染业、缝纫机、自行车、手表和部分化工产品的税率。

3. 改变部分征税方法。主要是废除许多当时被认为是不合理的征税办法，取消对"中间产品"征税的规定，原则上按企业销售收入计算征税。如以较高税率的中间产品连续生产为税率低的产品，销售时应按较高的税率纳税。将部分管理权限下放给地方，对于新兴工业、"五小"企业、社队企业、综合利用、协作生产等，由各省、直辖市、自治区根据具体情况确定减税免税。对企业的适用税率，也由各省、直辖市、自治区审核确定。

经过1973年的税制改革，我国只剩下10个税种，即工商税、工商所得税、关税、农（牧）业税、屠宰税、城市房地产税、车船使用牌照税、牲畜交易税、集市交易税、契税。由于集市交易税的停征，因此除农（牧）业税外，我国实际只开征8种税。

这次工商税制改革，由于过分强调合并税种和简化征收办法，给财政经济造成不良影响。一是税目单一，税制简单，进一步削弱了税收的调节作用；二是将几种性质不同的税种合并在一起，变成性质不清的多种税的综合体，既不利于正确处理国家与各方面的分配关系，也不便于执行；三是将原属地方财政固定收入的各项地方税收并入工商税中，影响地方组织财政收入的积极性。结果是不仅在税收工作上产生许多矛盾，而且严重地限制了税收杠杆作用的发挥。

第四节 1979~1993年：工商税制重大改革

一、改革的历史背景

党的十一届三中全会以后，我国工作重点转移到社会主义现代化建设上来，并开始实施改革开放的战略。我国的经济体制、经济结构等方面都发生了重大变化。单一的公有制经济结构逐步转变为以公有制为主体的多种所有制并存的经济结构，计划经济体制逐步变为有计划的商品经济体制，封闭型经济逐步变为外向型经济。国营经济逐步成为独立的经济实体，实行"自主经营、依法纳税、自负盈亏"的管理体制。

税制随着客观经济形势的变化而不断改革和调整。逐步建立了以流转税为主、所得税为辅、其他各税共同配合的多税种、多层次、多环节的复合税制新体系。调节对象遍及工农业生产、商品流转、劳务服务、企业各种所得、个人所得、资源利用、财产占有、利润分配、工资奖金发放、特种经济行为等各方面以及多个环节。从而大大拓宽了税收调控机制的领域，强化了税收调控机制的作用。税收制度基本上能与多种经济成分、多种组织形式、多种经营方式、多种流通渠道的新的经济模式相适应。

二、建立较为完整的涉外税收制度

改革开放以前,我国对外资企业没有特殊的税收优惠规定,对外籍人员在中国所取得的收入也不征税。1980年以来,在维护国家权益的前提下,本着"税负从轻、优惠从宽、手续从简"的原则,通过全国人大常委会正式立法,公布实施了中外合资经营企业所得税、外国企业所得税、个人所得税三个涉外所得税法。1992年,全国人大常委会将中外合资经营企业所得税和外国企业所得税两法合并修订为《外商投资企业和外国企业所得税法》,并公布实施。在建立涉外税收制度的同时,明确了涉外企业征收工商统一税、城市房地产税、车船使用牌照税。

三、建立以国营企业所得税为重点的所得税体系

1980年,改变了过去长期实行的个体经济和合作商店所得税税负过重的征收办法。1983年,突破"对国营企业利润征税改变全民性质"的旧理论束缚,开征了国营企业所得税,亦称为第一步"利改税"改革。其具体内容是:对小型国营企业实行较彻底的利改税,按照原工商所得税使用的老八级超额累进税率征税,税后剩余利润归企业自行支配,实行自负盈亏,只对少数税后利润较多的企业再上缴一部分承包费;对大中型国营企业按55%的比例税率征收所得税,税后利润除了企业的合理留利外,采取递增包干、定额包干、固定比例包干和调节税等多种形式上缴国家。1984年10月1日起,实行"利改税"第二步改革。1985年,把工商所得税改为集体企业所得税。1986年,设置城乡个体工商业户所得税。1987年,专门针对中国公民开征了个人收入调节税。中国公民缴纳了个人收入调节税后,不再缴纳个人所得税。对外籍人员只征个人所得税,而不征个人收入调节税。1988年,开征了私营企业所得税。至此,加上外商投资企业和外国企业所得税以及个人所得税,形成了一个适应多种经济形式和个人收入来源变化的多种所得税制并存的所得税体系。

四、建立产品税、增值税、营业税结合运用的流转税体系

1984年实施的"利改税"第二步改革,实际上也是工商税收制度的一次全面改革。在国务院公布的改革方案中,按照不同的征税对象,把工商税细划为性能不同的产品税、增值税、营业税和盐税四种税。其中,产品税由原来按行业改为按产品设计税目,确定税率,有利于与价格杠杆配合运用,强化了对产品生产、销售的调控,并对征收制度进行了改革。增值税是从1979年起开始改革试点,1984年正式颁布条例,扩大了实施范围,较好地解决了重叠征税的问题。产品税、增值税、营业税和盐税四种税并立,各有各的调节对象和征收范围,互不交叉。至此,产品税、增值税、营业税和盐税四种税,再加上关税一起组成了流转税体系。

五、建立资源、行为税和财产税体系

1982年7月,为了合理使用能源、促进企业节约用油,并加速以煤代油的进程,开征了燃油特别税。1983年10月,为了有利于控制固定资产投资规模,调整建设投资结构,保证国家重点建设,开征了建筑税。1984年10月,为了有利于调节占有资源条件差异所形成的级差收入,有效地保护和合理利用国有矿产资源,开征了资源税。1984年和1985年,为了促进推行企业内部经济责任制,有计划地逐步提高职工收入水平,从宏观上合理控制消费基金的增长速度,分别开征了国营企业奖金税、集体企业资金税、事业单位资金税以及国营企业工资调节税。1985年,为了保证城镇公共设施建设的资金来源,开征了城市维护建设税。1986年,对内资企业和本国纳税人开征了房产税和车船使用税。1987年,国务院重新颁布了《契税暂行条例》。1987年,为了有效地保护耕地,开征了耕地占用税。1988年6月,为了配合推行各种经济法规,促进建立社会主义商品新秩序,恢复征收了印花税。1988年11月,为了合理利用城镇土地,调节土地级差收入,提高土地使用效益,加强土地管理,开征了城镇土地使用税。1988年9月,国务院颁布了《筵席税暂行条例》,确定可由各省、直辖市、自治区政府自行决定征收筵席税。至此,初步建立了资源税、行为税和财产税三大税收系列。

六、采取适应农村改革和商品经济发展的农业税收措施

1958年全国统一农业税制后,直到2006年全国取消农业税,对农业税制没有大的调整与改革。1993年以前,只是为适应农村改革和商品经济的发展而采取了若干农业税收措施。这些措施主要有:一是把纳税人由原来的生产队逐步改为联产承包的农户;二是实行起征点办法,帮助贫困地区的农户休养生息;三是明确和扩大农林特产收入征收农业税的范围,并把过去比照粮田评定常年产量的办法,改为分产品制定税率和按产品征收的办法,通称"农业特产税";四是把农业税由原来征收实物改为征收"折代金",以促进农村商品经济的发展。

七、建立适应对外开放需要的关税制度

1980年1月,我国恢复对外贸公司进口货物征收关税。1985年2月,本着贯彻对外开放的方针,适应经济体制改革需要,体现鼓励扩大出口,保障必需品进口,促进发展国民经济,保证国家关税收入的原则,制定颁布了新中国成立以来的第一个进出口关税条例和新的税则。1987年9月,对进出口关税条例和新的税则进行了一次修订。后来,又多次调整了进口税率,调整了出口货物的征税品种和税率,从而适应国际情况及国内外经济的发展变化,增强了关税对进出口货物的灵活调控机制。

改革开放后至1993年底的税制改革和所形成的税制结构也存在较大缺陷:一是财政税收理论准备不足。在理论上未在建立和健全税收新的经济调控机制方面着重研究,急于求成,缺乏全盘统筹规划。一方面过于夸大税收的作用,认为税完全可以代利;另一方面又偏重于在"不挤不让",保财政收入,保原有的分配格局。二是税制改革孤军深入,配套改革

不够。当时我国正在进行的整个经济体制改革，是社会主义自我完善的一个划时代系统工程，情况复杂，任务艰巨，而税制改革是摆在整个经济体制改革的突破口位置来进行的。既缺乏可供借鉴的历史经验，又孤军深入，难以掌握复杂多变的经济情况，不能很好地与各方面改革进行配套。三是"利改税"改革与原定的理想发生偏差。"利改税"混淆了国营企业交税交利两个不同分配范畴的界限，影响它们各自应有的机制功能。四是税收制度和税制结构的不成熟性明显。税收制度不够科学，体现国家政策原则和经济体制改革要求不充分；税制结构体系不够健全合理，影响税制的整体和某些方面的机制。

总而言之，这次连续10多年的税制改革总体是成功的。一边探索、一边改革，不断积累经验，双主体税制结构的雏形已初见端倪，基本能适应经济发展与改革的需要。流转税就得到进一步加强；所得税类也增加了一批新税种，其地位有所加强；其他辅助税种根据需要与可能加以设置。税收调节的覆盖面之广、作用发挥之充分达到前所未有的程度。税收在国民经济中的地位得到了空前的巩固。

第五节 1994年：建立与社会主义市场经济相适应的税收制度

一、税制改革的历史背景和指导思想

党的十四大确立了我国经济体制改革的目标是建立社会主义市场经济体制。这就要求建立起一套符合市场经济客观要求和特点的新的税收制度。市场经济要求税法统一，以促进社会主义统一市场的形成；要求公平税负，营造公平竞争的税收环境；要求加强税收法制建设，简化税制，规范征纳双方的税收行为；要求加强政府的宏观经济调控，合理分权、理顺分配关系、规范分配格局。虽然，我国1979年以后的税制改革和税种调整，取得了前所未有的重大进展，值得充分肯定。但是，改革后的税收制度与市场经济的要求相比仍有较大差距，脱胎于计划经济体制下的税收制度与社会主义市场经济明显不相适应。这种不相适应表现在：一是，税种不仅过多而且繁琐。改革后的税种数量增至35种之多，仅所得税就有6种，对资金征税的税种有4个之多。税种多、税制繁琐、"外行说不清、内行记不住"，给征纳双方带来困难，还因其不必要的划分，造成税负不均。二是，征税对象选择不当，税种调控范围不能适应新情况的要求。如在市场经济条件下，生产要素全面进入市场，但相应税种未能及时出台，不能利用税收手段进行规范和调控，促使生产要素交易的规范化。相反，一些收效甚微或无开征必要的税种，如牲畜交易税、筵席税等，却抓住不放。三是，税负不公，不利于企业公平竞争。如企业所得税按所有制分别设置税种，税率和税收优惠各异，地区之间政策也有差别，造成企业之间税负不平衡。流转税税率是在计划价格为主的条件下为缓解价格不合理的矛盾而设计的，税率档次多且高低差距大。在价格大部分放开的情况下，税率未及时调整，造成税负不公。内资企业与外资企业之间税制不统一，影响对外开放目标的实现。四是，税收管理制度不规范。过多过滥的税收优惠以及严重的偷漏税现象，造成实际税负远低于名义税负；中央与地方税收管理权限划分不当，中央税和地方税划分不明确，地方收入规模过小导致地方越权自定章法或随意减免税；五是，国家与企业之间的分配关系

犬牙交错,过高的税率使企业难以承受,"税前还贷"、"承包经营责任制"及名目繁多的优惠政策,又使国家财政难以承受。因此,根据市场经济规律和发展社会主义市场经济的要求,全面进行税制改革成为必然。

这次税制改革酝酿已久。1993年下半年,中央按照党的十四大确定建立社会主义市场经济体制的要求,确定了税制改革的指导思想,并进行了税制改革方案的准备。这次税制改革的指导思想是:统一税法、公平税负、简化税制、合理分权、理顺分配关系、保障财政收入、建立符合社会主义市场经济要求的税收体系。

二、税制改革的基本内容

1993年12月25日,国务院批转国家税务总局《工商税制改革实施方案》,并发出通知。《通知》指出:"这次工商税制改革,是建国以来规模最大、范围最广泛、内容最深刻的一次税制改革,其目的是为了适应建立社会主义市场经济的需要。"工商税制改革方案从1994年1月1日起在全国施行。

(一)所得税制的改革

1. 企业所得税的改革。改革前,我国企业所得税制由外商投资企业和外国企业所得税、国营企业所得税、集体企业所得税和私营企业所得税四个税种组成。由于按所有制分设税种,税率不一,税收优惠不同,税负不平等。改革后,将国营企业所得税、集体企业所得税和私营企业所得税合并成为统一的企业所得税,实行33%的比例税率。同时取消国营企业调节税和向国营企业征税的国家能源交通重点建设基金及国家预算调节基金。建立规范化的企业还贷制度,改变过去承包企业所得税的做法。用税法规范企业所得税前列支项目和标准,改变过去应纳税所得额的确定从属于企业财务制度的状况,稳定和拓宽税基。鉴于《外商投资企业和外国企业所得税法》是1992年修订实施的,为保持税法的严肃性和稳定性,这次改革没有涉及该税种。由此造成我国内外两套所得税制长期并存达十几年之久。

2. 个人所得税的改革。改革前,我国对个人收入征税的税种有个人所得税、个人收入调节税和城乡个体工商业户所得税等三个税种。税法使用不规范,费用扣除偏低,名义税率过高,征收范围和应税项目不全,减免税政策不完善。改革后,将个人所得税、个人收入调节税和城乡个体工商业户所得税等三个税种合并,建立统一的个人所得税,同时适用于我国居民和从我国取得所得的非居民。

(二)流转税制的改革

改革后流转税制由增值税、消费税、营业税和关税(不纳入这次改革范围)组成。在工业生产领域和批发零售商业普遍征收增值税;对少数消费品征收消费税;对不实行增值税的劳务和销售不动产征收营业税。新的流转税制统一适用于内资企业、外商投资企业和外国企业,并取消对外商投资企业和外国企业征收的工商统一税。原来征收产品税的农、林、牧、水产品,改为征收农业特产税和屠宰税。

1. 增值税改革。对商品的生产、批发、零售和进口全面实行增值税,对绝大部分劳务、农产品生产和销售不动产不实行增值税。增值税税率采取基本税率(17%)、再加一档低税率（13%）和零税率（一般适用于出口商品）的模式。对年销售额较少、会计核算不健全的小规模纳税人，实行按销售收入全额及规定的征收率（一般为6%）计征增值税的简便办法。增值税实行价外计征办法，即按不含增值税税金的商品价格和规定的税率计算征收增值税。增值税实行根据发票注明税金进行税款抵扣的制度，设立增值税专用发票并实行专门管理。

2. 消费税改革。原来征收产品税的产品改征增值税后，部分产品的税负大幅度降低。为了保证国家的财政收入，体现基本保持原税负的原则，同时考虑对一部分消费品进行特殊调节，选择少数消费品在征收增值税的基础上再征一道消费税。消费税采用从量定额和从价定率两种征收办法。其中，采用从价定率征收办法的，按不含增值税税金但含消费税税金在内的价格和规定税率征收消费税。

3. 营业税改革。改革后营业税的征收范围包括提供劳务、转让无形资产和销售不动产。交通运输业、建筑业、邮电通信业、文化体育业等，税率为3%；金融保险业、服务业、转让无形资产和销售不动产等，税率为5%；娱乐业的税率为5%~20%。

（三）其他税种的改革

这次税制改革方案也存在脱离实际，片面追求建立理想税制，急于求成的情况。方案中设计的一些新税种由于客观经济条件的不成熟，时至今时也没有开征；方案中规划调整的一些税种由于客观经济条件的不成熟，时至今时也没有调整。其他税种改革和调整的主要内容为：

1. 改革资源税，扩大征收范围。扩大后的资源税征收范围包括所有的矿产资源。征税品目有煤炭、原油、天然气、铁矿石和其他黑色金属矿原矿、铝土矿和其他有色金属矿原矿、非金属矿原矿和盐。并配合增值税的改革，适当调整税负。

2. 开征土地增值税。土地增值税是这次税制改革新开征的税种，目的是对房地产交易中的过高利润进行适当调节。土地增值税在房地产交易环节，对交易收入的增值部分征收。房地产增值额为纳税人转让房地产所取得的收入减去扣除项目金额后的余额。土地增值税实行四档超率累进税率征收。

3. 调整土地使用税。适当提高土地使用税的税额，扩大征收范围，适当下放管理权限。

4. 取消和合并税种。取消集市交易税、牲畜交易税、燃油特别税、奖金税和工资调节税；将特别消费税并入消费税、将盐税并入资源税；将屠宰税和筵席税下放给地方。

5. 没有实现的改革措施。证券交易税、遗产税没有开征；将城市维护建设税改革为城乡维护建设税没有实行；取消对外资企业和外籍人员征收的城市房地产税和车船使用牌照税，统一实行房产税和车船使用税的办法没有实施。

第六节 2004年以来的新一轮税制改革

一、税制改革的背景分析

2004年以前，我国进行过6次大的税制改革。除1958年外，都存在10年一个周期的规律。这也许是巧合,但更主要的是有客观必然性。经济的发展,每隔一段时间就要求对税制进行改革。零星改革每年都有,是不间断的,大的改革和小的调整相结合,改革不可能一次到位、一次完成,要不断完成。1994年税制改革后的10年中,国内国际情况发生了巨大的变化,给适应当时客观经济形势的现行税收制度提出了严重的挑战。

从国际上的情况看,20世纪90年代以来,发达市场经济国家和发展中国家纷纷进行重大税制改革。虽然由于经济、社会、政治等客观条件的不同,各国税制改革没有统一的模式,但综观各国税制改革,一个总趋势是:降低税收负担、调整税制结构、完善税制、加强税收管理和促进国际协调等。目前,世界上200多个国家和地区都建立了与市场经济相适应的税收制度。税收调节职能扩大到调节国际经济关系。

从国内的情况看,社会主义市场经济体制逐步完善,国家的宏观调控不断改善,经济规模大幅度增加,且显示出巨大的发展潜力和增长惯性。1993年至2004年,我国GDP年均增长9.4%,2005年我国经济规模超过法国和英国,跃居世界第四位。对外开放进一步扩大,外贸进出口大幅度增长。加入WTO的各项承诺如期兑现,我国的国际地位不断提高。

由生产力发展水平决定的经济发达程度、经济结构、收入水平、经济运行状况以及政府的宏观经济政策和目标,构成一个国家一定时期的经济环境。在经济环境发生变化的条件下,制度建设的滞后必然阻碍经济的发展,发展又是制度变化的结果。经济环境与制度安排是互为因果、互相促进的。由此可见,经济环境的变化必然要求税收制度的调整,以形成有利于经济发展的新的税收制度。根据变化了的经济环境,2003年10月,中国共产党第十六届中央委员会第三次会议通过的《中共中央关于完善社会主义市场经济体制若干问题的决定》中,明确提出了我国起动新一轮税制改革的要求。

二、新一轮税制改革的原则

《中共中央关于完善社会主义市场经济体制若干问题的决定》中明确提出新一轮税制改革的原则是:简税制、宽税基、低税率、严征管。十二个字反映了我国新一轮税制改革的指导思想,符合中国国情和国际税制改革的新动向。"低税率"的原则体现了适应全球产业结构的调整,加快和全球税制改革的动向。"简税制"的原则体现了符合中国国情和纳税意识存在的差异,不片面追求税收制度的完美,坚持内容重于形式。"宽税基、严征管"体现了符合我国财政的实际情况,是财政收入职能的需要,能确保财政收入的稳定,体现公平与效率。

三、新一轮税制改革的基本任务

《中共中央关于完善社会主义市场经济体制若干问题的决定》中明确提出新一轮税制改革的基本任务是:改革出口退税机制;增值税由现在的生产型改为消费型,将设备投资纳入增值税抵扣范围;完善消费税,适当扩大税基;统一各类企业税收制度;改进个人所得税,实行综合与分类相结合的个人所得税制度;实施城镇建设税费改革条件具备时对不动产开征统一规范的物业税,相应取消有关收费;完善地方税制度,在统一税政的前提下,赋予地方适当的税政管理权;深化农村税费改革,取消农业特产税,逐步降低农业税税率,创造条件逐步统一城乡税制。2006年，全国十届人大四次会议通过的《"十一五"规划纲要》中确定我国"十一五"期间的税制改革任务是：在全国实行增值税转型改革；适当调整消费税的征税范围；适时开征燃油税；调整营业税的征收范围和税目；继续完善出口退税制度；统一企业所得税；实行综合与分类相结合的个人所得税；改革房地产税，稳步推进开征牧业税，取消建设收费；改革资源税；完善城市维护建设税、耕地占用税、印花税。

因此，新一轮税制改革基本任务不局限于上述8项或10项内容，根据国家的经济形势、政治形势和政策目标及时调整。如根据农村税费改革和建设社会主义新农村的要求，2006年在全国范畴内取消了农业税；从2007年起实行新的车船税暂行条例等等。税收制度中的其他方面改革也会随着经济环境的变化做及时调整。

四、新一轮税制改革的特点

1. 分步实施。《中共中央关于完善社会主义市场经济体制若干问题的决定》中明确提出新一轮税制改革是"分步实施税制改革"。因此，新一轮税制改革的时间比较长，估计需要五年左右时间。事实上，完成新一轮税制改革的八项基本任务的确无时间表规定，根据八项任务繁简程度不同的实际情况，也不可能同时出台。2004年，主要是进行了三项改革：一是改革出口退税机制；二是继续深化农村税费改革；三是在东北地区实行增值税转型改革试点。2005年，税制改革主要是四项内容：一是继续完善出口退税机制；二是内外企业所得税合并的准备工作；三是增值税转型试点实施方案的进一步完善；四是加强其他税种的完善，如消费税、营业税、环保方面的税收政策。

2. 结合中国的国情。新一轮税制改革强调与中国的国情相结合，不照搬照抄国外的税收制度。实际上，新一轮税制改革酝酿了很长时间，最早是从1994年后就开始酝酿。当时很多人主张我国新一轮税制改革应以最优税制理论为指导，实行改革一步到位。如个人所得税改革一步到位，实行综合税制；其他方面的改革也强调与国际惯例接轨。但是，在改革方案的酝酿和制订过程中，中央更多考虑的是改革方案的可行性和可操作性。如个人所得税实行分类与综合相结合，且目前的条件还不成熟，2005年只对扣除标准进行调整。

3. 充分酝酿，谨慎决策。我国在1998年对税制改革问题及方案设计就进行过广泛的探讨。新一轮税制改革方案应尽可能地求得广泛认同，避免急于求成。改革方案不经过充分酝酿，谨慎决策，造成改革失误，在我国税制改革的历史上是有教训的。如1984年的税制改革，当年6月份研究，决定从1985年起实施，但却急急忙忙提前到1984年10月1日实施。由于方案匆忙出台，受到企业的反感，1985年搞企业承包制，刮起承包风，把第二步利改税改革全部推翻。1994年推行增值税改革也是如此，实施后发现了问题，财政部当年下发了70多个明码文件，解决增值税推行中出现的问题。充分酝酿，谨慎决策虽然提高了决策成本低，但却降低了执行成本。这是一科学的态度和方法。

五、实现的主要改革内容

中央按照上述税制改革内容的目标，逐步推出改革措施。这些改革措施主要有：一是完善了出口退税制度和出口税收政策；二是彻底取消了农业税；三是实行了内外统一的企业所得税法；四是实现了在全国范围内的增值税转型改革，实行消费型增值税，并修订出台了新的《中华人民共和国增值税暂行条例》、《中华人民共和国消费税暂行条例》、《中华人民共和国营业税暂行条例》以及三个条例的实施细则；五是修订了资源税、房产税、车船税、城镇土地使用税、耕地占用税等一系列税种；六是多次修订了个人所得税；七是取消了城市房地产税、车船使用牌照税、屠宰税、筵席税等。

应该强调指出的是，原两个企业所得税的合并和增值税的转型改革是新一轮税制改革的核心，通过改革，完全实现了所有税种对内对外的统一。

近年来，由于受全球金融危机的影响，国家运用税收杠杆调控经济发展，其调控力度之大，内容之多，范围之广，可以说是空前的。首先，运用减免税政策，实行结构性减税。其次，在税制改革方面，一是在部分城市推行增值税"扩围"改革试点，将部分营业税征税范围改征增值税；二是在部分城市推行房产税改革试点；三是在新疆等省区推行资源税改革试点，改定额税为从价计税；四是完成了车船税的立法，使车船继个人所得税和企业所得税之后，成为我国第三个正式立法的税种；五是继续深化了个人所得税的改革。

第 3 章

增 值 税

【内容提要】增值税是以从事销售货物或者提供加工、修理修配劳务以及从事进口货物的单位和个人取得的增值额为课税对象征收的一种税。我国现行增值税具有不重复征税、普遍征税、环环征税、实行两种纳税人制度、实行税款抵扣制等特点。一般纳税人应纳税额的计算是增值税法的核心内容。1993年12月13日,国务院颁布了《中华人民共和国增值税暂行条例》并于1994年1月1日起施行,2008年11月10日又作了修订并重新公布,自2009年1月1日起在全国范围推行增值税转型改革。

第一节 增值税概述

一、增值税的概念

(一) 增值税的产生与发展

增值税是随着社会经济发展的客观需要而产生的一个新税种,它是税收制度发展到一定阶段的必然产物,它与其他事物一样也经历了由不完善到完善的发展过程。在增值税产生之前,各国对商品的课税主要是营业税,营业税按销售全值征收,适应了商品经济发展初级阶段的需要。随着科学技术的发展,工业生产由原来单家独户"小而全"作坊式的生产方式,逐步发展到专业化协作的生产方式,从而使商品生产得到了空前发展,商品市场也发展为多层次、多环节的网络。营业税与高度发展的商品经济相悖,出现了对专业化协作生产和多环节的商品流通渠道重叠征税的弊端,造成税负不平衡。为了改进营业税的弊端,早在1917年,美国耶鲁大学教授亚当斯和德国商人西蒙士先后提出了增值税的设想,但均未被政府所采纳。直到1954年,增值税才率先由法国采用并获得成功。从20世纪70年代开始,增值税制以其在税款征收上避免重复课税,在经济上有利于促进专业化生产,在财政上体现合理负担、稳定财政收入等巨大的优势,在全世界范围内得到迅速推广,迄今为止,已有140多个国家和地区采用,已成为一个国际性的税种,并成为许多国家的主体税种。

为了适应国民经济发展和改革的需要,我国于1979年起开始在部分城市的农用机具、机器机械等行业试行增值税。财政部于1982年发布了《增值税暂行办法》,进一步扩大增值税的试点范围。1984年工商税制改革中,国务院发布了《中华人民共和国增值税条例(草案)》,自当年10月1日起在全国范围内征收增值税,这标志着我国增值税制的正式建立。为适应社会主义市场经济发展的需要,1993年12月13日,国务院又发布了《中华人民共和国增值税暂行条例》,自1994年1月1日起在全国范围内施行。为了进一步完善税制,积极应对国际金融危机对我国经济的影响,2008年11月10日,国务院决定全面实施增值税转型改革,修订并重新公布了《中华人民共和国增值税暂行条例》,自2009年1月1日起施行。

(二) 增值税的概念

增值税是对商品和劳务各经营环节的增值额征收的一种税。所谓增值额,就是劳动者在生产过程中新创造的那一部分价值额,也就是企业或其他经营者从事生产经营(或提供劳务)在购入的商品(或取得的劳务)的价值额基础上新增加的价值额,具体可以从以下几个方面来理解:

1. 就全社会而言,增值额相当于社会总商品价值中 V + M 部分。从马克思的劳动价值理论上看,社会产品总值由 C + V + M 构成,增值额就是社会产品总值中,扣除生产过程中消耗掉的那一部分生产资料价值"C"后的余额,即 V + M 部分。其中,V 是劳动者必要劳动为自己所创造的价值,M 是劳动者剩余劳动为社会所创造的剩余价值。因此,劳动者在生产过程中新创造的价值 V + M,在增值税中称为增值额。

2. 就某一个生产经营单位而言,增值额相当于该单位商品销售收入或经营收入额扣除非增值项目金额后的余额。这些非增值项目,主要是指外购的原材料、燃料、动力、包装物、低值易耗品等。

3. 就商品生产经营的全过程而言,增值额相当于一个商品最终实现销售时的最后销售价格,即相当于该商品从生产到最终销售各个生产经营环节增值额之和。例如,某商品最后的销售价格为1 000元,假设这1 000元是经过以下生产、流通到消费各环节逐步形成的,如表3-1所示。

表3-1 销售额和增值额的关系 单位:元

生产经营环节	销售额	增值额	累计增值额
生产原材料	200	200	200
加工零部件	450	250	450
生产完工产品	650	200	650
商业批发	800	150	800
商业零售	1 000	200	1 000

从表3-1可以看出,该商品各个生产经营环节的销售额,与各个环节累计增值额相等,

最后销售额与所有经营环节的增值额总和相等。

4. 从税收实践上分析，增值额则体现为法定的增值额。所谓法定增值额，是指根据国家有关税法以及其他财经法规的规定所计算的增值额。国家可以根据需要通过税法规定在购进的项目中，允许扣除什么而不允许扣除什么。因此，法定增值额就是商品销售收入额或经营收入额扣除税法规定允许扣除的项目金额之后的差额。法定增值额可以等于理论上的增值额，也可以大于或小于理论上的增值额。造成两者不一致的原因主要是各国税法对规定扣除项目范围不同，尤其对外购固定资产的处理办法不同。因此，增值税是以法定增值额为计税依据征收的一种税。

二、增值税的类型

为了避免重复征税，世界上实行增值税的国家，对企业购入的原材料、燃料、动力、包装物和低值易耗品等已纳的增值税税金，一般都是允许扣除的。但是，对企业购入的用于生产的固定资产，包括厂房、机器和设备等已纳的增值税税金是否允许扣除，以及如何扣除，政策不一，在处理上也不尽相同，由此产生了三种不同类型的增值税。

(一) 消费型增值税

消费型增值税，是指允许将外购的用于生产的固定资产，在购入的当期一次性全部扣除其价值额（或已纳税金）。这些固定资产虽然在以前经营环节已经征过税，但是，当购入作为"资本资产"使用时，允许将其已纳税金扣除，即对这部分商品不再重复征税。所以，就整个社会来说，课税对象仅限于消费资料，对生产资料不征税，所以称为消费型增值税。

(二) 收入型增值税

收入型增值税，是指对购置用于生产的固定资产，在以后的使用过程中，只允许扣除固定资产的折旧额（或与此相当的税金）部分。就整个社会来说，课税对象相当于社会产品扣除补偿消耗的生产资料以后的余额，即国民收入，所以称为收入型增值税。

(三) 生产型增值税

生产型增值税，是指不允许扣除购入固定资产价值额（或已纳税金）。就整个社会来说，由于增值税允许抵扣的范围，只限于原材料等劳动对象，所以实际的课税对象相当于固定资产和各种消费品的生产总值，即国民生产总值，所以称为生产型增值税。

增值税类型的选择，主要考虑两个方面的因素影响：一是商品课税的模式。原商品课税不仅对消费资料征税，同时也对生产资料征税，这样的国家一般采用生产型或收入型增值税；原商品课税仅对某些消费品征税，这样的国家一般采用消费型增值税。二是投资的政策。实行鼓励投资政策的国家就采用消费型增值税；实行限制投资政策的国家就采用生产型或收入型增值税。一般来说，经济发达的国家为了鼓励投资，加速固定资产更新，一般采用消费型增值税或收入型增值税；而发展中国家一般采用生产型增值税。我国是发展中的社会主义国家，在1994年的税制改革中一方面出于稳定国家财政收入的需要，另一方面考虑到抑制投资膨胀，因此选择了生产型增值税。但是生产型增值税不允许企业抵扣购进固定资产的进项税额，存在重复征税问题，制约了企业技术改进的积极性。为了进一步消除重复征税因素，降低企业设备投资税收负担，鼓励企业技术进步和促进产业结构调整，尤其为了应对目前国际金融危机对我国经济发展带来的不利影响，努力扩大需求，国务院决定，自2009年1月1日起，在全国推行增值税转型改革，由生产型增值税改为消费型增值税。

三、增值税的特点

（一）增值税的一般特点

增值税作为一种新型的间接税，与其他流转税进行比较，具有以下特点：

1. 体现了税收调节的中性原则。所谓中性税收，是指在设计税制时不考虑或基本不考虑税收对经济的宏观调控作用，而是由市场进行资源配置，政府不施加任何干预。即政府在建立税制的时候，完全以不干扰经营者的投资决策和消费者的消费选择为原则。增值税只对货物或劳务销售额中没有征过税的那部分销售额征税，对销售额中属于转移过来的、以前环节已征过税的那部分销售额不再征税，从而有效地排除了重叠征税因素。此外，增值税税率档次少，即使采取了两个档次的税率，但绝大部分货物一般都是按照一个基本税率征税，这不仅使得绝大部分的税负都是一样的，而且同一货物在经历的所有生产和流通的各环节的整体税负也是一样的。这样，增值税对生产经营活动以及消费行为基本不发生影响，从而使得增值税具有中性税收的特征。

2. 普遍征税，道道征税，又不重复征税。增值税具有广泛征收的特点，即生产经营单位只要在经营过程中产生增值，都应按规定纳入增值税的征税范围；增值税还具有连续征收的特点，即一种货物从生产到最后消费，每一道生产经营环节都征收一道税，这就是所谓的道道征税制度。由于增值税在各个环节只就增值额征税，从而消除了传统流转税重复征税的弊端。

3. 体现了税收负担的均衡性。增值税不因生产或流通环节的变化而影响税收负担，即同一项货物或劳务，只要最后售价相同，不论它经过多少道生产经营环节，也不论是一个或是多个单位生产经营，该货物或劳务应纳增值税额是相同的。这是因为，一种商品的总税负是由各个生产经营环节的分税负累加而成的，也就是说，增值税对商品各环节征收税额之和同该商品最后销售环节的销售额全值乘以增值税税率所得出的税额是一致的。这样，不论在什么情况下增值税是同一商品，同一税负，而且，增值税的税率直接反映出课税商品的总体税负。因此，从全社会来看，增值税的负担不受商品生产结构变化或生产经营环节多少的影响，同一货物或劳务的税负始终保持平衡。

4. 具有税收负担向前转移性特征。增值税在逐环节征税的同时，还实行逐环节扣税。在这里各环节的经营者作为纳税人只是把从买方收取的税款转交给政府，而经营者本身实际上并没有承担增值税税款。这样，随着各环节交易活动的进行，经营者在出售货物的同时也出售了该货物所承担的增值税税款，直到货物卖给最终消费者时，货物在以前环节已纳的税款连同本环节的税款也一同转给了最终消费者。可见，增值税税负具有逐环节向前推移的特点，作为纳税人的生产经营者并不是增值税的真正负担者，只有最终消费者才是全部税款的负担者。

（二）我国现行增值税的特点

我国现行增值税不仅具有增值税的一般特点，而且与过去的增值税及国外一些国家的增值税相比较，还具有自身特点：

1. 实行价外税。价外税是指与销售货物相关的增值税额独立于价格之外单独核算，不作为价格的组成部分，计税依据是不含增值税的价格。对增值税实行价外税，主要是使企业的成本核算、经济效益不受税金的影响。增值税的应税销售收入中不含销项税额，销售成本中一般也不含进项税额，纳税人缴纳的增值税当然也不能作为收入的抵减项计入利润表中，因此，所有增值税的计算与缴纳，均与利润表无关。

2. 实行购进扣税法并按专用扣税凭证注明税款进行抵扣。现行增值税规范了应纳税额的计算方法，实行购进扣税法，实行凭增值税专用发票、海关进口增值税专用缴款书注明税款抵扣为主的制度。

3. 将纳税人划分为一般纳税人和小规模纳税人。现行增值税将纳税人分为一般纳税人和小规模纳税人，并且对一般纳税人和小规模纳税人分别采用不同的征收管理办法。对于一般纳税人采用规范的征收管理办法，适用17%和13%两档税率，可以使用增值税专用发票并享有税款抵扣权；而对小规模纳税人则采用简易的征管办法，按销售额适用3%的征收率进行计征，以促进小规模纳税人健全账簿、改善经营管理。

4. 减少了税收减免项目，并将减免税权限高度集中于国务院。为了增强增值税的刚性，实行依法治税，鼓励企业公平竞争，根据国际惯例，增值税一般不设减免税项目。非经国务院批准，任何部门、地区都无权决定减免税。

四、增值税的作用

增值税按增值额征税，决定了它在财政、经济以及对外贸易等方面能发挥积极的作用。

（一）有利于保证财政收入及时、稳定增长

增值税实行普遍征收，其征税范围涉及社会的生产、流通、消费、劳务等诸多生产经营领域，凡从事货物销售、提供应税劳务和进口货物的单位和个人，只要取得增值额都要缴纳增值税，其税基极为广阔。增值税在货物销售或应税劳务提供的环节征收，其税款随同销售额一并向购买方收取，纳税人不必"垫付"生产经营资金缴税，可以保证财政收入的及时入库。增值税不受生产结构、经营环节变化的影响，使收入具有稳定性。此外，增值税实行购进扣税法和凭发货票注明税款抵扣，使购销单位之间形成相互制约的关系，有利于税务机关对纳税情况的交叉稽核，防止偷漏税的发生。

（二）有利于促进专业化协作生产的发展和生产经营结构的优化

现代工业生产随着科学技术的广泛应用，分工愈来愈细，工艺愈来愈复杂，技术要求愈来愈高，产品通常具有高、精、尖与大批量的特点，这就要求切实改进"大而全"、"小而全"的低效能生产模式，大力发展生产专业化、协作化。实行增值税有效地排除了按销售全额计税所造成的重复征税的弊端，使税负不受生产组织结构和经营方式变化的影响，始终

保持平衡。因此,增值税不但有利于生产向专业化协作方向发展,也不影响企业在专业化基础上的联合经营,从而有利于社会生产要素的优化配置,调整生产经营结构。从商品流通来看,增值税负担不受商品流转环节多少的影响,有利于疏通商品流通渠道,实现深购远销,搞活商品流通。

(三) 有利于"奖出限入",促进对外贸易的发展

随着世界贸易的发展,各国之间商品出口竞争日趋激烈,许多国家政府为了提高本国商品的出口竞争能力,大多对出口商品实行退税政策,使之以不含税价格进入国际市场。然而在传统间接税制下,出口商品价格所包含的税金因该商品的生产结构、经营环节不同而多寡不一,因而给准确退税带来很大困难。实行增值税从根本上克服了这一弊端,这是因为一个商品在出口环节前缴纳的全部税额与该商品在最终销售环节或出口环节的总体税负是一致的,根据最终销售额和增值税率计算出来的增值税额,也就是该商品出口以前各环节已纳的增值税额之和。如果将这笔税额退还给商品出口经营者,就能做到出口退税的准确、彻底,使之以完全不含税价格进入国际市场,有利于促进对外贸易的发展。

对进口商品征收增值税,有利于维护国家利益,保护国内产品和生产。由于各国在出口商品时,都会对出口商品实行退税或不征税来鼓励企业出口,使得出口商品征税不足,从而造成进口商品的税收负担轻于进口国的国内产品。由于增值税的税率是按照产品的整个税负设计的,按进口商品的组成价格计征增值税,不仅平衡了进口商品和国内生产商品的税负,而且有利于根据国家的外贸政策,对进出口商品实行奖励或限制,保证国家的经济权益和民族工业的发展。

五、增值税在国际上的运用

增值税作为一个国际性的税种,有它的共性,但各个国家在推行增值税时,根据本国经济特点和财政需要,在具体的征收制度上又作了一些不尽相同的规定,总括起来,主要表现在以下几个方面:

(一) 征税范围的选择

各国实行增值税,始于制造业。因为选择产制环节多的工业品实行增值税,便于解决重复征税的问题。随着增值税的发展,各国征收的广度和深度不尽一致,总括起来有三种类型:

1. 征税范围仅限于制造领域。这种在特定经济领域实行增值税的结构,主要着眼于解决工业生产过程中,因原税制存在的重叠征税对发展生产和稳定财政收入所形成的不良影响,使税制适应工业生产发展的需要。一些发展中国家基于本国国情,多把征税范围限制在该领域。实行这种类型的增值税,从整个再生产过程来看,并不能彻底排除重复征税问题,因此限制了增值税优越性的充分发挥。

2. 征税范围由工业生产领域扩大到商业批发领域。由于商业批发同工业生产一样,也具有多环节经营的特点,按销售全额征税同样存在着税负随商品流转环节的增多而逐步加重的问题。因此,增值税延伸到商业批发环节,排除商品流通中间环节重复征税的因素,有利

于加速商品流通。

3. 全面实行增值税。目前，世界各国增值税的征税范围已逐步向整个经济领域扩展，除了在工业生产环节和商业批发环节实行增值税以外，还延伸到商业零售环节、农业生产环节以及提供劳务服务的领域。此外，增值税的征税范围还包括对不动产征收增值税。这样，使增值税具有完整性、统一性、规范性，避免多税种并用所带来的复杂因素，便于在整个经济领域避免重复征税，彻底平衡税负。

（二）税率的设计

增值税属于流转税类，征收范围比较大，不可能按具体产品设计税率，因此只能采用比例税率。增值税具有中性特点，其税率档次不能很多。从世界各国实行增值税的情况看，其税率结构可分为三种类型：一是实行单一税率，即统一采用一种税率计税，没有差别对待；二是实行两到四档的税率，其中有一个基本税率，即一般采用基本税率，再根据需要对有些产品（或行业）采用较高的或较低的税率；三是实行多税率，多至十档以上。

实行单一税率，有利于简化征税手续，但对调节生产和消费有局限性；税率档次过多，国家可以运用税率手段调节生产结构和消费结构，但征税手续比较繁琐。大部分国家都遵循简单原则，一般只设计几个档次的税率。之所以这样，是因为大部分国家对同一产品，既征收增值税，又有选择地征收消费税，即实行增值税与消费税交叉征收的税制结构，从而通过征收增值税主要起到满足国家财政需要和对各种生产经营活动进行普遍的、中性的调节作用。在此基础上，再通过征收消费税进一步发挥特定的、非中性的调节功能。这就决定了增值税的税率可以设计得简单一些。

（三）计税方法

根据增值税的基本原理，增值税的计税方法可分为直接计税法和间接计税法两种。

1. 直接计税法。直接计税法是指根据法定增值额和适用税率直接计算应纳增值税额的方法。其计算公式如下：

应纳增值税额 = 法定增值额 × 增值税税率

直接计税法中，因法定增值额的计算方法不同，又分为"加法"和"减法"两种。

（1）加法。又称分配法，是指将纳税人在一定时期内生产经营活动中新增加的价值额逐项相加，求出增值额，据以计算应纳增值税额的方法。其计算公式为：

增值额 = 工资 + 利息 + 租金 + 利润 + 其他增值项目金额

以上方法，由于增值因素与非增值因素不易划分，使得增值额计算复杂，难以计算准确，因而实际上并未被采用。

（2）减法。又叫扣额法，是指以纳税人的销售额减去生产经营过程中外购的非增值项目后的余额为增值额，据以计算应纳增值税额的方法。其计算公式为：

增值额 = 销售额 - 法定扣除额

我国在试行增值税时，曾经采用这种方法。但由于扣额法存在实际整体税负与设计税率不一致等缺点，从1987年1月1日起，停止采用扣额法计税。

2. 间接计税法。间接计税法又称扣税法，是指按纳税人的销售额乘以适用税率，再减去法定扣除项目的已纳税金，求出应纳增值税额的方法。其计算公式如下：

应纳增值税额 = 销售额 × 增值税税率 − 法定扣除项目已纳税金

这种方法既能排除重叠征税，又能避开直接计算增值额的繁琐，简便易行，为大多数实行增值税的国家所采用。

在扣税法中，因法定扣除项目已纳税金的计算依据不同，又可分为两种。

（1）购进扣税法。购进扣税法是指从本期销项税额中减去本期购入的法定扣除项目已纳税金（税法中称为进项税额）来计算应纳增值税税额的方法。其计算公式为：

应纳增值税额 = 本期销项税额 − 本期进项税额

（2）实耗扣税法。实耗扣税法是指从本期销项税额中减去本期实际耗用的法定扣除项目已纳税金来计算应纳增值税额的方法。其计算公式为：

应纳增值税额 = 本期销项税额 − 本期实耗税额

我国现行增值税采用购进扣税法，并通过购进发票所列税款进行抵扣。这种抵扣方法，不涉及成本、费用核算，计算简便，纳税人也易于掌握。通过税款的抵扣关系，可以在购销双方纳税人之间形成相互制约、相互监督的机制，有利于保证税收收入的及时足额入库。

第二节 增值税的征税范围、纳税人和税率

一、增值税的征税范围

（一）增值税征税范围的一般规定

根据《增值税暂行条例》的规定，增值税的征税范围是在中华人民共和国境内销售货物或者提供加工、修理修配劳务以及进口货物。所称在中国境内销售货物或者提供加工、修理修配劳务，是指销售货物的起运地或者所在地在中国境内以及提供的应税劳务发生在中国境内。

1. 销售货物。货物是指有形动产，包括电力、热力、气体在内。销售货物是指有偿（以从购买方收取货币、货物或其他经济利益为条件）转让货物的所有权。

2. 提供加工、修理修配劳务。加工是指受托加工货物，即委托方提供原料及主要材料，受托方按照委托方的要求制造货物并收取加工费的业务；修理修配是指受托对损伤和丧失功能的货物进行修复，使其恢复原状和功能的业务。

3. 进口货物。进口货物，是指经过国境进入我国境内的货物。我国税法规定，凡进入我国国境或关境的货物，在报关进口环节，除了依法缴纳关税之外，还必须缴纳增值税。

（二）增值税征税范围的特殊规定

销售货物的实际情况是十分复杂的，税法除对销售货物做出一般规定外，为了公平税负

并减少税收漏洞,还对某些特殊项目或行为是否属于增值税的征税范围作出了明确界定。

1. 视同销售货物行为。货物的销售方式一般是指货物所有权已经发生转移并能取得经济补偿的经济活动。但是,在实际经营活动中经常会出现转让货物但未发生产权转移,或者虽然货物产权发生了变动,但货物的转移不一定采取直接的销售方式,以及货物产权没有发生变动,货物转移也未采取销售形式,而是用于类似销售的其他用途等。为了平衡各类经营方式及各类货物之间的税收负担,便于税源的管控,税法规定对这类货物视同销售货物征收增值税。按规定,单位或个体工商户的下列行为,应视同销售货物:

(1) 将货物交付其他单位和个人代销;
(2) 销售代销货物;
(3) 设有两个以上机构并实行统一核算的纳税人,将货物从一个机构移送到其他机构用于销售,但相关机构在同一县(市)的除外;
(4) 将自产或委托加工的货物用于非增值税应税项目;
(5) 将自产或委托加工的货物用于集体福利或者个人消费;
(6) 将自产、委托加工或购买的货物作为投资,提供给其他单位或者个体工商户;
(7) 将自产、委托加工或购买的货物分配给股东或投资者;
(8) 将自产、委托加工或购买的货物无偿赠送给其他单位和个人。

上述 8 种行为确定为视同销售货物行为,均要征收增值税。其确定的目的有两个:一是保证增值税税款抵扣制度的实施,不致因发生上述行为而造成税款抵扣环节的中断;二是避免因发生上述行为而造成货物销售税收负担不平衡的矛盾,防止上述行为逃避纳税的现象。

2. 混合销售行为。混合销售是指一项销售行为既涉及货物又涉及非增值税应税劳务。这里的非增值税应税劳务是指属于营业税征收范围的劳务,包括服务业、娱乐业、建筑业、交通运输业、金融保险业、邮电通信业、文化体育业税目征收范围的劳务。税法规定,从事货物生产、批发或零售的企业、企业性单位及个体工商户(包括以从事货物的生产、批发或零售为主,并兼营非增值税应税劳务的企业、企业性单位及个体工商户)的混合销售行为,视为销售货物,征收增值税;其他单位和个人的混合销售行为,视为销售非增值税应税劳务,不征增值税,而征收营业税。

但是,《增值税暂行条例实施细则》第六条规定,纳税人的下列混合销售行为,应当分别核算货物的销售额和非增值税应税劳务的营业额,并根据其销售货物的销售额计算缴纳增值税,非增值税应税劳务的营业额缴纳营业税;未分别核算的,由主管税务机关分别核定其货物的销售额和非增值税应税劳务的营业额:

(1) 销售自产货物并同时提供建筑业劳务的行为;
(2) 财政部、国家税务总局规定的其他情形。

3. 兼营非增值税应税项目。兼营非增值税应税项目,是指增值税的纳税人在销售货物和提供应税劳务的同时,还兼营非增值税应税项目(即营业税应税项目)。兼营销售与混合销售的区别在于,混合销售是同一笔销售业务既涉及增值税征收范围又涉及营业税征收范围两个方面,两者之间存在着紧密相连的从属关系,是一项特定的销售行为;而兼营销售并不发生于同一项销售行为之中,两者之间不存在从属关系,一般可以明确区分并分别核算。按税法规定,纳税人兼营非增值税应税项目的,应分别核算货物或应税劳务的销售额和非增值税应税项目的营业额,对货物和应税劳务的销售额征收增值税,对非增值税应税项目的营业额征收营业税；未分别核算的，由主管税务机关分别核定货物或者应税劳务的销售额和非增值税应税项目的营业额。

4. 增值税征税范围的特殊项目。

（1）货物期货（包括商品期货和贵金属期货）应当征收增值税；

（2）银行销售金银的业务，应当征收增值税；

（3）典当业的死当物品销售业务和寄售业的代委托人销售寄售物品的业务，均应征收增值税；

（4）集邮商品的生产，以及邮政部门以外的其他单位与个人销售集邮商品，均征收增值税。集邮商品包括邮票、小型张、小本票、明信片、首日封、邮折、集邮簿、邮盘、邮票目录、护邮袋、贴片及其他集邮商品。邮政部门、集邮公司销售的集邮商品征收营业税。

二、增值税的纳税人

（一）纳税人的一般规定

增值税的纳税人是指在我国境内销售货物或提供加工、修理修配劳务以及进口货物的单位和个人。

上述单位，是指企业、事业单位、行政单位、军事单位、社会团体及其他单位；个人，是指个体工商户及其他个人。

单位租赁或承包给他人经营的，以承包人或承租人为纳税人。

境外的单位或个人在境内提供应税劳务，在境内未设有经营机构的，以其境内代理人为扣缴义务人；在境内没有代理人的，以购买方为扣缴义务人。

（二）小规模纳税人和一般纳税人的认定标准

增值税实行凭专用发票抵扣税款的制度，客观上要求纳税人具备健全的会计核算制度和能力。在实际经济生活中，我国增值税纳税人众多，会计核算水平差异较大，大量的小企业和个人还不具备用发票抵扣税款的条件，为了简化增值税计算和征收，减少税收征管漏洞，将增值税纳税人按会计核算水平和经营规模分为一般纳税人和小规模纳税人两类，分别采用不同的增值税计税方法。

1. 小规模纳税人的认定标准

小规模纳税人是指年销售额在规定标准以下，并且会计核算不健全，不能按规定报送有关税务资料的增值税纳税人。根据《增值税暂行条例》及《增值税暂行条例实施细则》的规定，小规模纳税人的认定标准是：

（1）从事货物生产或提供应税劳务的纳税人，以及以从事货物生产或提供应税劳务为主，并兼营货物批发或零售的纳税人，年应征增值税销售额在50万元以下（含本数，下同）的。

（2）从事货物批发或零售的纳税人，年应征增值税销售额在80万元以下的。

（3）年应税销售额超过小规模纳税人标准的其他个人，按小规模纳税人纳税。

（4）年应税销售额超过小规模纳税人标准的非企业性单位、不经常发生应税行为的企业,可选择按小规模纳税人纳税。

2. 一般纳税人的认定标准

一般纳税人是指年应税销售额超过小规模纳税人标准,或者会计核算健全的纳税人。具体规定如下:

(1) 纳税人年应税销售额超过小规模纳税人标准的,除另有规定者外,应当向主管税务机关申请一般纳税人资格认定。未申请办理一般纳税人认定手续的,应按销售额依照增值税税率计算应纳税额,不得抵扣进项税额,也不得使用增值税专用发票。

(2) 年应税销售额未超过小规模纳税人标准以及新开业的纳税人,可以向主管税务机关申请一般纳税人资格认定。若同时符合下列条件,主管税务机关应当为其办理一般纳税人资格认定。

① 有固定的生产经营场所;

② 会计核算健全。即能够按照国家统一的会计制度规定设置账簿,根据合法、有效凭证核算,能够提供准确税务资料。

除国家税务总局另有规定外,纳税人一经认定为一般纳税人后,不得转为小规模纳税人。

三、增值税的税率与征收率

增值税采用比例税率。为了发挥增值税的中性作用,原则上对不同行业和企业实行单一税率,称为基本税率。但为了照顾一些特殊行业或货物,增设了一档低税率,同时对出口货物实行零税率。由于增值税的纳税人分为两类,对这两类纳税人又采用不同的税率。

(一) 基本税率

增值税一般纳税人销售或者进口货物,提供加工、修理修配劳务,除低税率适用范围和销售个别旧货适用征收率外,税率一律为17%。

(二) 低税率

增值税一般纳税人销售或者进口下列货物,按低税率计征增值税,低税率为13%。

1. 粮食、食用植物油、食用盐、鲜奶;
2. 自来水、暖气、冷气、热水、煤气、石油液化气、天然气、沼气、居民用煤炭制品;
3. 图书、报纸、杂志;
4. 饲料、化肥、农药、农机、农膜;
5. 国务院及其有关部门规定的下列货物:

(1) 农业产品。

农业产品,是指种植业、养殖业、林业、牧业、水产业生产的各种植物、动物的初级产品。具体征税范围继续按照《财政部、国家税务总局关于印发〈农业产品征税范围注释〉的通知》(财税字〔1995〕52号)及现行相关规定执行。

(2) 音像制品。

音像制品,是指正式出版的录有内容的录音带、录像带、唱片、激光唱盘和激光视盘。

(3) 电子出版物。

电子出版物，是指以数字代码方式，使用计算机应用程序，将图文声像等内容信息编辑加工后存储在具有确定的物理形态的磁、光、电等介质上，通过内嵌在计算机、手机、电子阅读设备、电子显示设备、数字音/视频播放设备、电子游戏机、导航仪以及其他具有类似功能的设备上读取使用，具有交互功能，用以表达思想、普及知识和积累文化的大众传播媒体。

(4) 二甲醚。

二甲醚，是指化学分子式为 CH_3OCH_3，常温常压下为具有轻微醚香味，易燃、无毒、无腐蚀性的气体。

(三) 零税率

纳税人出口货物，适用零税率。但国务院另有规定的除外。

我国对出口货物实行零税率，除了在出口环节免征增值税外，还要退还在出口前已经缴纳的增值税，使出口货物以无税价格进入国际市场，旨在提高我国出口商品在国际市场上的竞争力。

纳税人兼营不同税率的货物或者应税劳务，应分别核算其销售额，未分别核算或不能准确核算销售额的，从高适用税率征收增值税。

(四) 征收率

考虑到小规模纳税人经营规模小，且会计核算不健全，因此实行按销售额与征收率计算增值税的简易计税办法。小规模纳税人适用的征收率统一为3%。

但是，财政部、国家税务总局就部分货物适用简易办法征收增值税政策具体规定如下：

1. 下列按简易办法征收增值税的优惠政策继续执行，不得抵扣进项税额：

(1) 纳税人销售自己使用过的物品，按下列政策执行：

① 一般纳税人销售自己使用过的属于《增值税暂行条例》第十条规定不得抵扣且未抵扣进项税额的固定资产，按简易办法依4%征收率减半征收增值税。

一般纳税人销售自己使用过的其他固定资产，按照《财政部 国家税务总局关于全国实施增值税转型改革若干问题的通知》（财税 [2008] 170号）的规定，区分下列不同情形征收增值税：

第一，销售自己使用过的2009年1月1日以后购进或者自制的固定资产，按照适用税率征收增值税；

第二，销售自己使用过的2008年12月31日以前购进或者自制的固定资产，按照4%征收率减半征收增值税。

一般纳税人销售自己使用过的除固定资产以外的物品，应当按照适用税率征收增值税。

② 小规模纳税人（除其他个人外，下同）销售自己使用过的固定资产，减按2%征收率征收增值税。

小规模纳税人销售自己使用过的除固定资产以外的物品，应按3%的征收率征收增值税。

(2) 纳税人销售旧货，按照简易办法依照4%征收率减半征收增值税。

所称旧货，是指进入二次流通的具有部分使用价值的货物（含旧汽车、旧摩托车和旧游艇），但不包括自己使用过的物品。

（3）一般纳税人销售自产的下列货物，可选择按照简易办法依照6%征收率计算缴纳增值税：

① 县级及县级以下小型水力发电单位生产的电力。小型水力发电单位，是指各类投资主体建设的装机容量为5万千瓦以下（含5万千瓦）的小型水力发电单位。

② 建筑用和生产建筑材料所用的砂、土、石料。

③ 以自己采掘的砂、土、石料或其他矿物连续生产的砖、瓦、石灰（不含黏土实心砖、瓦）。

④ 用微生物、微生物代谢产物、动物毒素、人或动物的血液或组织制成的生物制品。

⑤ 自来水。

⑥ 商品混凝土（仅限于以水泥为原料生产的水泥混凝土）。

一般纳税人选择简易办法计算缴纳增值税后，36个月内不得变更。

（4）一般纳税人销售货物属于下列情形之一的，暂按简易办法依照4%征收率计算缴纳增值税：

① 寄售商店代销寄售物品（包括居民个人寄售的物品在内）；

② 典当业销售死当物品；

③ 经国务院或国务院授权机关批准的免税商店零售的免税品。

2. 对属于一般纳税人的自来水公司销售自来水按简易办法依照6%征收率征收增值税，不得抵扣其购进自来水取得增值税扣税凭证上注明的增值税税款。

第三节 增值税的减税免税

为了体现公平税负、平等竞争的原则，我国现行的增值税改变了过去层层都制定优惠政策，层层都审批减免税的局面，采用了国际上的通行做法，即尽可能少的减免税。与此相适应，除农业产品外，不搞环节减免税。减免税权限高度集中，除国务院及其财政、税务主管部门外，其他任何地区、任何部门都不得规定减税免税项目。

一、《增值税暂行条例》规定的免税项目

（一）农业生产者销售自产的农业产品。包括种植业、养殖业、林业、牧业和水产业生产的各种初级产品，农产品的具体范围由财政部、国家税务总局确定。

（二）避孕药品和用具。

（三）古旧图书。即指向社会收购的古书和旧书。

（四）直接用于科学研究、科学试验和教学的进口仪器、设备。

（五）外国政府、国际组织无偿援助的进口物资和设备。

（六）由残疾人组织直接进口供残疾人专用的物品。

（七）销售自己使用过的物品。是指其他个人销售自己使用过的物品。

二、财政部、国家税务总局规定的其他征免税项目

（一）自 2012 年 1 月 1 日起，对从事蔬菜批发、零售的纳税人销售的蔬菜免征增值税。

（二）下列农业生产资料，免征增值税：

1. 饲料。
2. 农膜。
3. 有机肥。
4. 生产销售的氮肥、磷肥以及以免税化肥为主要原料的复合肥。
5. 批发和零售的种子、种苗、化肥、农药、农机。

（三）对资源综合利用、再生资源、节能减排等方面的减免规定：

1. 对再生水、以废旧轮胎为全部生产原料生产的胶粉、翻新轮胎、污水处理劳务等免征增值税。
2. 对销售以工业废气为原料生产的高纯度二氧化碳产品、以垃圾为燃料生产的电力或者热力、以煤炭开采过程中伴生的舍弃物油母页岩为原料生产的页岩油等货物，实行即征即退的政策。
3. 对销售以退役军用发射药为原料生产的涂料硝化棉粉、以煤矸石、煤泥、石煤、油母页岩为燃料生产的电力和热力、利用风力生产的电力等货物，实行即征即退 50% 的政策。
4. 对销售自产的综合利用生物柴油，实行先征后退政策。
5. 对销售自产的以建（构）筑废物、煤矸石为原料生产的建筑砂石骨料免征增值税。
6. 对垃圾处理、污泥处理处置劳务免征增值税。

（四）除经中国人民银行和商务部批准经营融资租赁业务的单位所从事的融资租赁业务外，其他单位从事的融资租赁业务，租赁的货物的所有权转让给承租方的，征收增值税，租赁的货物的所有权未转让给承租方的，不征收增值税。

（五）转让企业全部产权涉及的应税货物的转让，不属于增值税的征收范围，不征收增值税。

（六）按债转股企业与金融资产管理公司签订的债转股协议，债转股原企业将货物资产作为投资提供给债转股新公司的，免征增值税。

纳税人兼营免税、减税项目的，应当分别核算免税、减税项目的销售额，未分别核算销售额的，不得免税、减税。

纳税人销售货物或者应税劳务适用免税规定的，可以放弃免税，依照条例的规定缴纳增值税。放弃免税后，36 个月内不得再申请免税。

三、增值税的起征点

为了减轻中小企业的税收负担，促进中小企业尤其是个体工商户的发展，增值税规定了起征点。销售额未达到起征点的，免征增值税。增值税的起征点规定只适用于属于小规模纳税人的个体工商户及其他个人。增值税起征点的幅度规定如下：

（一）销售货物的，为月销售额 5 000 ~ 20 000 元；

（二）销售应税劳务的，为月销售额 5 000 ~ 20 000 元；
（三）按次纳税的，为每次（日）销售额 300 ~ 500 元。

各地起征点的具体标准由各省、自治区、直辖市国家税务局根据本地区的实际情况在上述规定的幅度内确定。

第四节 增值税应纳税额的计算

一、一般纳税人应纳税额的计算

我国对一般纳税人采用的计税方法是国际上通行的购进扣税法，一般纳税人销售货物或者应税劳务应纳的增值税额为当期销项税额抵扣当期进项税额后的余额。其计算公式为：

应纳税额 = 当期销项税额 - 当期进项税额

由于增值税实行购进扣税法，如果纳税人当期购进的货物较多，在计算增值税时会出现当期销项税额小于当期进项税额不足抵扣的情况。根据税法规定，当期进项税额不足抵扣的部分可以结转下期继续抵扣。

（一）销项税额的计算

销项税额是纳税人销售货物或提供应税劳务，按销售额和规定的增值税税率计算，并向购买方收取的增值税额。其计算公式为：

销项税额 = 销售额 × 税率

1. 一般销售方式下销售额的确定。销售额是指纳税人销售货物或者应税劳务向购买方收取的全部价款和价外费用。价外费用是指价外向购买方收取的手续费、补贴、基金、集资费、返还利润、奖励费、违约金、滞纳金、延期付款利息、赔偿金、包装费、包装物租金、储备费、优质费、运输装卸费、代收款项、代垫款项及其他各种性质的价外收费。但下列项目不包括在内：

（1）向购买方收取的销项税额。

一般纳税人销售货物或者提供应税劳务，一般应向购买者开具增值税专用发票，并在专用发票上分别注明销售额和销项税额。然而，在实际工作中，一般纳税人向消费者个人销售货物或者应税劳务，只能开具普通发票，由此出现了销售额和销项税额合并定价的情况，即形成了含税销售额。在计算增值税时，如果不将含税销售额换算为不含税销售额，就会导致增值税计税环节出现重复纳税的现象，甚至出现物价非正常上涨的局面。因此，一般纳税人销售货物或者应税劳务取得含税销售额时，必须将其换算为不含税的销售额。换算公式为：

销售额 = 含税销售额 ÷ （1 + 增值税税率）

（2）受托加工应征消费税的消费品所代收代缴的消费税。

（3）同时符合以下条件的代垫运费：

① 承运部门将运费发票开具给购货方；
② 由纳税人将该项发票转交给购货方。
(4) 同时符合以下条件代为收取的政府性基金或者行政事业性收费：
① 由国务院或者财政部批准设立的政府性基金，由国务院或者省级人民政府及其财政、价格主管部门批准设立的行政事业性收费；
② 收取时开具省级以上财政部门印制的财政票据；
③ 所收款项全额上缴财政。
(5) 销售货物的同时代办保险等而向购买方收取的保险费，以及向购买方收取的代购买方缴纳的车辆购置税、车辆牌照费。

凡随同销售货物或提供应税劳务向购买方收取的价外费用，无论其会计制度如何核算，均应并入销售额计算应纳税额。应当注意的是，对纳税人向购买方收取的价外费用，应视为含税收入，需换算为不含税收入再并入销售额计税。

2. 特殊销售方式下销售额的确定。在销售活动中，纳税人为了达到促销的目的，有多种销售方式。不同销售方式下，销货方所取得的销售额会有所不同。税法对以下几种销售方式的销售额分别作了规定：

(1) 采取折扣方式销售。折扣销售是指销货方在销售货物或应税劳务时，因购货方购货数量较大等原因，而给予购货方的价格优惠。税法规定，纳税人销售货物并向购买方开具增值税专用发票后，由于购货方在一定时期内累计购买货物达到一定数量，销货方给予购货方相应的价格优惠，销货方可按有关规定开具红字增值税专用发票。

(2) 采取以旧换新方式销售。以旧换新是指纳税人在销售自己的货物时，有偿收回旧货物的行为。税法规定，纳税人采取以旧换新方式销售货物的，应按新货物的同期销售价格确定销售额，不得扣减旧货物的收购价格。

(3) 采取还本销售方式销售。还本销售是指纳税人在销售货物后，到一定期限由销售方一次或分次退还给购货方全部或部分价款。这种方式实际上是一种以货物换取资金的使用价值，到期还本不付息的筹集资金方法。税法规定，纳税人采取还本销售方式销售货物的，其销售额就是货物的销售价格，不得从销售额中减除还本支出。

(4) 采取以物易物方式销售。以物易物是一种较为特殊的购销活动，是指购销双方不是以货币结算，而是以同等价款的货物相互结算，实现货物购销的一种方式。税法规定，纳税人采取以物易物方式销售货物的，双方都应作购销处理，以各自发出的货物核算销售额并计算销项税额，以各自收到的货物按规定核算购货额并计算进项税额。

3. 包装物押金计税销售额的确定。

纳税人为销售货物而出租出借包装物收取的押金，单独记账核算的，不并入销售额征税。但对逾期未收回包装物而不再退还的押金，应按所包装货物的适用税率计算销项税额。这里的"逾期"是指按合同约定实际逾期或以1年为期限，对收取1年以上的押金，无论是否退还，均应换算为不含税价后并入销售额征税。此外，对销售除啤酒、黄酒外的其他酒类产品而收取的包装物押金，无论是否返还以及会计上如何核算，均应并入当期销售额征税。对销售啤酒、黄酒所收取的押金，按上述一般押金的规定处理。

4. 核定销售额。纳税人销售货物或提供应税劳务的价格明显偏低且无正当理由的，或者发生视同销售货物的行为而无销售额的，主管税务机关有权按下列顺序核定其销售额：

(1) 按纳税人最近时期同类货物的平均销售价格确定；
(2) 按其他纳税人最近时期同类货物的平均销售价格确定；
(3) 按组成计税价格确定。计算公式为：

组成计税价格 = 成本 × (1 + 成本利润率)

属于应征消费税的货物，其组成计税价格中应加计消费税额。计算公式为：

组成计税价格 = 成本 × (1 + 成本利润率) + 消费税

或：组成计税价格 = 成本 × (1 + 成本利润率) ÷ (1 − 消费税税率)

上述公式中的成本，销售自产货物的为实际生产成本，销售外购货物的为实际采购成本。成本利润率一般情况下为10%，但属于从价定率征收消费税的货物，则应按《消费税若干具体问题的规定》中的成本利润率计算。

对已使用过的固定资产发生视同销售行为而又无法确定销售额的，以固定资产净值为销售额。

5. 外汇结算销售额的确定。纳税人以人民币以外的货币结算销售额的，应当折合成人民币计算。其销售额的人民币折合率可以选择销售额发生的当天或者当月1日的人民币汇率中间价。纳税人应在事先确定采用何种折合率，确定后1年内不得变更。

6. 计算销项税额的时限。销项税额是增值税一般纳税人销售货物或提供应税劳务按照实现的销售额计算的增值税。计算销项税额的时间与纳税义务发生时间以及发票开具的时间是相一致的。具体纳税义务发生时间的规定见本章第六节"增值税纳税义务发生时间"。

7. 销货退回或折让销项税额的税务处理。纳税人在货物购销活动中，因货物质量、规格等原因常会发生销货退回或销售折让的情况。税法规定，一般纳税人因销货退回或折让而退还给购买方的增值税额，应从发生销货退回或折让当期的销项税额中扣减。一般纳税人销售货物或者应税劳务，开具增值税专用发票后，发生销售货物退回或者折让、开票有误等情形，应按国家税务总局的规定开具红字增值税专用发票。未按规定开具红字增值税专用发票的，增值税额不得从销项税额中扣减。

(二) 进项税额的计算

进项税额是纳税人购进货物或者接受应税劳务所支付或者负担的增值税额。它是与销项税额相对应的另一个概念，在开具增值税专用发票的情况下，销售方收取的销项税额，就是购买方支付的进项税额。在购进扣税法下，进项税额是影响增值税收入的一个重要因素。在计算一般纳税人应纳增值税额时，税法对进项税额的抵扣范围作了明确规定。

1. 准予从销项税额中抵扣的进项税额。根据《增值税暂行条例》的规定，准予从销项税额中抵扣的进项税额，限于下列增值税扣税凭证上注明的增值税税额或者按规定的扣除率计算的进项税额：

(1) 纳税人购进货物或应税劳务，从销售方取得的增值税专用发票上注明的增值税额。

增值税一般纳税人购买机动车取得的税控系统开具的机动车销售统一发票，可按增值税专用发票作为增值税进项税额的扣税凭证。

(2) 纳税人进口货物，从海关取得的海关进口增值税专用缴款书上注明的增值税额。

(3) 纳税人购进农产品，除取得增值税专用发票或者海关进口增值税专用缴款书外，按照农产品收购发票或者销售发票上注明的农产品买价和13%的扣除率计算进项税额。所称买价，包括纳税人购进农产品在农产品收购发票或者销售发票上注明的价款和按规定缴纳的烟叶税。进项税额的计算公式为：

进项税额 = 买价 × 扣除率

(4) 纳税人购进或者销售货物以及在生产经营过程中所支付的运输费用，按照运费结算单据所列运输费用金额和7%的扣除率计算进项税额。所称运输费用金额，是指运输费用结算单据上注明的运输费用、建设基金，不包括装卸费、保险费等其他杂费。其进项税额的计算公式是：

进项税额 = 运输费用金额 × 扣除率

2. 不得从销项税额中抵扣的进项税额。纳税人购进货物或者应税劳务，取得的增值税扣税凭证不符合法律、行政法规或者国务院税务主管部门有关规定的，其进项税额不得从销项税额中抵扣。所称增值税扣税凭证，是指增值税专用发票、海关进口增值税专用缴款书、农产品收购发票和农产品销售发票以及运输费用结算单据。

此外，根据《增值税暂行条例》的规定，下列项目的进项税额不得从销项税额中抵扣：

(1) 用于非增值税应税项目、免征增值税项目、集体福利或者个人消费的购进货物或者应税劳务。

所称非增值税应税项目，是指提供非增值税应税劳务、转让无形资产、销售不动产和不动产在建工程。前款所称不动产是指不能移动或者移动后会引起性质、形状改变的财产，包括建筑物、构筑物和其他土地附着物。纳税人新建、改建、扩建、修缮、装饰不动产，均属于不动产在建工程。

所称个人消费包括纳税人的交际应酬消费。

所称购进货物，包括购进固定资产。但是纳税人购进固定资产，既用于增值税应税项目，也用于非增值税应税项目、免征增值税项目、集体福利或者个人消费的，可以抵扣进项税额。

混合销售行为依照规定应当缴纳增值税的，该混合销售行为所涉及的非增值税应税劳务所用购进货物的进项税额，符合有关规定的，准予从销项税额中抵扣。

(2) 非正常损失的购进货物及相关的应税劳务。

所称非正常损失，是指因管理不善造成被盗、丢失、霉烂变质的损失。

(3) 非正常损失的在产品、产成品所耗用的购进货物或者应税劳务。

(4) 国务院财政、税务主管部门规定的纳税人自用消费品。

《增值税暂行条例实施细则》规定，纳税人自用的应征消费税的摩托车、汽车、游艇，其进项税额不得从销项税额中抵扣。

(5) 上述第(1)项至第(4)项规定的购进货物的运输费用和销售免税货物的运输费用。

(6) 一般纳税人兼营免税项目或非增值税应税项目而无法划分进项税额的，按下列公式计算不得抵扣的进项税额：

不得抵扣的进项税额＝当月无法划分的全部进项税额×当月免税项目销售额、非增值税应税劳务营业额合计÷当月全部销售额、营业额合计

3. 进项税额的转出。

纳税人已抵扣进项税额的货物或应税劳务改变用途，用于非增值税应税项目、免征增值税项目、集体福利、个人消费或者购进的货物、在产品以及产成品发生非正常损失等，应将该项购进货物或应税劳务的进项税额从当期发生的进项税额中扣减，无法确定该项进项税额的，按当期实际成本计算应扣减的进项税额。这里的实际成本是指发生上述情况的当期该货物或应税劳务的实际成本，即：进价＋运费＋保险费＋其他有关费用，而不是指该货物或应税劳务的原进价。前述实际成本的计算公式，对进口货物完全适用，对国内购进的货物，主要包括进价和运费两大部分。

纳税人已抵扣进项税额的固定资产，因改变用途，用于非增值税应税项目、免征增值税项目、集体福利或者个人消费、或者发生非正常损失的，应在当月按下列公式计算不得抵扣的进项税额：

不得抵扣的进项税额＝固定资产净值×适用税率

4. 进货退出或折让进项税额的税务处理。

一般纳税人因进货退出或折让而收回的增值税额，应从发生进货退出或折让当期的进项税额中扣减。

5. 向供货方取得返还收入的税务处理。

对商业企业向供货方收取的与商品数量、销售额挂钩（如以一定比例、金额、数量计算）的各种返还收入，均应按照平销返利行为的有关规定冲减当期进项税额。应冲减进项税额的计算公式为：

$$当期应冲减进项税额 = \frac{当期取得的返还资金}{1+所购货物适用的增值税税率} \times 所购货物适用的增值税税率$$

6. 进项税额的抵扣时限。

（1）增值税一般纳税人取得 2010 年 1 月 1 日以后开具的增值税专用发票、公路内河货物运输业统一发票和机动车销售统一发票，应在开具之日起 180 日内到税务机关办理认证，并在认证通过的次月申报期内，向主管税务机关申报抵扣进项税额。

（2）实行海关进口增值税专用缴款书（以下简称海关缴款书）"先比对后抵扣"管理办法的增值税一般纳税人取得 2010 年 1 月 1 日以后开具的海关缴款书，应在开具之日起 180 日内向主管税务机关报送《海关完税凭证抵扣清单》（包括纸质资料和电子数据）申请稽核比对。

未实行海关缴款书"先比对后抵扣"管理办法的增值税一般纳税人取得 2010 年 1 月 1 日以后开具的海关缴款书，应在开具之日起 180 日后的第一个纳税申报期结束以前，向主管税务机关申报抵扣进项税额。

（3）增值税一般纳税人取得 2010 年 1 月 1 日以后开具的增值税专用发票、公路内河货物运输业统一发票、机动车销售统一发票以及海关缴款书，未在规定期限内到税务机关办理认证、申报抵扣或者申请稽核比对的，不得作为合法的增值税扣税凭证，不得计算进项税额抵扣。

（三）一般纳税人应纳税额的计算实例

【例3-1】 某企业为增值税一般纳税人，3月份购进原材料一批，价款450 000元，取得的增值税专用发票上注明的增值税款76 500元；从国外进口一台生产设备，取得的海关进口增值税专用缴款书上注明的增值税款34 000元；上述材料和设备均已验收入库。当月生产领用外购的原材料185 000元，为职工搞福利领用18 000元，不动产在建工程领用62 000元，库存原材料被盗损失80 000元。3月份实现的不含税销售额为860 000元，预收销货款100 000元，当月发生销货退回50 000元。以上货物适用的增值税税率均为17%，计算该企业3月份应纳的增值税额。

解： 当月全部的进项税额 = 76 500 + 34 000 = 110 500（元）

当月应转出的进项税额 =（18 000 + 62 000 + 80 000）× 17% = 27 200（元）

当月的销项税额 =（860 000 - 50 000）× 17% = 137 700（元）

该企业当月应纳的增值税额 = 137 700 -（110 500 - 27 200）= 54 400（元）

【例3-2】 某商场为增值税一般纳税人，10月份各种商品零售总额为4 000万元（含税），为庆祝国庆，商场开展特价销售活动，商品折扣金额合计200万元（含税），折扣额与销售额在发票上分别注明；给职工搞福利，发放商品账面成本30万元，按含税零售价计算为40万元。本月购进商品2 000万元，取得的增值税专用发票注明的税金为340万元，向运输公司支付购货运费，取得的运货发票上注明的运费20万元、装卸费5万元、保险费1万元。以上货物适用的增值税税率均为17%，计算该商场10月份应纳的增值税额。

解： 当月的销项税额 =（4 000 - 200）÷（1 + 17%）× 17% = 552.14（万元）

当月全部的进项税额 = 340 + 20 × 7% = 341.4（万元）

当月应转出的进项税额 = 30 × 17% = 5.1（万元）

该企业当月应纳的增值税额 = 552.14 -（341.4 - 5.1）= 215.84（万元）

【例3-3】 某生产企业为增值税一般纳税人，8月份销售产品一批，开出的增值税专用发票上注明的价款为250万元，向运输公司支付销货运费，取得的运货发票上注明的运费10万元；向小规模纳税人销售产品一批，开具普通发票，含税金额为48万元；向职工发放新研发的产品，无同类产品的市场价格，生产成本为10万元。该企业月初进项税额为2万元；本月购进原材料取得的增值税专用发票上注明的金额150万元、税额25.5万元；从小规模纳税人手中购进农产品一批，取得普通发票，金额为20万元；本月支付水电费，取得增值税专用发票注明的税额为1.5万元；本月购进电脑三台，取得普通发票注明价款1.2万元；本月购买小轿车一辆，取得机动车销售统一发票注明的不含税价20万元、税额3.4万元。当月该企业库存农产品被盗，账面成本5万元。企业生产的产品适用的增值税税率为17%，计算该企业8月份应纳的增值税额。

解： 当月销售产品的销项税额 =[250 + 48 ÷（1 + 17%）]× 17% = 49.47（万元）

当月视同销售产品的销项税额 = 10 ×（1 + 10%）× 17% = 1.87（万元）

当月的进项税额 = 2 + 25.5 + 20 × 13% + 1.5 + 10 × 7% = 32.3（万元）

当月应转出的进项税额 = 5 ÷（1 - 13%）× 13% = 0.75（万元）

该企业当月应纳的增值税额 = 49.47 + 1.87 -（32.3 - 0.75）= 19.79（万元）

二、小规模纳税人应纳税额的计算

(一) 小规模纳税人应纳税额的计算方法

小规模纳税人销售货物或者应税劳务,按不含税销售额和规定的征收率计算应纳增值税额,不得抵扣进项税额。应纳税额的计算公式为:

应纳税额 = 销售额 × 征收率

小规模纳税人取得的销售额与一般纳税人取得的销售额的确定办法一致,都是销售货物或提供应税劳务向购买方收取的全部价款和价外费用。由于小规模纳税人在销售货物或应税劳务时,一般只能开具普通发票,取得的销售收入均为含税销售额。因此应将含税的销售额换算成不含税的销售额。计算公式为:

销售额 = 含税销售额 ÷ (1 + 征收率)

(二) 增值税简易征收政策

1. 一般纳税人销售自己使用过的固定资产,适用按简易办法依4%征收率减半征收增值税政策的,应开具普通发票,不得开具增值税专用发票。按下列公式确定销售额和应纳税额:

销售额 = 含税销售额 / (1 + 4%)
应纳税额 = 销售额 × 4% / 2

2. 小规模纳税人销售自己使用过的固定资产,应开具普通发票,不得由税务机关代开增值税专用发票。按下列公式确定销售额和应纳税额:

销售额 = 含税销售额 / (1 + 3%)
应纳税额 = 销售额 × 2%

【例3-4】某商店为增值税小规模纳税人,7月份零售各种商品取得含税收入61 800元。计算该商店7月份应纳的增值税额。

解:(1) 7月份的不含税销售额 = 61 800 ÷ (1 + 3%) = 60 000 (元)
(2) 7月份应纳的增值税额 = 60 000 × 3% = 1 800 (元)

【例3-5】某企业为增值税一般纳税人,8月份处置销售一批原生产经营用的器具(购进时没有抵扣进项税额),开具普通发票,取得收入41 600元。计算该企业就此业务应纳的增值税额。

解:(1) 不含税销售额 = 41 600 ÷ (1 + 4%) = 40 000 (元)
(2) 应纳的增值税额 = 40 000 × 4% / 2 = 800 (元)

如果上述企业为小规模纳税人,则其应纳增值税计算如下:
(1) 不含税销售额 = 41 600 ÷ (1 + 3%) = 40 388.35 (元)
(2) 应纳的增值税额 = 40 388.35 × 2% = 807.77 (元)

三、进口货物应纳税额的计算

纳税人进口货物，按组成计税价格和规定的税率计算应纳增值税额，不得抵扣任何税额。组成计税价格和应纳税额的计算公式为：

组成计税价格 = 关税完税价格 + 关税

属于征收消费税的进口货物，还需在组成计税价格中加上消费税税额。计算公式为：

组成计税价格 = 关税完税价格 + 关税税额 + 消费税

应纳税额 = 组成计税价格 × 税率

按照《海关法》和《进出口关税条例》的规定，一般贸易下进口货物的关税完税价格以海关审定的成交价格为基础的到岸价格作为完税价格。所谓成交价格是指一般贸易项下进口货物的买方为购买该项货物向卖方实际支付或应当支付的价格。到岸价格，包括货价，加上货物运抵我国关境内输入地点起卸前的包装费、运费、保险费和其他劳务费等费用构成的一种价格。

【例3-6】 某外贸公司为增值税一般纳税人，6月份经有关部门批准从国外进口一批货物，货价总计720万元，运抵我国海关前发生的运输费用、保险费用合计16.56万元，已向海关缴纳了相关税款，并取得了完税凭证。该批货物已从海关运回本单位，支付给运输公司运输费用8.25万元，取得了运输公司开具的普通发票。当月内销货物取得含税销售额1 280万元。进口货物的关税税率为8%，增值税税率为17%，计算该公司6月份内销货物应纳的增值税额。

解： 当月进口货物应纳的增值税额 = (720 + 16.56) × (1 + 8%) × 17% = 135.23（万元）

当月进口货物支付运费的进项税额 = 8.25 × 7% = 0.58（万元）

当月内销货物的销项税额 = 1 280 ÷ (1 + 17%) × 17% = 185.98（万元）

当月内销货物应纳的增值税额 = 185.98 - 135.23 - 0.58 = 50.17（万元）

第五节 出口货物的退（免）税

出口货物退（免）税是指按照鼓励出口的政策，免征出口环节的流转税，且对出口货物实行退还出口产品在国内生产经营环节已经缴纳的流转税，使出口产品以不含税价格或成本进入国际市场，以增强本国出口竞争能力。出口货物退（免）税政策通常在国际贸易中采用，由于其具有公平合理性，目前它已为世界各国所普遍接受，已成为国际社会通行的惯例。

在我国，国家税务总局于1994年依据《增值税暂行条例》和《消费税暂行条例》的规定，制定了《出口货物退（免）税管理办法》；2002年1月23日财政部、国家税务总局发出《关于进一步推进出口货物实行免抵退办法的通知》；2002年2月6日，国家税务总局又印发了《生产企业出口货物"免、抵、退"税管理操作规程（试行）》。至此，我国出口退（免）税政策得到了进一步完善。2009年1月1日起修订后的增值税仍然执行有关政策。

一、出口退（免）税的基本政策

我国根据本国的实际，对出口货物采取出口退税与免税相结合的政策，具体分为以下三种形式：

（一）出口免税并退税

出口免税是指对货物在出口销售环节不征增值税、消费税，这是把货物出口环节与出口前的销售环节都同样视为一个征税环节；出口退税是指对货物在出口前实际承担的税收负担，按规定的退税率计算后予以退还。

（二）出口免税不退税

出口免税与上述第（一）项含义相同。出口不退税是指适用这个政策的出口货物因在前一道生产、销售环节或进口环节是免税的，因此，出口时该货物的价格中本身就不含税，也无须退税。

（三）出口不免税也不退税

出口不免税是指对国家限制或禁止出口的某些货物的出口环节视同内销环节，照常征税；出口不退税是指对这些货物出口不退还出口前其所负担的税款。税法列举限制或禁止出口的货物包括天然牛黄、麝香和白银等。

二、出口货物退（免）税的适用范围

《出口货物退（免）税管理办法》规定：对出口的凡属于已征或应征增值税、消费税的货物，除国家明确规定不予退（免）税的货物和出口企业从小规模纳税人购进并持普通发票的部分货物外，都属出口货物退（免）税的货物范围，均应予以退还已征增值税和消费税或免征应征的增值税和消费税。但可以退（免）税的出口货物一般应具备以下四个条件：

（一）必须是属于增值税、消费税征税范围的货物。这两种税的具体征收范围及其划分，《中华人民共和国增值税暂行条例》和《中华人民共和国消费税暂行条例》对其税目、税率（单位税额）均已明确。

（二）必须是报关离境的货物。所谓报关离境，即出口，就是货物输出海关，这是区别货物是否应退（免）税的主要标准之一。凡是报关不离境的货物，不论出口企业以外汇结算还是以人民币结算，也不论企业在财务上和其他管理上作何处理，均不能视为出口货物予以退（免）税。

（三）必须是在财务上作销售处理的货物。出口货物只有在财务上作销售后，才能办理退税。

（四）必须是出口收汇并已核销的货物。将出口退税与出口收汇核销挂钩可以有效地防止出口企业高报出口价格骗取退税，有助于强化出口收汇核销制度。

三、出口货物的退税率

根据《增值税暂行条例》的规定，企业产品出口后，税务部门应按照出口商品的进项税额为企业办理退税。但由于税收减免及国家经济政策等原因，商品的进项税额往往不等于实际负担的税额，如果按出口商品的进项税额退税，就会产生少征多退的问题。于是就有了出口退税率。

1994年国家税务总局制定实施的《出口货物退（免）税管理办法》具体规定了出口货物增值税的退税率。此后直至现在，国家曾根据国际经济形势的变化和国家宏观调控的需要，先后调高或者调低出口货物增值税的退税率。

现行出口货物的增值税退税率主要有17%、16%、15%、13%、9%、5%、3%等七档。

四、出口货物退税的计算

出口货物只有在适用既免税又退税的政策时，才会涉及如何计算退税的问题。由于各类出口企业对出口货物的会计核算办法不同，有对出口货物单独核算的，有对出口和内销的货物统一核算成本的。为了与出口企业的会计核算办法相一致，我国《出口货物退（免）税管理办法》规定了两种退税计算办法：第一种办法是"免、抵、退"办法，主要适用于自营和委托出口自产货物的生产企业；第二种办法是"先征后退"办法，目前主要用于收购货物出口的外（工）贸企业。

（一）"免、抵、退"税的计算方法

自2002年1月1日起，生产企业自营或委托外贸企业代理出口自产货物，除另有规定外，增值税一律实行免、抵、退税管理办法。这里的"免"税，是指对生产企业出口的自产货物，免征本企业生产销售环节增值税；"抵"税，是指生产企业出口自产货物所耗用的原材料、零部件、燃料、动力等所含应予退还的进项税额，抵顶内销货物的应纳税额；"退"税，是指生产企业出口的自产货物在当月内应抵顶的进项税额大于应纳税额时，对未抵顶完的部分予以退税。具体计算方法与计算公式如下：

1. 当期应纳税额的计算：

$$\text{当期应纳税额} = \text{当期内销货物的销项税额} - (\text{当期进项税额} - \text{当期免抵退税不得免征和抵扣税额}) - \text{上期未抵扣完的进项税额}$$

其中：

$$\text{当期免抵退税不得免征和抵扣税额} = \text{当期出口货物离岸价} \times \text{外汇人民币牌价} \times (\text{出口货物征税率} - \text{出口货物退税率}) - \text{免抵退税不得免征和抵扣税额抵减额}$$

出口货物离岸价（FOB）以出口发票计算的离岸价为准。出口发票不能如实反映离岸价的，企业必须按照实际离岸价向主管国税机关申报，同时主管税务机关有权依照《中华人民共和国税收征收管理法》、《中华人民共和国增值税暂行条例》等有关规定予以核定。

$$\text{免抵退税不得免征和抵扣税额抵减额} = \text{购进的免税原材料价格} \times \left(\text{出口货物征税率} - \text{出口货物退税率} \right)$$

免税购进原材料包括从国内购进的免税原材料和进料加工免税进口料件，其中进料加工免税进口料件的价格为组成计税价格。计算公式为：

$$\text{进料加工免税进口料件的组成计税价格} = \text{货物到岸价格} + \text{海关实征关税} + \text{海关实征消费税}$$

如果当期没有免税购进原材料或免税进口料件的，则不需计算前述公式中的"免抵退税不得免征和抵扣税额抵减额"以及后面公式中的"免抵退税额抵减额"。

2. 免抵退税额的计算：

$$\text{免抵退税额} = \text{出口货物离岸价} \times \text{外汇人民币牌价} \times \text{出口货物退税率} - \text{免抵退税额抵减额}$$

其中：

$$\text{免抵退税额抵减额} = \text{免税购进原材料价格} \times \text{出口货物退税率}$$

3. 当期应纳税额、应退税额、免抵税额和结转下期继续抵扣税额的计算：

（1）当生产企业当期的销项税额≥当期的应抵扣税额时，应纳税额≥0，

当期应退税额 = 0

当期应免抵税额 = 当期免抵退税额 − 当期应退税额

结转下期继续抵扣的进项税额 = 0

（2）当生产企业当期的销项税额 < 当期的应抵扣税额时，本月进项税额未抵扣完，即当期期末有留抵税额，才有免、抵、退税额的计算：

① 如果当期期末留抵税额≤当期免抵退税额，则：

当期应退税额 = 当期期末留抵税额

当期免抵税额 = 当期免抵退税额 − 当期应退税额

结转下期抵扣的进项税额 = 0

② 如果当期期末留抵税额 > 当期免抵退税额，则：

当期应退税额 = 当期免抵退税额

当期应免抵税额 = 0

结转下期继续抵扣进项税额 = 当期期末留抵税额 − 当期应退税额

"期末留抵税额"是计算确定应退税额、应免抵税额的重要依据，应以当期《增值税纳税申报表》的"期末留抵税额"的审核数栏为准。

【例3−7】某自营出口的生产企业为增值税一般纳税人，适用的增值税税率为17%，退税率为13%。12月份免税进口料件一批，支付国外买价230万元、运抵我国海关前的运输费用、保管费和装卸费用38万元，该料件进口关税税率为10%，料件已验收入库；当月出口货物销售取得销售额为460万元；内销货物取得不含税销售额为123万元；当月购进货物的进项税额为28万元；上月月末增值税的留抵税额为29.56万元。计算该企业12月份应纳（退）的增值税税额。

解：免税进口料件的组成计税价格 = (230 + 38) × (1 + 10%) = 294.80（万元）

当期内销货物的销项税额 = 123 × 17% = 20.91（万元）
免抵退税不得免征和抵扣税额的抵减额 = 294.80 × (17% − 13%) = 11.79（万元）
当期免抵退税不得免征和抵扣的税额 = 460 × (17% − 13%) − 11.79 = 6.61（万元）
当期应纳税额 = 20.91 − (28 − 6.61) − 29.56 = −30.04（万元）
当期免抵退税额的抵减额 = 294.80 × 13% = 38.32（万元）
当期免抵退税额 = 460 × 13% − 38.32 = 21.48（万元）< 30.04（万元）
当期应退税额 = 21.48（万元）
当期免抵税额 = 0
结转下期继续抵扣进项税额 = 30.04 − 21.48 = 8.56（万元）

（二）"先征后退"的计算方法

"先征后退"适用于外贸企业和实行外贸企业财务制度的工贸企业，其出口货物要单独设立库存账和销售账。具体计算办法如下：

1. 外贸企业应依据购进出口货物取得的增值税专用发票所列价款和规定的退税率计算应退税额，公式为：

应退税额 = 购进货物的销售额（或购进金额）× 退税率

2. 自2005年4月1日起，凡出口企业从小规模纳税人购进的货物出口，一律凭增值税专用发票（必须是增值税防伪税控开票系统或防伪税控代开票系统开具的增值税专用发票，下同）及有关凭证办理退税。小规模纳税人向出口企业销售产品，可向税务机关申请代开增值税专用发票；从增值税小规模纳税人商贸公司购进的货物出口，按增值税专用发票上注明的征收率计算办理退税。

应退税额 = 增值税专用发票所列的销售额 × 退税率

五、出口货物退（免）税的管理

纳税人必须按规定向税务机关办理退税登记，提供必要的凭证和资料，掌握出口退税的办理程序。主管出口退税的税务机关应根据当地的实际情况，决定对企业办理出口退税的情况组织全面抽查或检查。对有骗取出口退税的出口业务或企业，税务机关可单独立案检查。对违法行为，视其情节轻重程度，分别给予罚款、停止享受出口退税权、撤销出口经营权直至提交司法机关追究刑事责任等处理。我国出口货物退（免）税管理的具体规定如下：

（一）利用"口岸电子执法系统"的出口数据审核生产企业免、抵、退税的出口额

为加强生产企业出口货物"免、抵、退"税管理，促进生产企业准确及时申报"免、抵、退"税出口额，税法规定，自2003年1月1日起，对生产企业申报免、抵、退税的出口额实行与"口岸电子执法系统"出口退税子系统中的出口数据进行核对的办法。具体规定为：

1. 主管征税机关的退税部门或岗位对生产企业申报的免、抵、退税出口额，须在企业申报的当月，与"口岸电子执法系统"出口退税子系统的出口货物报关单（退税）证明联

电子数据进行核对。

2. 对生产企业申报的没有电子数据（有纸质报关单的除外）的"免、抵、退"税出口额和有电子数据但企业未在当月申报的出口额，应按企业申报的相对应的出口额或电子数据中的离岸价等计算销项税额，并在当月底前通知生产企业。生产企业须按对应的实际出口额，在次月视同内销缴纳消费税，并按计算的销项税额申报缴纳增值税。

（二）免、抵、退税办法中视同内销征税货物的处理

1. 视同内销征税货物的确认。视同内销征税货物除上述生产企业申报的没有电子数据（有纸质报关单的除外）的免、抵、退税出口货物和有电子数据但企业未在当月申报的出口货物外，还包括生产企业自报关出口之日起超过6个月未收齐有关出口退（免）税凭证或未向主管税务机关办理免、抵、退税申报手续的货物。按有关规定应在次月补税的出口额中，不包括委托、代理出口以及寄售业务的出口额。

2. 视同内销征税货物销项税额的计算。免、抵、退税办法中视同内销征税的货物按以下公式计提销项税额：

销项税额 = 视同内销征税货物的出口货物离岸价 × 外汇人民币牌价 × 增值税征税税率

上述视同内销征税货物，出口企业已按规定计算免、抵、退税不得免征和抵扣税额并已转成本的，可从成本科目中转入进项税额科目。免、抵、退税不得免征和抵扣税额按照前述免、抵、退税的计算公式计算。

3. 重新办理退税手续与退税。对生产企业视同内销已缴纳税款的出口货物，在收齐退（免）税凭证后，可在规定的出口退税清算期内，向主管退税机关申请办理免、抵、退税手续。对企业出口货物销售额占全部销售额比重过高，致使企业已缴税款无法抵扣的，经省（自治区、直辖市）国家税务局批准，可在规定的清算期内按规定的出口退税率予以退税。

（三）新发生出口业务的退免税

1. 对新发生出口业务的企业，除下面第2条、第3条规定外，自发生首笔出口业务之日起12个月内发生的应退税额，不实行按月退税的办法，而是采取结转下期继续抵顶其内销货物应纳税额。12个月后，如该企业属于小型出口企业，则按下面第4条有关小型出口企业的规定执行；如该企业属于小型出口企业以外的企业，则实行统一的按月计算办理免、抵、退税的办法。

2. 注册开业时间在一年以上的新发生出口业务的企业（小型出口企业除外），经地市税务机关核实确有生产能力并无偷税行为及走私、逃套汇等违法行为的，可实行统一的按月计算办理免、抵、退税的办法。

3. 新成立的内外销销售额之和超过500万元（含）人民币，且外销销售额占其全部销售额的比例超过50%（含）的生产企业，如在自成立之日起12个月内不办理退税确有困难的，在从严掌握的基础上，经省、自治区、直辖市国家税务局批准，可实行统一的按月计算办理免、抵、退税的办法。

4. 对税法规定的退税审核期为12个月的小型出口企业在年度中间发生的应退税额，不实行按月退税的办法，而是采取结转下期继续抵顶其内销货物应纳税额，年底对未抵顶完的

部分一次性办理退税的办法。小型出口企业的标准,由各省(自治区、直辖市)国家税务局根据企业上一个纳税年度的内外销售额之和在200万元(含)人民币以上,500万元(含)人民币以下的幅度内,按照本省(自治区、直辖市)的实际情况确定全省(自治区、直辖市)统一的标准。

(四) 外商投资企业及其他业务的退免税

1. 生产企业出口实行简易办法征税的货物,免征增值税,出口的其他货物实行免、抵、退税办法。

2. 小规模纳税人委托其他加工企业从事来料加工业务的,可按照现行有关规定向税务机关申请开具《来料加工免税证明》,加工企业可凭《来料加工免税证明》办理加工费的免税手续。

3. 生产型企业集团公司(或总厂)代理成员企业(或分厂)出口货物后,企业集团(或总厂)可向主管税务机关申请开具《代理出口证明》,由成员企业(或分厂)实行免、抵、退税办法。

4. 经有关部门批准具有对外经济合作经营权的对外承包工程公司,凡不是增值税一般纳税人的,购进与对外承包工程相关的出口货物时,供货生产企业可凭对外承包工程公司提供的对外经济合作经营权批准证书(复印件)等凭证向税务机关申请开具税收(出口货物专用)缴款书。对外承包工程公司凭税收(出口货物专用)缴款书、普通发票或增值税专用发票以及其他规定的凭证,向主管税务机关申请办理与对外承包工程相关的出口货物退税。

5. 保税区内生产企业从区外有进出口经营权的企业购进原材料、零部件等加工成产品出口的,可按保税区海关出具的出境备案清单以及其他规定的凭证,向税务机关申请办理免、抵、退税。

保税区内进料加工企业从境外进口料件,可凭保税区海关签发的"海关保税区进境货物备案清单"办理《生产企业进料加工贸易免税证明》等单证。

6. 对通过海关监管仓出口的货物,可凭海关签发的出口货物报关单(出口退税专用)及其他规定的凭证,按现行规定办理出口货物退(免)税。

7. 上述规定中,免税购进原材料包括从国内购进免税原材料和进料加工免税进口料件,其中国内购进免税原材料指《中华人民共和国增值税暂行条例》、《中华人民共和国增值税暂行条例实施细则》及其他有关规定中列名的且不能按规定计提进项税额的免税货物。

8. 自2009年1月1日起,进口设备增值税免税政策和外商投资企业采购国产设备增值税退税政策停止执行。

(五) 出口货物专用缴款书的管理

为了提高出口退税工作效率,在加强管理的同时简化手续,加快退税进度,2004年6月1日以后报关出口(以出口报关单上注明的出口日期为准,下同)的货物,凡增值税专用发票是在2004年6月1日以后开具的,出口企业在申请办理出口退税时,除出口企业从小规模纳税人购进的出口货物,其出口退税仍实行增值税专用税票管理和出口企业出口的消费税应纳税货物,其消费税专用税票管理办法仍按国家税务总局《关于使用出口货物消费税专用缴款书管理办法的通知》的有关规定执行外,免予提供增值税专用税票。有关具体

规定如下:

1. 利用外国政府贷款和国际金融组织贷款采用国际招标国内中标的机电产品,以及外商投资企业采购的国产设备,凡增值税专用发票或普通发票是在2004年6月1日以后开具的,中标企业、外商投资企业在申请退税时,免予提供增值税专用税票。

2. 外贸企业2004年6月1日以后出口的货物、中标企业(不包括生产企业)销售的中标机电产品以及外商投资企业采购的国产设备,从2004年6月1日起(以发票开具日期为准),凡属于从非生产企业购进的,若退税单证齐全,可按规定申请退税。主管出口退税的税务机关可按规定批准退税。生产企业出口非自产货物的退税范围,仍按《国家税务总局关于出口产品视同自产产品退税有关问题的通知》执行。

3. 生产企业2004年5月31日以前因开具增值税专用税票而多缴的税款,可抵减2004年7月的增值税应纳税款,未抵减完的,由征税机关经稽核比对,在核实清楚进项发票没有问题,排除企业有偷税行为后,从原入库的金库中办理退库。

4. 对出口企业2004年5月31日以前出口货物,凡规定需要开具增值税专用税票的,各级国税机关应按规定及时给予开具,不得以任何理由拒绝供货企业开具增值税专用税票的要求。

5. 各级国税机关要加强增值税的征收管理,要加强对未纳入增值税防伪税控、稽核系统监控范围的增值税进项抵扣凭证管理。要制定切实可行的办法,采取有效的措施,做到应收尽收,防止欠税;同时,要密切监控农产品收购、加工企业,废旧物资回收公司,以及利用废旧物资普通发票、海关税票和运输发票作为增值税主要抵扣凭证的企业的销售情况。对销售异常增长的货物,以及新办的上述三类企业销售的货物,各级国税机关要加大检查力度,严防犯罪分子利用假抵扣凭证虚开发票,通过流通企业倒入外贸企业等手段,进行骗税活动。

第六节　增值税的征收管理

一、增值税纳税义务发生的时间

(一)纳税人销售货物或者应税劳务的,其纳税义务发生时间为收讫销售额或者取得索取销售款凭据的当天;先开具发票的,为开具发票的当天。按照销售结算方式的不同具体规定如下:

1. 采取直接收款方式销售货物,不论货物是否发出,均为收到销售款或者取得索取销售款凭据的当天;

2. 采取托收承付和委托银行收款方式销售货物,为发出货物并办妥托收手续的当天;

3. 采取赊销和分期收款方式销售货物,为书面合同约定的收款日期的当天;无书面合同的或者书面合同没有约定收款日期的,为货物发出的当天;

4. 采取预收货款方式销售货物,为货物发出的当天;但生产销售生产工期超过12个月的大型机械设备、船舶、飞机等货物,为收到预收款或者书面合同约定的收款日期的当天;

5. 委托其他纳税人代销货物,为收到代销单位的代销清单或者收到全部或者部分货款的当天;未收到代销清单及货款的,为发出代销货物满180天的当天;

6. 销售应税劳务,为提供劳务的同时收讫销售款或者取得索取销售款凭据的当天;

7. 纳税人发生视同销售货物行为的,为货物移送的当天。

(二)进口货物,为报关进口的当天。

二、增值税的纳税期限

根据条例规定,增值税的纳税期限分别为 1 日、3 日、5 日、10 日、15 日、1 个月或者 1 个季度。纳税人的具体纳税期限,由主管税务机关根据纳税人应纳税额的大小分别核定;不能按照固定期限纳税的,可以按次纳税。以 1 个季度为纳税期限的规定仅适用于小规模纳税人。

纳税人以 1 个月或者 1 个季度为一期纳税的,自期满之日起 15 日内申报纳税;以 1 日、3 日、5 日、10 日或者 15 日为一期纳税的,自期满之日起 5 日内预缴税款,于次月 1 日起 15 日内申报纳税并结清上月应纳税款。

纳税人进口货物,应当自海关填发进口增值税专用缴款书之日起 15 日内缴纳税款。

纳税人出口货物适用退(免)税规定的,可以按月向税务机关申报办理该项出口货物的退税。

三、增值税的纳税地点

为了保证纳税人按期申报纳税,根据企业跨地区经营和搞活商品流通的特点及不同情况,税法还具体规定了增值税的纳税地点:

1. 固定业户应向其机构所在地主管税务机关申报纳税。总机构和分支机构不在同一县(市)的,应当分别向各自所在地的主管税务机关申报纳税;经国务院财政、税务主管部门或者其授权的财政、税务机关批准,可以由总机构汇总向总机构所在地主管税务机关申报纳税。

2. 固定业户到外县(市)销售货物或者应税劳务的,应当向其机构所在地主管税务机关申请开具外出经营活动税收管理证明,并向其机构所在地主管税务机关申报纳税;未开具证明的,应当向销售地或者劳务发生地的主管税务机关申报纳税;未向销售地或者劳务发生地的主管税务机关申报纳税的,由其机构所在地主管税务机关补征税款。

3. 非固定业户销售货物或者应税劳务,应当向销售地或者劳务发生地的主管税务机关申报纳税;未向销售地或者劳务发生地的主管税务机关申报纳税的,由其机构所在地或者居住地的主管税务机关补征税款。

4. 进口货物,应当向报关地海关申报纳税。

第七节 增值税专用发票的使用与管理

一、专用发票的联次

专用发票的基本联次为三联:发票联、抵扣联和记账联。其中,发票联作为购买方核算采购成本和进项税额的记账凭证;抵扣联作为购买方报送主管税务机关认证和留存备查的凭证；记账联作为销售方核算销售收入和销项税额的记账凭证。

二、增值税专用发票的领购使用范围

增值税专用发票只限于增值税的一般纳税人领购使用，增值税的小规模纳税人和非增值税纳税人不得领购使用。

一般纳税人有下列情形之一者，不得领购开具专用发票：

（一）会计核算不健全，不能向税务机关准确提供增值税销项税额、进项税额、应纳税额数据及其他有关增值税税务资料的。

（二）有《税收征管法》规定的税收违法行为，拒不接受税务机关处理的。

（三）有下列行为之一，经税务机关责令限期改正而仍未改正者：

1. 虚开增值税专用发票；
2. 私自印制专用发票；
3. 向税务机关以外的单位和个人买取专用发票；
4. 借用他人专用发票；
5. 未按规定保管专用发票和专用设备；
6. 未按规定申请办理防伪税控系统变更发行；
7. 未按规定接受税务机关检查。

三、增值税专用发票的开具范围

一般纳税人销售货物或者应税劳务，应当向索取增值税专用发票的购买方开具增值税专用发票，并在增值税专用发票上分别注明销售额和销项税额。

属于下列情形之一的，不得开具增值税专用发票：

1. 向消费者个人销售货物或者应税劳务的；
2. 销售货物或者应税劳务适用免税规定的；
3. 小规模纳税人销售货物或者应税劳务的。

小规模纳税人销售货物或者应税劳务，需要开具专用发票的，可向主管税务机关申请代开。

四、增值税专用发票的开具要求

专用发票必须按下列要求开具：

1. 字迹清楚，不得压线、错格；
2. 项目填写齐全，与实际交易相符；
3. 发票联和抵扣联加盖财务专用章或发票专用章；
4. 按照增值税纳税义务发生的时间开具。

开具的专用发票有不符合上列要求者，不得作为扣税凭证，购买方有权拒收。

附：

营业税改征增值税方案

一、改革的必要性

受当时一些条件制约，1994年基于经济体制转轨背景建立的中国增值税制度，与其他大多数国家实行的增值税相比，在改革的深度和广度上尚未完全到位。在深度上，主要是增值税进项税额抵扣不彻底，固定资产没有纳入抵扣范围，对投资仍然重复征税，在税制类型上还属于生产型增值税，不利于鼓励企业设备投资和技术进步。2009年，以应对国际金融危机为契机，为解决增值税改革的深度问题，在部分地区先行先试的基础上，我国全面实施了增值税转型改革，将机器设备类固定资产纳入进项税额的抵扣范围，在推动增值税由生产型向消费型转变方面，迈出了重要一步。在广度上，主要是增值税覆盖不全面，征税对象限于货物和加工修理修配劳务，对其他劳务、不动产、无形资产则实行营业税制度。根据相关数据测算，目前增值税覆盖了国民经济60%多的领域，其余由营业税覆盖。这种增值税与营业税并存的税制格局，不仅对服务业内部的专业化分工造成了重复征税，也导致制造业纳税人外购劳务所负担的营业税和服务业纳税人外购货物所负担的增值税，均得不到抵扣，各产业之间深化分工协作存在税制安排上的障碍。

当前，我国经济正处于转型发展的攻坚时期，必须抓住机遇在一些重点领域和关键环节取得突破，加快完善有利于转方式、调结构的体制机制和政策环境。税收是政府影响资源配置的重要手段，增值税是与货物和劳务生产流通关系密切的税种，不失时机地将增值税制度引入服务业领域，消除营业税重复征税的弊端，不仅是完善税收制度的必然选择，也是促进现代服务业发展、推动第二和第三产业融合、培育经济增长新动力的迫切需要。

相对于1994年而言，目前实施营业税改征增值税的条件已经基本成熟。经过多年实践，增值税的制度优势已经得到社会认同，营业税的弊端广遭诟病。增值税立法也提上日程，对改革形成了有力推动。国际上对服务业征收增值税越来越普遍，可以为我国实施这项改革提供有益借鉴。随着税收专业化和信息化管理水平的不断提升，增值税的征收效率明显提高，为实施营业税改征增值税提供了减税空间。

二、改革的总体方案

2011年11月16日，财政部、国家税务总局发布了《营业税改征增值税试点方案》。营业税改征增值税是一项重要的税制改革，涉及税种结构、财政体制、税收征管等一系列制度性安排。

在税种结构上，我国现行货物劳务税体系是以增值税、营业税、消费税为主体。营业税改征增值税后，将形成以增值税普遍征收为主、以消费税特殊调节为辅的税制格局。

在财政体制上，我国目前对增值税实行中央和地方按75∶25的比例分享，营业税除少部分行业集中缴纳的税收归属中央外，其余全部属于地方收入，并占整个地方级税收收入的1/3以上。为保障地方财政利益，营业税改征增值税后，收入仍归属地方，同时还要相应考虑地方收入主体税种构建问题。

在税收征管上，按照国税局和地税局征管职责划分，增值税由国税局征管，营业税除归属中央的收入由国税局征管外，其他由地税局征收。为了提高征管效率、降低征纳成本、规范税收执法，营业税改征增值税后，应由国税机关统一负责征收，并结合深化税制改革、逐步健全地方税体系，合理配置地税机关征管职责。

在实施步骤上，先采取地区试点与行业试点交叉进行的方式。从理论上讲，营业税改征增值税采取一步到位的方式更有利于保障增值税抵扣链条的完整性和税制运行的规范性，但为了确保改革毫无悬念地取得成功，有必要先行试点，为全面实施改革积累经验。

三、改革试点的主要内容

（一）改革试点的范围与时间

1. 试点地区。综合考虑服务业发展状况、财政承受能力、征管基础条件等因素，先期选择经济辐射效应明显、改革示范作用较强的地区开展试点。

2. 试点行业。试点地区先在交通运输业、部分现代服务业等生产性服务业开展试点，逐步推广至其他行业。条件成熟时，可选择部分行业在全国范围内进行全行业试点。

3. 试点时间。2012年1月1日开始试点，并根据情况及时完善方案，择机扩大试点范围。

（二）改革试点的主要税制安排

1. 税率。在现行增值税17%标准税率和13%低税率基础上，新增11%和6%两档低税率。租赁有形动产等适用17%税率，交通运输业、建筑业等适用11%税率，其他部分现代服务业适用6%税率。

2. 计税方式。交通运输业、建筑业、邮电通信业、现代服务业、文化体育业、销售不动产和转让无形资产，原则上适用增值税一般计税方法。金融保险业和生活性服务业，原则上适用增值税简易计税方法。

3. 计税依据。纳税人计税依据原则上为发生应税交易取得的全部收入。对一些存在大量代收转付或代垫资金的行业，其代收代垫金额可予以合理扣除。

4. 服务贸易进出口。服务贸易进口在国内环节征收增值税，出口实行零税率或免税制度。

（三）改革试点期间过渡性政策安排。

1. 税收收入归属。试点期间保持现行财政体制基本稳定，原归属试点地区的营业税收入，改征增值税后收入仍归属试点地区，税款分别入库。因试点产生的财政减收，按现行财政体制由中央和地方分别负担。

2. 税收优惠政策过渡。国家给予试点行业的原营业税优惠政策可以延续，但对于通过改革能够解决重复征税问题的，予以取消。试点期间针对具体情况采取适当的过渡政策。

3. 跨地区税种协调。试点纳税人以机构所在地作为增值税纳税地点，其在异地缴纳的营业税，允许在计算缴纳增值税时抵减。非试点纳税人在试点地区从事经营活动的，继续按照现行营业税有关规定申报缴纳营业税。

4. 增值税抵扣政策的衔接。现有增值税纳税人向试点纳税人购买服务取得的增值税专用发票，可按现行规定抵扣进项税额。

5. 征收管理。营业税改征增值税后，由现行负责征收增值税的国税机关统一征收。

四、上海市改革试点的实施办法

经国务院批准,在上海市率先开展交通运输业和部分现代服务业营业税改征增值税试点。根据《营业税改征增值税试点方案》,财政部、国家税务总局制定了《交通运输业和部分现代服务业营业税改征增值税试点实施办法》及相关政策规定,自2012年1月1日起施行。

上海市营业税改征增值税行业			税率(%)
交通运输业	陆路运输、水路运输、航空运输、管道运输		11
部分现代服务业	研发和技术服务	包括研发服务、技术转让服务、技术咨询服务、合同能源管理服务、工程勘察勘探服务	6
	信息技术服务	包括软件服务、电路设计及测试服务、信息系统服务和业务流程管理服务	
	文化创意服务	包括设计服务、商标著作权转让服务、知识产权服务、广告服务和会议展览服务	
	物流辅助服务	包括航空服务、港口码头服务、货运客运场站服务、打捞救助服务、货物运输代理服务、代理报关服务、仓储服务和装卸搬运服务	
	鉴证咨询服务	包括认证服务、鉴证服务和咨询服务	
有形动产租赁	包括融资租赁、经营性租赁		17
出口劳务	国际运输和研发设计		0
小规模纳税人			3

第 4 章

消 费 税

【内容提要】 消费税是以特定消费品为课税对象所征收的一种税，属于流转税的范畴。在国际上，对某些消费品实行高税率或单独设置税种课以较重的税收是通行做法，目前已有一百多个国家开征了消费税或类似税种。我国的消费税是1994年税制改革中，按照优化税制结构的要求新设置的一个税种，它是在对货物普遍征收增值税的基础上，选择少数消费品再征收一道消费税，目的是为了调节产品结构，正确引导消费方向，保证国家财政收入。

第一节 消费税概述

一、消费税的概念

（一）消费税产生及发展

消费税是一种古老的税种，其雏形最早产生于古罗马帝国时期。当时，由于农业、手工业的发展，城市的兴起与商业的繁荣，于是相继开征了诸如盐税、酒税等产品税，这就是消费税的雏形。消费税发展至今，已成为世界各国普遍征收的税种，目前已被120多个国家或地区所征收，而且还有上升的趋势。在西方税收界，消费税有直接消费税和间接消费税之分：直接消费税是对个人的实际消费支出额的课税，直接向消费者课征，纳税人和负税人都是消费者个人，称为"消费支出税"，它是所得税的一种特殊形式，在实践中，一些国家如斯里兰卡和印度等实行过，但未获成功；而间接消费税是对消费品的课税，向消费品的经营者课征，所课征的税收可随价格转嫁给消费者负担，是一种典型的间接税，属于流转税的范畴。目前，各国所开征的消费税均属于间接消费税。

我国早在唐代就对鱼、茶、燃料等征收过消费税。新中国成立以后的1950年1月，中央人民政府政务院发布了《全国税收实施要则》，确定在全国范围内统一征收特种消费行为税，征税范围包括电影戏剧及娱乐、舞厅、筵席、冷食、旅馆等5个税目；1953年修正税制时将其取消；1989年针对当时流通领域出现的彩色电视机和小轿车等商品供不应求的矛盾，为了调节消费，在全国范围内对彩色电视机和小轿车开征了特别消费税，后来由于彩电市场供求状况有了改善，1992年取消了特别消费税；为使税制适应社会主义市场经济的需要，1993年12月13日，国务院颁布了《中华人民共和国消费税暂行条例》（以下简称《消费税暂行条例》），自1994年1月1日起对11类消费品的生产和特定的消费行为征收消费税。2006年，经国务院批准，财政部、国家税务总局于3月21日联合下发了《关于调整和完善消费税政策的通知》，从当年4月1日起，对我国消费税的税目、税率及相关政策进行调整，税目由原来的11个税目，经增加调整后为14个税目，进一步完善消费税制。

我国现行消费税的基本法规是2008年11月5日国务院第34次常务会议修订通过的《中华人民共和国消费税暂行条例》，并于2009年1月1日起实施。

(二) 消费税的概念

消费税是对在我国境内生产、委托加工和进口应税消费品的单位和个人，以及国务院确定的销售应税消费品的其他单位和个人，就其销售额或销售数量征收的一种税。

二、消费税的特点

我国现行消费税与其他税种相比，具有以下几个特点：

(一) 征税范围具有选择性

我国实行的是有选择性的消费税，是非中性税收。开征消费税的主要目的是为了配合国家的经济社会政策，发挥税收特殊的调节作用，所以，在征税范围上只能是有选择地对部分消费品征税。在我国，应税消费品采取列举品目的方式课征，选择了烟、酒、化妆品等14类消费品课税，课征范围具有选择性。

(二) 征税环节具有单一性

为了加强税源控制，防止税款流失，消费税的纳税环节一般选择在生产（进口）环节、流通或消费的某一环节一次征收（卷烟除外），而不是在消费品生产、流通或消费的每个环节多次征收，即通常所说的一次课征制。

(三) 税率、税额具有差别性

根据应税消费品的不同种类、档次以及消费品的市场供求状况、价格水平、国家的产业政策和消费政策的需求，对应税消费品规定高低不同的税率、税额。

(四) 征收方法具有灵活性

根据征税对象的不同特点，选择不同的征收方法。即有按消费品的数量实行从量定额征收的，也有按消费品的价格实行从价定率征收，以及按消费品的数量实行从量定额征收和按消费品的价格实行从价定率征收的复合征收。

（五）税负具有转嫁性

我国现行的消费税是价内税，纳税人在生产销售、进口等环节缴纳的消费税是商品价格的重要组成部分。商品出售时，包含在商品价格中的税款随之转嫁给购买者，消费者为税负的最终归宿，故税负具有转嫁性。

三、消费税的作用

我国现行的消费税，对调节商品生产和消费需求、缓解社会分配不公、规范税收制度以及保证国家宏观调控职能的实现等，具有重要的作用。

（一）保证国家财政收入的稳定增长

通过消费税的再分配，可以将一部分消费基金转为财政资金，用于国家的整体需要。大多数开征消费税的国家，一般都选择低价格弹性的品种征收消费税。因为低价格弹性意味着消费量不会因为征税后提高价格而出现削减，因而不致抵消提高税率后而增加的收入。例如，对烟、酒、汽油等征税，需求不会因价格升高而下降。

我国现行的消费税是在对原流转税制进行了较大改革的背景下出台的，列举征税的应税消费品，一部分是过去征收产品税（或增值税）税率较高的产品，另一部分是市场发展前景广阔、人们需求弹性较小、税源潜力较大的具有财政意义的产品。对它们征收消费税，有利于财政收入长期稳定地增长。此外，消费税按应税消费品的销售收入或数量计税，税金不受商品成本和利润变动的影响，随着国民经济的不断发展，税收收入也将稳定增长，以满足国家实现其职能的资金需要。

（二）正确引导消费方向，调整消费结构

消费税可以有效地贯彻国家的经济政策和产业政策，对于消费结构和经济结构具有较好的调节作用。在社会经济生活中，某些消费品的过量超前消费会对国家的经济结构产生不利影响，消费心理和需求的超前也不符合国家经济发展的实际水平，如果任其发展，就会影响国家经济的稳定发展，也不利于社会风气的改善和安定团结。因此，政府要从社会经济生活的大局出发，有选择地对一些高档或奢侈品开征消费税，抑制其消费，正确引导消费方向，调节消费结构。

（三）调节消费水平，缓解社会分配不公

由于收入上的差异会导致人们在消费需求上的不同，其中高收入者的消费需求超过一般人的消费需求水平。因此，国家有选择地对高档消费品、奢侈品、有害人体健康的特殊消费品和对社会秩序、自然环境造成不利影响的消费品征收高额的消费税，而对一般消费品或生活必需品则征收较轻的消费税。这样的征税选择，其征税目标直接对准高收入阶层，普通收入水平居民的必需品消费不会因此受到影响，充分体现了收入多者多负税的精神，有利于缓解社会分配不公的矛盾。

(四) 寓禁于征，限制一些特殊消费品的生产

某些商品的生产是国家需要限制或禁止的。例如烟、酒的过度消费不仅会对人类健康、生态环境以及社会秩序造成危害，还耗费大量的粮食，造成社会浪费，因而需要限制其生产和消费。但限制其生产和消费的诸多因素不利于操作和实行，通过征收消费税来限制其生产容易得多。对要限制生产和消费的商品，开征高税率的消费税，可以起到寓禁于征的作用。

(五) 维护国家权益，促进外贸发展

消费税不仅对国内生产的应税消费品征收，而且为平衡进口应税消费品和国内应税消费品的税收负担，对进口的应税消费品也征收消费税。同时，根据国际上的通行做法，对出口的应税消费品，实行退免税政策，使本国产品以不含税的价格进入国际市场，增强其竞争能力。这样，既维护了国家权益，又促进了我国消费市场与国际消费市场的接轨，有利于对外经济贸易的发展。

第二节 消费税的征税范围、纳税人和税目税率

一、消费税的征税范围

(一) 消费税的类型

国际上消费税征税范围，按其选择征税范围的宽窄，一般分为三种类型：

一是有限型消费税。有限型消费税的征税范围较窄，主要限于一些传统的消费品，如烟草制品、酒精饮料、石油制品、机动车辆、游艇、糖、盐、钟表、首饰、珠宝、化妆品以及各种形式的娱乐活动等。征税品目一般在 10~15 种之间。我国目前的消费税就属于有限型的。

二是中间型消费税。中间型消费税的征税范围与有限型消费税相比要宽一些，除了有限型消费税所涉及的征税品目外，一些消费广泛的消费品，如纺织品、皮革皮毛制品、鞋、药品、牛奶和谷物制品、咖啡、可可、家用电器、电子产品、摄影器材、打火机等也纳入征税范围。征税品目一般在 16~30 种之间。

三是延伸型消费税。其征税范围比前两种类型更宽，除了上述两种类型所涉及的品目外，一些生产资料，如水泥、建筑材料、钢材、铝制品、橡胶制品、塑料制品、木制品、颜料和油漆等，也纳入征税范围。

(二) 征税范围的确定

我国消费税的征税范围主要是根据目前的经济发展状况和财政需要，居民的消费水平和消费结构，并借鉴国外的通行做法确定的，主要包括烟、酒及酒精、鞭炮焰火、化妆品、航空煤油、摩托车、小轿车、游艇等 14 个税目。包括五种类型的产品：

第一类：一些过度消费会对人类健康、社会秩序、生态环境等方面造成危害的特殊消费品，如烟、酒及酒精、鞭炮、焰火等。

第二类：奢侈品、非生活必需品，如化妆品、贵重首饰及珠宝玉石、高尔夫球及其球具、高档手表等。

第三类：高能耗及高档消费品，如摩托车、小轿车、游艇等。

第四类：不可再生和替代的石油类消费品，如汽油、石脑油等。

第五类：具有一定财政意义的消费品，如汽车轮胎等。

消费税的征税范围将还会根据国家经济发展状况、社会消费水平和消费结构的实际情况，以及国家消费政策和产业政策的调整进行适当的调整，以发挥消费税调节消费的特殊作用。

二、消费税的纳税人

（一）消费税纳税人的一般规定

消费税的纳税人是指在中华人民共和国境内生产、委托加工和进口应税消费品的单位和个人，以及国务院确定的销售应税消费品的其他单位和个人。

在中华人民共和国境内，是指生产、委托加工和进口应税消费品的起运地或所在地在我国境内。

单位，是指企业、行政单位、事业单位、军事单位、社会团体及其他单位；个人，是指个体工商户及其他个人。

消费税的纳税人具体包括：

1. 生产销售（包括自用）应税消费品的，以生产销售的单位和个人为纳税人，由生产者直接纳税。

2. 委托加工应税消费品的，以委托加工的单位和个人为纳税人，由受托方于委托方提货时代收缴消费税（受托方为个体经营者除外）。

3. 进口应税消费品的，以进口的单位和个人为纳税人，由海关代征。

（二）消费税纳税人的特殊规定

1. 金银首饰、钻石及钻石饰品消费税的纳税人，为在我国境内从事商业零售金银首饰、钻石及钻石饰品的单位和个人。

2. 委托加工（另有规定者除外）、委托代销金银首饰、钻石及钻石饰品的，以受托方为纳税人。委托加工（另有规定者除外），是指受托方为中国人民银行批准从事金银首饰生产、加工、批发、零售单位以外的单位和个人加工金银首饰的业务。加工包括来料加工、翻新改制、以旧换新等业务。委托代销，是指受托方接受委托，并按照委托方与受托方所签订协议代销所有权归委托方的金银首饰，并收取一定的手续费的业务。

3. 消费者个人携带、邮寄进境的金银首饰，以消费者个人为纳税人。经营单位进口的金银首饰，在进口时不缴纳消费税，待其在国内零售时再纳税。

4. 从 2009 年 5 月 1 日起，在我国境内凡是批发销售的所有牌号规格卷烟的，以从事卷烟批发业务的单位和个人为批发环节的消费税纳税人，按批发卷烟的销售额（不含增值税）乘以 5% 的税率缴纳批发环节的消费税。

三、消费税的税目

根据《消费税暂行条例》的规定，消费税的征税范围为：在中华人民共和国境内生产、委托加工和进口的应税消费品，以及国务院确定的销售应税消费品。现行的消费税税目共有14个，具体税目如下：

（一）烟。凡是以烟叶为原料加工生产的产品，不论使用何种辅料，均属于本税目的征收范围，包括卷烟（进口卷烟、白包卷烟、手工卷烟和未经国务院批准纳入计划的企业及个人生产的卷烟）、雪茄烟和烟丝。

（二）酒及酒精。酒是酒精度在1度以上的各种酒类饮料。酒精又名乙醇，是指用蒸馏或合成方法生产的酒精度在95度以上的无色透明液体。酒类包括白酒、黄酒、啤酒和其他酒。酒精包括各种工业酒精、医用酒精和食用酒精。

对饮食业、商业、娱乐业举办的啤酒屋（啤酒坊）利用啤酒生产设备生产的啤酒，应当征收消费税。

（三）化妆品。本税目征收范围包括各类美容、修饰类化妆品、高档护肤类化妆品和成套化妆品。

美容、修饰类化妆品是指香水、香水精、香粉、口红、指甲油、胭脂、眉笔、唇笔、蓝眼油、眼睫毛以及成套化妆品。

舞台、戏剧、影视演员化妆用的上妆油、卸装油、油彩，不属于本税目的征收范围。

高档护肤类化妆品征收范围另行制定。

（四）贵重首饰及珠宝玉石。本税目的征收范围包括：凡以金、银、白金、宝石、珍珠、钻石、翡翠、珊瑚、玛瑙等高贵稀有物质以及其他金属、人造宝石等制作的各种纯金银首饰及镶嵌首饰和经采掘、打磨、加工的各种珠宝玉石。对出国人员免税商店销售的金银首饰征收消费税。

（五）鞭炮、焰火。本税目的征税范围包括：各种鞭炮、焰火。体育上用的发令纸、鞭炮药引线，不按本税目征收。

（六）成品油。本税目包括汽油、柴油、石脑油、溶剂油、航空煤油、润滑油、燃料油七个子目。

1. 汽油。汽油是轻质石油产品的一大类。包括：辛烷不小于66的各种汽油。列入中国石油天然气集团公司、中国石油化工集团公司统一生产和供应计划的石脑油，以及列入中国石油天然气集团公司、中国石油化工集团公司生产计划的溶剂油，不属于本税目征税范围。

2. 柴油。柴油是轻质石油产品的一大类。包括：倾点在 -50 号至 30 号的各种柴油。

3. 石脑油。石脑油又叫轻汽油、化工轻油。是以石油加工生产的或二次加工汽油经加氢精制而得的用于化工原料的轻质油。石脑油的征收范围包括除汽油、柴油、煤油、溶剂油以外的各种轻质油。

4. 溶剂油。溶剂油是以石油加工生产的用于涂料和油漆生产、食用油加工、印刷油墨、皮革、农药、橡胶、化妆品生产的轻质油。溶剂油的征收范围包括各种溶剂油。

5. 航空煤油。航空煤油也叫喷气燃料，是以石油加工生产的用于喷气发动机和喷气推进系统中作为能源的石油燃料。航空煤油的征收范围包括各种航空煤油。

6. 润滑油。润滑油是用于内燃机、机械加工过程的润滑产品。润滑油分为矿物性润滑油、植物性润滑油、动物性润滑油和化工原料合成润滑油。润滑油的征收范围包括以石油为原料加工的矿物性润滑油，矿物性润滑油基础油。植物性润滑油、动物性润滑油和化工原料合成润滑油不属于润滑油的征收范围。

7. 燃料油。燃料油也称重油、渣油。燃料油征收范围包括用于电厂发电、船舶锅炉燃料、加热炉燃料、冶金和其他工业炉燃料的各类燃料油。

根据财税〔2010〕98号文件，从2009年1月1日起，对成品油生产企业在生产成品油过程中，作为燃料、动力及原料消耗的自产成品油，免征消费税。对用于其他用途或直接对外销售的成品油征收消费税。

（七）汽车轮胎。本税目的征税范围包括的汽车轮胎是指用于各种汽车、挂车、专用车和其他机动车上的内外胎。不包括农用拖拉机、收割机、手扶拖拉机的专用轮胎。

（八）摩托车。包括轻便摩托车和摩托车两种。对最大设计车速不超过50km/h，发动机汽缸工作容量不超过50ml的三轮摩托车不征收消费税。

（九）小汽车。汽车是指由动力驱动，具有四个或四个以上车轮的非轨道承载的车辆。

本税目征收范围包括含驾驶员座位在内最多不超过9个座位（含）的，在设计和技术特性上用于载运乘客和货物的各类乘用车和含驾驶员座位在内的座位数在10～23座（含23座）的在设计和技术特性上用于载运乘客和货物的各类中轻型商用客车。

用排气量小于1.5升（含于）的乘用车底盘（车架）改装、改制的车辆属于乘用车征收范围。用排气量大于1.5升的乘用车底盘（车架）或用中轻型商用客车底盘（车架）改装、改制的车辆属于中轻型商用客车征收范围。

含驾驶员人数（额定载客）为区间值的（如8～10人；17～26人）小汽车，按其区间值下限人数确定征收范围。

电动汽车不属于本税目征收范围。

（十）高尔夫球及球具。高尔夫球及球具是指从事高尔夫球运动所需的各种专用装备，包括高尔夫球、高尔夫球杆及高尔夫球包（袋）等。

高尔夫球是指重量不超过45.93克、直径不超过42.67毫米的高尔夫球运动比赛、练习用球；高尔夫球杆是指被设计用来打高尔夫球的工具，由杆头、杆身和握把三部分组成；高尔夫球包（袋）是指专用于盛装高尔夫球及球杆的包（袋）。

高尔夫球杆的杆头、杆身和握把属于本税目的征收范围。

（十一）高档手表。高档手表是指销售价格（不含增值税）每只在10 000元（含）以上的各类手表。

（十二）游艇。游艇是指长度大于8米小于90米，船体由玻璃钢、钢、铝合金、塑料等多种材料制作，可以在水上移动的水上浮载体。按照动力划分，游艇分为无动力艇、帆艇和机动艇。

本税目征收范围包括艇身长度大于8米（含）小于90米（含），内置发动机，可以在水上移动，一般为私人或团体购置，主要用于水上运动和休闲娱乐等非营利活动的各类机动艇。

（十三）木制一次性筷子。木制一次性筷子，又称卫生筷子，是指以木材为原料经过锯段、浸泡、旋切、刨切、烘干、筛选、打磨、倒角、包装等环节加工而成的各类一次性使用的筷子。

本税目征收范围包括各种规格的木制一次性筷子。未经打磨、倒角的木制一次性筷子属于本税目征税范围。

（十四）实木地板。实木地板是指以木材为原料，经锯割、干燥、刨光、截断、开榫、涂漆等工序加工而成的块状或条状的地面装饰材料。实木地板按生产工艺不同，可分为独板（块）实木地板、实木指接地板、实木复合地板三类；按表面处理状态不同，可分为未涂饰地板（白坯板、素板）和漆饰地板两类。

本税目征收范围包括各类规格的实木地板、实木指接地板、实木复合地板及用于装饰墙壁、天棚的侧端面为榫、槽的实木装饰板。未经涂饰的素板属于本税目征税范围。

四、消费税的税率

消费税采用比例税率和定额税率两种形式，以适应不同应税消费品的实际情况，共设置了14个税目，在其中的部分税目下又设置了若干个子目。具体地，对黄酒、啤酒和成品油这3个税目采用定额税率，实行从量定额征收；其余的税目在税率设计上采用产品差别比例税率。消费税税目、税率的调整，由国务院决定。消费税税目税率（税额）表，见表4-1。

表4-1 消费税税目税率（税额）表

税　目	税　率
一、烟	
1. 卷烟	
（1）甲类卷烟	56%加0.003元/支（生产环节）
（2）乙类卷烟	36%加0.003元/支（生产环节）
（3）批发环节	5%
2. 雪茄烟	36%
3. 烟丝	30%
二、酒及酒精	
1. 白酒	20%加0.5元/500克（或者500毫升）
2. 黄酒	240元/吨
3. 啤酒	
（1）甲类啤酒	250元/吨
（2）乙类啤酒	220元/吨
4. 其他酒	10%
5. 酒精	5%
三、化妆品	30%
四、贵重首饰及珠宝玉石	
1. 金银首饰、铂金首饰和钻石及钻石饰品	5%
2. 其他贵重首饰和珠宝玉石	10%
五、鞭炮、焰火	15%

续表

税 目	税 率
六、成品油	
1. 汽油	
（1）含铅汽油	1.40元/升
（2）无铅汽油	1.00元/升
2. 柴油	0.80元/升
3. 航空煤油	0.80元/升
4. 石脑油	1.00元/升
5. 溶剂油	1.00元/升
6. 润滑油	1.00元/升
7. 燃料油	0.80元/升
七、汽车轮胎	3%
八、摩托车	
1. 汽缸容量（排气量，下同）在250毫升（含250毫升）以下的	3%
2. 汽缸容量在250毫升以上的	10%
九、小汽车	
1. 乘用车	
（1）汽缸容量（排气量，下同）在1.0升（含1.0升）以下的	1%
（2）汽缸容量在1.0升以上至1.5升（含1.5升）的	3%
（3）汽缸容量在1.5升以上至2.0升（含2.0升）的	5%
（4）汽缸容量在2.0升以上至2.5升（含2.5升）的	9%
（5）汽缸容量在2.5升以上至3.0升（含3.0升）的	12%
（6）汽缸容量在3.0升以上至4.0升（含4.0升）的	25%
（7）汽缸容量在4.0升以上的	40%
2. 中轻型商用客车	5%
十、高尔夫球及球具	10%
十一、高档手表	20%
十二、游艇	10%
十三、木制一次性筷子	5%
十四、实木地板	5%

注：①从2009年5月1日起卷烟生产环节（含进口）消费税的税率调整为：1. 甲类卷烟，即每标准条（200支，下同）调拨价格在70元（不含增值税）以上（含70元）的卷烟，税率调整为56%。2. 乙类卷烟，即每标准条调拨价格在70元（不含增值税）以下的卷烟，税率调整为36%。3. 雪茄烟生产环节（含进口）的税率调整为36%。卷烟的从量定额税率不变，即0.003元/支。

②自2009年1月1日起，由于取消了养路费等6项收费，并入消费税征收，相应地提高了成品油的消费税税率，其中：含铅汽油1.4元/升、无铅汽油1元/升、柴油0.8元/升、航空煤油0.8元/升、石脑油1元/升、溶剂油1元/升、润滑油1元/升、燃料油0.8元/升。

③啤酒消费税的调整：甲类啤酒：每吨出厂价格（含包装物及包装物押金）在3 000元（含3 000元，不含增值税）以上的；娱乐业和饮食业自酿啤酒参照甲类啤酒征税。乙类啤酒：每吨出厂价格在3 000元（不含3 000元，不含增值税）以下。

第三节　消费税的纳税环节和计税依据

一、消费税纳税环节的规定

消费税的纳税环节是指应税消费品从生产到消费的流转过程中，应当在哪个环节发生纳税义务。我国现行消费税实行价内税，采用一次课征制，即只征一道税（卷烟除外），一般选择在应税消费品的生产、委托加工或进口环节等缴纳。具体纳税环节的规定如下：

（一）生产环节

纳税人生产的应税消费品，由生产者于销售时纳税。自产自用的应税消费品，用于连续生产应税消费品的，不纳税；用于其他方面的，于移送使用时纳税。

（二）委托加工环节

委托加工的应税消费品，由受托方在向委托方交货时代收代缴。但委托个体经营者加工应税消费品的，一律于委托方收回后在委托方所在地缴纳。委托加工收回的应税消费品用于连续生产应税消费品的，允许在计税时扣除其在委托加工环节缴纳的消费税税款；委托加工收回的应税消费品直接出售的，不再征收消费税。

（三）进口环节

进口应税消费品由进口报关者于报关进口时纳税。

（四）批发环节

从 2009 年 5 月 1 日起，在卷烟批发环节加征一道从价税。在中华人民共和国境内从事卷烟批发业务的单位和个人批发销售的所有牌号规格的卷烟，以批发卷烟的销售额（不含增值税）按 5% 税率计算缴纳消费税。纳税人应将卷烟销售额与其他商品销售额分开核算，未分开核算的，一并征收消费税。

（五）零售环节

金银首饰消费税的纳税环节在零售环节征收。如果消费者个人携带、邮寄进境的金银首饰，应在报关进口时纳税。经营单位进口的金银首饰，在进口时不缴纳消费税，待其在国内零售时再纳税。

二、消费税计税依据

按照现行消费税的基本规定，消费税应纳税额的计算分为从价计征、从量计征和从价从量复合计征三种方法。

(一) 从价计征

在从价定率计征办法下,应纳税额等于应税消费品的销售额乘以适用比例税率,应纳税额的多少取决于应税消费品的销售额和适用比例税率两个因素。

1. 销售额的确定。销售额是指纳税人销售应税消费品向购买方收取的全部价款和价外费用。销售,是指有偿转让应税消费品所有权的行为,即以从受让方取得货币、货物、劳务或其他经济利益为条件转让应税消费品所有权的行为;价外费用,是指价外向购买方收取的手续费、补贴、基金、集资费、返还利润、奖励费、违约金、滞纳金、延期付款利息、赔偿金、代收款项、代垫款项、包装费、包装物租金、储备费、优质费、运输装卸费以及其他各种性质的价外收费。但下列项目不包括在内。

(1) 同时符合以下条件的代垫运输费用:
① 承运部门的运输费用发票开具给购买方的;
② 纳税人将该项发票转交给购买方的。

(2) 同时符合以下条件代为收取的政府性基金或者行政事业性收费:
① 由国务院或者财政部批准设立的政府性基金,由国务院或者省级人民政府及其财政、价格主管部门批准设立的行政事业性收费;
② 收取时开具省级以上财政部门印制的财政票据;
③ 所收款项全额上缴财政。

其他价外费用,无论是否属于纳税人的收入,均应并入销售额中计算纳税。

实行从价定率计算应纳税额的应税消费品连同包装物销售的,无论包装物是否单独计价以及在会计上如何核算,均应并入应税消费品的销售额中缴纳消费税。如果包装物不作价随同产品销售,而是收取押金,此项押金则不应并入应税消费品的销售额中征税。但对因逾期未收回的包装物不再退还的或者已收取的时间超过 12 个月的押金,应并入应税消费品的销售额,按照应税消费品的适用税率缴纳消费税。

对既作价随同应税消费品销售,又另外收取押金的包装物的押金,凡纳税人在规定的期限内没有退还的,均应并入应税消费品的销售额,按照应税消费品的适用税率缴纳消费税。包装物押金一般为含税收入,因此,在将包装物押金并入销售额征税时,应将这部分押金换算为不含增值税的收入。

从 1995 年 6 月 1 日起,对酒类产品生产企业销售酒类产品而收取的包装物押金,无论押金是否返还及会计上如何核算,均应并入酒类产品销售额中征收消费税。

纳税人销售的应税消费品,以人民币以外的货币结算销售额的,其销售额的人民币折合率可以选择销售额发生的当天或者当月 1 日的人民币汇率中间价。纳税人应事先确定采用何种折合率,确定后 1 年内不得变更。

2. 含税销售额的换算。应税消费品在缴纳消费税的同时,与一般货物一样,还应缴纳增值税。按规定,应税消费品的销售额,不包括向购货方收取的增值税税款。如果纳税人应税消费品的销售额中未扣除增值税税款或者因不得开具增值税专用发票而发生价款和增值税税款合并收取的,在计算消费税时,应将含增值税的销售额换算为不含增值税税款的销售额。其换算公式为:

应税消费品的销售额 = 含增值税的销售额 ÷ (1 + 增值税的税率或征收率)

公式中的增值税的税率为17%，征收率为3%。

（二）从量计征

在从量计征办法下，应纳税额等于应税消费品的销售数量乘以单位税额，应纳税额的多少取决于应税消费品的销售数量和单位税额两个因素。

1. 销售数量的确定。销售数量是指纳税人生产、加工和进口应税消费品的数量。具体规定为：

（1）销售应税消费品的，为应税消费品的销售数量。

（2）自产自用的应税消费品的，为应税消费品的移送使用数量。

（3）委托加工的应税消费品的，为纳税人收回的应税消费品数量。

（4）进口的应税消费品的，为海关核定的应税消费品进口征税数量。

2. 计量单位的换算标准。按规定，黄酒、啤酒以吨为税额单位；成品油以升为税额单位。为了规范不同产品的计量单位，以准确地计算应纳消费税额，吨与升两个计量单位的换算标准如下：

（1）黄酒 1 吨 = 962 升　　（6）石脑油 1 吨 = 1 385 升

（2）啤酒 1 吨 = 988 升　　（7）溶剂油 1 吨 = 1 282 升

（3）汽油 1 吨 = 1 388 升　　（8）润滑油 1 吨 = 1 126 升

（4）柴油 1 吨 = 1 176 升　　（9）燃料油 1 吨 = 1 015 升

（5）航空煤油 1 吨 = 1 246 升

（三）从价从量复合计征

现行消费税范围中，卷烟、白酒采用复合计征方法。应纳税额等于应税消费品的销售数量乘以单位税额再加上应税消费品的销售额乘以适用比例税率。

生产销售卷烟、白酒从量定额计税依据为销售数量。进口、委托加工、自产自用卷烟、白酒从量定额计税依据分别为海关核定的进口数量、委托方收回数量、移送使用数量。卷烟、白酒从价定率计税依据为销售额。

（四）计税依据的其他规定

由于消费税税源较为集中，税负相对较重，计税价格的核定成为确定计税依据的重要环节。税法规定：卷烟、粮食白酒和小汽车的计税价格由国家税务总局核定，送财政部备案。其他应税消费品的计税价格由各省、自治区、直辖市税务机关核定。进口的应税消费品的计税价格由海关核定。

1. 卷烟最低计税价格的核定。

新牌号、新规格卷烟消费税的计税价格的核定公式：

（1）某牌号规格卷烟消费税计税价格 = 该牌号规格卷烟市场零售价格 ÷ (1 + 45%)

其中，45%是指卷烟流通环节的平均费用率和平均利润率。

（2）不进入交易中心和交易会交易、没有调拨价格的卷烟，消费税计税价格由省国家税务局按下列公式核定：

某牌号规格卷烟消费税计税价格＝该牌号规格卷烟市场零售价格÷(1+35%)

（3）实际销售价格高于计税价格和核定价格的卷烟，按实际销售价格征收消费税；实际销售价格低于计税价格和核定价格的卷烟，按计税价格或核定价格征收消费税。

2. 白酒最低计税价格核定。根据《国家税务总局关于加强白酒消费税征收管理的通知》（国税函〔2009〕380号）规定，自2009年8月1日起，为保全税基，对设立销售公司的白酒生产企业，税务总局制定了《白酒消费税最低计税价格核定管理办法（试行）》，对计税价格偏低的白酒核定消费税最低计税价格。白酒生产企业销售给销售单位的白酒，生产企业消费税计税价格低于销售单位对外销售价格（不含增值税，下同）70%以下的，税务机关应核定消费税最低计税价格。这里的销售单位是指，销售公司、购销公司以及委托境内其他单位或个人包销本企业生产白酒的商业机构。销售公司、购销公司是指，专门购进并销售白酒生产企业生产的白酒，并与该白酒生产企业存在关联性质。包销是指，销售单位依据协定价格从白酒生产企业购进白酒，同时承担大部分包装材料等成本费用，并负责销售白酒。

白酒消费税最低计税价格核定标准如下：一是白酒生产企业销售给销售单位的白酒，生产企业消费税计税价格高于销售单位对外销售价格70%（含70%）的，税务机关暂不核定消费税最低计税价格。二是白酒生产企业销售给销售单位的白酒，生产企业消费税计税价格低于销售单位对外销售价格70%的，消费税最低计税价格由税务机关根据生产规模、白酒品牌、利润水平等情况在销售单位对外销售价格50%至70%范围内自行核定。其中生产规模较大，利润水平较高的企业生产的需要核定消费税最低计税价格的白酒，税务机关核价幅度原则上应选择在销售单位对外销售价格60%至70%范围内。

如果已核定最低计税价格的白酒，生产企业实际销售价格高于消费税最低计税价格的，按实际销售价格申报纳税；实际销售价格低于消费税最低计税价格的，按最低计税价格申报纳税。或者已核定最低计税价格的白酒，销售单位对外销售价格持续上涨或下降时间达到3个月以上、累计上涨或下降幅度在20%（含）以上的白酒，税务机关重新核定最低计税价格。

3. 纳税人通过自设非独立核算门市部销售的自产应税消费品，应当按照门市部对外销售数量或者销售额计算征收消费税。

4. 纳税人用于换取生产资料和消费资料，投资入股和抵偿债务等方面的应税消费品，应当以纳税人同类应税消费品的最高销售价格作为计税依据计算征收消费税。

5. 纳税人兼营不同税率的应税的消费品，应当分别核算不同税率应税消费品的销售额、销售数量；未分别核算销售额、销售数量，或者将不同税率的应税消费品组成成套消费品销售的，从高适用税率。

纳税人兼营不同税率的应税的消费品，是指纳税人生产销售两种税率以上的应税消费品。

第四节 消费税应纳税额的计算

一、生产销售环节应纳消费税的计算

纳税人在生产销售环节应缴纳的消费税，包括直接对外销售和自产自用应税消费品应缴纳的消费税。在14类应税消费品中，黄酒、啤酒、成品油这三种应税消费品实行从量定额计税办法；卷烟和白酒实行复合计税办法；其他的应税消费品实行从价定率的计税办法。

(一) 直接对外销售应纳消费税的计算

1. 从价定率计算。在从价定率计征办法下，应纳税额等于销售额乘以适用的比例税率。其应纳消费税税额的计算公式为：

应纳税额 = 应税消费品的销售额 × 比例税率

【例 4-1】 某汽车制造厂为增值税一般纳税人。8月对外销售自产小轿车300辆（汽缸容量为1.6升，下同），每辆销售价格为150 000元（不含税），价外代收有关基金100 000元；以自产的50辆小轿车向某出租汽车公司进行投资，按双方协议，每辆汽车折价款为120 000元，该型号小轿车上月最高销售价格为128 000元（不含税）；计算该厂当月应纳的消费税。

解：销售小轿车应纳消费税额 = [300 × 150 000 + 100 000 ÷ (1 + 17%)] × 5%
　　　　　　　　　　　　　　 = 2 254 273.5（元）

对外投资应纳消费税额 = 50 × 128 000 × 5% = 320 000（元）

2. 从量定额计算。在从量定额计征办法下，应纳税额等于应税消费品的销售数量乘以定额税率。其应纳消费税税额的计算公式为：

应纳税额 = 应税消费品的销售数量 × 定额税率

【例 4-2】 某啤酒厂7月销售自产啤酒20 000吨，每吨啤酒的出厂价格为2 800元（不含增值税，共计收入56 000 000元）。计算该啤酒厂7月应纳消费税税额。

解：销售啤酒应纳消费税额 = 20 000 × 220 = 4 400 000（元）

3. 从价定率和从量定额复合计算。按税法规定，卷烟和白酒采用既从价又从量的复合计征办法计算消费税。其应纳消费税税额的计算公式为：

应纳税额 = 应税销售数量 × 定额税率 + 应税销售额 × 比例税率

【例 4-3】 某白酒生产企业为增值税一般纳税人。9月生产的白酒1 500吨，对外销售1 000吨，每吨不含增值税的销售价格为380元。计算该酒厂当月应纳的消费税。

解：白酒应纳消费税 = 1 000 × 2 000 × 0.5 + 1 000 × 380 × 20% = 1 076 000（元）

(二) 自产自用应纳消费税的计算

自产自用的应税消费品，是指纳税人生产应税消费品后，不是用于直接对外销售，而是用于自己连续生产应税消费品，或用于其他方面。

1. 用于连续生产应税消费品。纳税人自产自用的应税消费品，用于连续生产应税消费品的，不纳税。因为自产自用的应税消费品用于连续生产应税消费品时，作为生产最终应税消费品的直接材料，已构成最终产品的实体。如果对中间产品和最终产品均征税，必然会出现重复计税的现象。因此，税法规定，对用于连续生产应税消费品的中间产品不征消费税，仅对最终产品征税。

2. 用于其他方面的应税消费品。纳税人自产自用的应税消费品，用于其他方面的，于移送使用时纳税。用于其他方面的，是指纳税人用于生产非应税消费品、在建工程，管理部门，非生产机构，提供劳务，以及用于馈赠、赞助、集资、广告、样品、职工福利、奖励等方面的应税消费品。

例如，生产企业将自产石脑油用于本企业连续生产汽油等应税消费品的，不缴纳消费税；用于连续生产乙烯等非应税消费品或其他方面的，于移送使用时缴纳消费税。

3. 计税依据的确定及税额计算。在从价定率计征办法下，纳税人自产自用的应税消费品，凡用于其他方面的，均应按照纳税人生产的同类消费品的销售价格计算纳税；没有同类消费品销售价格的，按照组成计税价格计算纳税。

（1）同类消费品的销售价格，是指纳税人当月销售的同类消费品的销售价格。如果当月同类消费品各期销售价格高低不同，应按销售数量加权平均计算。但纳税人销售的应税消费品有下列情况之一的，不得列入加权平均计算：

① 销售价格明显偏低又无正当理由的。
② 无销售价格的。

如果当月无销售或者当月未完结，应按照同类消费品上月或最近月份的销售价格计算纳税。

（2）没有同类消费品的销售价格的，按照组成计税价格计算纳税。组成计税价格的计算公式为：

① 实行从价定率办法计算纳税的组成计税价格计算公式：

组成计税价格 =（成本 + 利润）÷（1 − 消费税税率）

应纳税额 = 组成计税价格 × 比例税率

② 实行复合计税办法计算纳税的组成计税价格计算公式：

组成计税价格 =（成本 + 利润 + 自产自用数量 × 定额税率）÷（1 − 比例税率）

应纳税额 = 组成计税价格 × 比例税率 + 自产自用数量 × 定额税率

上述公式中的成本，是指应税消费品的产品生产成本；利润，是指根据应税消费品的全国平均成本利润率计算的利润。应税消费品全国平均成本利润率由国家税务总局统一规定。

4. 应税消费品全国平均成本利润率。1993年12月28日与2006年3月，国家税务总局颁发的《消费税若干具体问题的规定》，确定应税消费品全国平均成本利润率。具体如下：

应税消费品	平均成本利润率（%）	应税消费品	平均成本利润率（%）
（1）甲类卷烟	10	（11）贵重首饰及珠宝玉石	6
（2）乙类卷烟	5	（12）汽车轮胎	5
（3）雪茄烟	5	（13）摩托车	6
（4）烟丝	5	（14）高尔夫球及球具	10
（5）粮食白酒	10	（15）高档手表	20
（6）薯类白酒	5	（16）游艇	10
（7）其他酒	5	（17）木制一次性筷子	5
（8）酒精	5	（18）实木地板	5
（9）化妆品	5	（19）乘用车	8
（10）鞭炮、焰火	5	（20）中轻型商用客车	5

【例4-4】某实木地板生产企业为增值税一般纳税人。6月将一批自产的实木地板用作职工福利,实木地板的成本50 000元,该实木地板无同类产品市场销售价格,已知其成本利润率为5%,消费税税率为5%。计算该批实木地板应缴纳的消费税税额。

解:组成计税价格 = 成本 ×(1 + 成本利润率)÷(1 - 消费税税率)
$$= 50\ 000\ (1+5\%)÷(1-5\%)$$
$$= 55\ 236.16(元)$$

应纳税额 = 55 236.16 × 5% = 2 763.16(元)

【例4-5】某白酒生产企业为增值税一般纳税人。9月生产A品牌白酒1 000吨,当月领用300吨用于加工成黄酒,本月对外销售黄酒700吨。当月还生产B品牌白酒100吨,每吨成本1 000元,企业销售部门将其中50吨用于对外馈赠,B品牌白酒无同类产品市场销售价格,已知其成本利润率为10%,消费税税率为20%。计算该酒厂当月应纳的消费税。

解:将自产的A品牌白酒用来连续加工成黄酒,按规定,不计算消费税。

黄酒应纳消费税 = 700 × 240 = 168 000(元)

B品牌白酒应纳消费税 = [(1 000 × 50)×(1 + 10%) + 50 × 2 000 × 0.5] ÷ (1 - 20%) × 20% + 50 × 2 000 × 0.5 = 76 250(元)

二、委托加工环节应税消费品应纳税额的计算

(一) 委托加工应税消费品的确定

委托加工的应税消费品,是指由委托方提供原料和主要材料,受托方只收取加工费和代垫部分辅助材料加工的应税消费品。对于由受托方提供原材料生产的应税消费品,或者受托方先将原材料卖给委托方,然后再接受加工的应税消费品,以及由受托方以委托方名义购进原材料生产的应税消费品,不论纳税人在财务上是否作销售处理,都不得作为委托加工应税消费品,而应当按照销售自制应税消费品缴纳消费税。

(二) 代收代缴税款的规定

对于确实属于委托方提供原料和主要材料,受托方只收取加工费和代垫部分辅助材料加工的应税消费品,税法规定,由受托方在委托方提货时代收代缴消费税。这样,受托方就是法定的代收代缴义务人。如果纳税人委托个体经营者加工应税消费品的,一律于委托方收回后在委托方所在地缴纳消费税。

对于受托方没有按规定代收代缴税款的,并不能因此免除委托方补缴税款的责任。在对委托方进行税务检查中,如果发现其委托加工的应税消费品受托方没有代收代缴税款,委托方要补缴税款(对受托方就不再重复补税了,但按照《税收征收管理法》的规定,处以应代收代缴税款50%以上3倍以下的罚款)。对委托方补征税款的计税依据是:

如果在检查时,收回的应税消费品已经直接销售的,按销售额计税;收回的应税消费品尚未销售或不能直接销售的(如收回后用于连续生产等),按组成计税价格计税。其计算公式为:

组成计税价格 = (成本 + 利润) ÷ (1 - 消费税税率)

委托加工的应税消费品,受托方在交货时已代收代缴消费税,委托方收回后直接销售的,不再征收消费税。

(三) 计税依据的确定及税额计算

(1) 委托加工的应税消费品,应按照受托方的同类消费品的销售价格计算纳税;同类消费品的销售价格,是指受托方(即代收代缴义务人)当月销售的同类消费品的销售价格。如果当月同类消费品各期销售价格高低不同,应按销售数量加权平均计算。但销售的应税消费品有下列情况之一的,不得列入加权平均计算:

① 销售价格明显偏低又无正当理由的;
② 无销售价格的。

如果当月无销售或者当月未完结,应按照同类消费品上月或最近月份的销售价格计算纳税。

(2) 没有同类消费品销售价格的,按组成计税价格计算纳税。组成计税价格的计算公式为:

① 实行从价定率办法计算纳税的组成计税价格计算公式:

组成计税价格 = (材料成本 + 加工费) ÷ (1 - 消费税税率)
应纳税额 = 组成计税价格 × 比例税率

② 实行复合计税办法计算纳税的组成计税价格计算公式:

组成计税价格 = (材料成本 + 加工费 + 委托加工数量 × 定额税率) ÷ (1 - 比例税率)
应纳税额 = 组成计税价格 × 比例税率 + 委托加工数量 × 定额税率

公式中的"材料成本"是指委托方所提供加工材料的实际成本。按规定,委托加工应税消费品的纳税人,必须在委托加工合同上注明(或以其他方式提供)材料成本,凡未提供材料成本的,受托方所在地主管税务机关有权核定其材料成本。"加工费"是指受托方加工应税消费品向委托方所收取的全部费用(包括代垫辅助材料的实际成本),但不包括收取的增值税。

【例4-6】 某卷烟厂(增值税一般纳税人),8月向农民收购免税烟叶360 000元,并支付运输部门运费25 000元,将收购的烟叶提供给某烟丝加工厂,委托其加工烟丝,烟丝加工完毕,卷烟厂在提货时支付的加工费为10 000元,取得的增值税专用发票注明的税额为1 700元,受托方已按规定代收代缴了消费税;加工收回的烟丝全部验收入库。烟丝的消费税率为30%。计算受托方代收该卷烟厂的消费税额。

解:受托方代收的消费税额 = [360 000 × (1 - 13%) + 25 000 × (1 - 7%) + 10 000] ÷ (1 - 30%) × 30% = 148 478.57(元)

三、进口环节应税消费税的计算

进口应税消费品,应于报关进口时缴纳消费税;进口的应税消费品的消费税由海关代征;进口的应税消费品,由进口人或者其代理人向报关地海关申报纳税;纳税人进口应税消费品,按照关税征收管理的相关规定,应当自海关填发海关进口消费税专用缴款书之日起15日内缴纳消费税款。

(一) 进口一般货物应纳消费税的计算

1. 实行从价定率计征应纳税额的计算,纳税人进口应税消费品的,按照组成计税价格为计税依据计算进口环节应纳的消费税。其计算公式为:

组成计税价格 = (关税完税价格 + 关税) ÷ (1 - 消费税税率)

应纳税额 = 组成计税价格 × 比例税率

公式中的关税完税价格,是指海关核定的关税计税价格,一般为进口货物的到岸价格。

【例4-7】 某公司某月从国外进口一批化妆品,海关核定的关税完税价格为180万元。该批化妆品的进口关税税率为15%,适用的消费税税率为30%。计算该批化妆品应纳的消费税。

解:该批化妆品的组成计税价格 = 180 × (1 + 15%) ÷ (1 - 30%) = 295.71(万元)

该批化妆品应纳的消费税 = 295.71 × 30% = 88.71(万元)

2. 实行从量定额计征应纳税额的计算

应纳税额 = 海关审定的应税消费品的进口数量 × 定额税率

3. 实行从价定率和从量定额复合计税办法应纳税额的计算

组成计税价格 = (关税完税价格 + 关税 + 进口数量 × 消费税定额税率) ÷ (1 - 消费税比例税率)

应纳税额 = 组成计税价格 × 比例税率 + 进口数量 × 定额税率

(二) 进口卷烟应纳税额的计算

自2004年3月1日起,对进口卷烟的消费税税率进行了调整。纳税人应依据调整后的消费税适用的比例税率,计算进口卷烟消费税的组成计税价格和应纳的消费税税额。具体计算办法如下:

(1) 进口卷烟消费税组成计税价格 = (关税完税价格 + 关税 + 消费税定额税) ÷ (1 - 进口卷烟消费税适用比例税率)

其中,消费税定额税 = 海关核定的进口卷烟数量 × 消费税定额税率,消费税定额税率为每标准箱(5万支)0.003元/支。

(2) 应纳消费税税额 = 进口卷烟消费税组成计税价格 × 进口卷烟消费税适用比例税率 +

消费税定额税。

【例4-8】 某卷烟厂20××年6月从国外进口卷烟25大箱,关税完税价格为467 850元,进口卷烟的关税税率为25%。计算该卷烟厂当月应纳进口环节的消费税。

解:(1)每标准条进口卷烟(200支)确定消费税适用比例税率的价格为:

$[467\ 850 \div (25 \times 250) \times (1 + 25\%) + 0.6] \div (1 - 36\%) = 147.14$(元)

计算结果大于每标准条卷烟的调拨价70元,由此,确定卷烟的比例税率为56%。

(2)进口卷烟应纳的消费税额为:

$(467\ 850 + 467\ 850 \times 25\% + 25 \times 150) \div (1 - 56\%) \times 56\% + 25 \times 150 = 752\ 829.55$(元)

四、已纳消费税扣除的计算

为避免重复征税,现行消费税法规定,对外购应税消费品和委托加工收回的应税消费品继续生产应税消费品销售的,可以将外购应税消费品和委托加工收回应税消费品已纳的消费税予以扣除。

(一)外购应税消费品已纳税款的扣除

由于某些应税消费品是用外购已缴纳消费税的应税消费品连续生产出来的,在对这些连续生产出来的应税消费品计征消费税时,税法规定可按当期生产领用数量计算准予扣除外购的应税消费品已纳的消费税税款。扣除范围包括:

1. 外购已税烟丝生产的卷烟。
2. 外购已税化妆品生产的化妆品。
3. 外购已税珠宝玉石生产的贵重首饰及珠宝玉石。
4. 外购已税鞭炮焰火生产的鞭炮焰火。
5. 外购已税汽车轮胎(内胎和外胎)生产的汽车轮胎。
6. 外购已税摩托车生产的摩托车(如用外购两轮摩托车改装三轮摩托车)。
7. 以外购已税杆头、杆身和握把为原料生产的高尔夫球杆。
8. 以外购已税木制一次性筷子为原料生产的木制一次性筷子。
9. 以外购已税实木地板为原料生产的实木地板。
10. 以外购已税石脑油为原料生产的应税消费品。
11. 以外购已税润滑油为原料生产的润滑油。

上述当期准予扣除的外购应税消费品已纳消费税税款的计算公式是:

当期准予扣除的外购应税消费品已纳税款 = 当期准予扣除的外购应税消费品买价 × 外购应税消费品适用税率

当期准予扣除的外购应税消费品买价 = 期初库存的外购应税消费品的买价 + 当期购进的应税消费品的买价 − 期末库存的外购应税消费品的买价

【例4-9】 某高尔夫球杆生产企业(增值税一般纳税人)本月外购杆头500 000元用于生产高尔夫球杆,月初库存外购的杆头270 000元,月末库存外购的杆头200 000元。当月销售高尔夫球杆的销售额为1 300 000元(不含税),另收取随同产品出售但单独计价包装物价款 40 000 元。计算该企业当月应纳的消费税。

解：准予扣除的消费税额 =（270 000 + 500 000 − 200 000）× 10% = 57 000（元）

应纳消费税额 =［1 300 000 + 40 000 ÷（1 + 17%）］× 10% − 57 000
  = 76 418.8（元）

需要说明的是：

(1) 外购已税消费品的买价是指购货发票上注明的销售额（不包括增值税税款）。

(2) 纳税人用外购的已税珠宝、玉石原料生产的改在零售环节征收消费税的金银首饰（镶嵌首饰），在计税时一律不得扣除外购珠宝、玉石的已纳税款。

(3) 对自己不生产应税消费品，而只是购进后再销售应税消费品的工业企业，其销售的化妆品、鞭炮焰火和珠宝、玉石，凡不能构成最终消费品进入市场，而需进一步生产加工的，应当征收消费税，同时允许扣除上述外购应税消费品的已纳税款。

(4) 允许扣除已纳税款的应税消费品只限于从工业企业购进的应税消费品和进口环节已缴纳消费税的应税消费品，对从境内商业企业购进应税消费品的已纳税款一律不得扣除。

(二) 委托加工收回的应税消费品已纳税款的扣除

委托加工的应税消费品因为已由受托方代收代缴了消费税，因此，委托方将加工收回的应税消费品用于连续生产应税消费品的，其在委托加工环节已纳的消费税款准予从连续生产的应税消费品应纳消费税税额中扣除。按国家税务总局的规定，从 1995 年 6 月 1 日起，下列连续生产的应税消费品准予从应纳消费税税额中按当期生产领用的数量计算扣除已纳的消费税税款。扣除范围包括：

1. 以委托加工收回的已税烟丝为原料生产的卷烟。
2. 以委托加工收回的已税化妆品为原料生产的化妆品。
3. 以委托加工收回的已税珠宝玉石为原料生产的贵重首饰及珠宝玉石。
4. 以委托加工收回的已税的鞭炮焰火为原料生产的鞭炮焰火。
5. 以委托加工收回的已税汽车轮胎生产的汽车轮胎。
6. 以委托加工收回的已税摩托车生产的摩托车。
7. 以委托加工收回的已税杆头、杆身和握把为原料生产的高尔夫球杆。
8. 以委托加工收回的已税木制一次性筷子为原料生产的木制一次性筷子。
9. 以委托加工收回的已税实木地板为原料生产的实木地板。
10. 以委托加工收回的已税石脑油为原料生产的应税消费品。
11. 以委托加工收回的已税润滑油为原料生产的润滑油。

上述当期准予扣除委托加工收回的应税消费品已纳消费税税款的计算公式是：

当期准予扣除的委托加工应税消费品已纳税款 = 期初库存的委托加工应税消费品已纳税款 + 当期收回到委托加工应税消费品已纳税款 − 期末库存的委托加工应税消费品已纳税款

【例 4 − 10】 某卷烟厂（增值税一般纳税人）20 × × 年 8 月向农民收购免税烟叶 360 000 元，并支付运输部门运费 25 000 元，将收购的烟叶提供给某烟丝加工厂，委托其加工烟丝，烟丝加工完毕，卷烟厂在提货时支付的加工费为 10 000 元，取得的增值税专用发票注明的税额为1 700元,受托方已按规定代收代缴了消费税;加工收回的烟丝全部用于生产卷烟,当月销售该牌号卷烟200箱,每条调拨价为80元(不含税),总计价款为4 000 000元。计算该卷烟厂当月应纳的消费税。

解:受托方代收的消费税额 = [360 000×(1-13%)+25 000×(1-7%)+10 000]÷(1-30%)×30% = 148 478.57(元)

销售卷烟应纳消费税额 = (200×150+4 000 000×56%)-148 478.57 = 2 121 521.43(元)

需要说明的是:

(1)纳税人用委托加工收回的已税珠宝、玉石原料生产的改在零售环节征收消费税的金银首饰,在计税时一律不得扣除委托加工收回的珠宝、玉石原料的已纳消费税税款。

(2)以外购或委托加工收回石脑油为原料生产乙烯或其他化工产品,在同一生产过程中既可以生产出乙烯或其他化工产品等非应税消费品,同时又生产出裂解汽油等应税消费品的,外购或委托加工收回石脑油允许抵扣的已纳税款计算公式如下:

外购石脑油:

当期准予扣除外购石脑油已纳税款 = 当期准予扣除外购石脑油数量×收率×单位税额×30%

收率 = 当期应税消费品产出量÷生产当期应税消费品所有原料投入数量×100%

委托加工收回石脑油:

当期准予扣除的委托加工收回成品油已纳税款 = 当期准予扣除的委托加工石脑油已纳税款×收率

收率 = 当期应税消费品产出量÷生产当期应税消费品所有原料投入数量×100%

五、金银首饰、钻石及钻石饰品应纳税额的计算

(一)纳税环节

1. 自1995年1月1日起,金银首饰消费税的纳税环节由生产销售环节征收改在零售环节征收。具体规定如下:

(1)纳税人零售销售金银首饰的(含以旧换新),于销售时纳税。

(2)用于馈赠、赞助、集资、广告、样品、职工福利、奖励等方面的金银首饰,于移送使用时纳税。

(3)带料加工、翻新改制的金银首饰,于受托方交货时纳税。

另外,经营单位进口金银首饰的消费税,由进口环节征收改为在零售环节征收。个人携带、邮寄金银首饰进境,仍按海关现行规定征税。

2. 自2002年1月1日起,钻石及钻石饰品由生产、进口环节征税改为零售环节征税。

(二)计税依据的确定及税额计算

金银首饰消费品的计税依据为纳税人销售金银首饰时向购买方收取的不含增值税的全部

价款和价外费用。具体规定如下：

1. 纳税人采用以旧换新、翻新改制方式销售的金银首饰，计税依据为实际收取的不含增值税的全部价款，包括增加或添加的材料价格以及收取的加工费。

2. 纳税人连同包装物一同销售的金银首饰，无论包装物是否单独计价，也无论会计上如何核算，均应并入金银首饰的销售额中计征消费税。

3. 用于馈赠、赞助、集资、广告、样品、职工福利、奖励等方面的金银首饰，计税依据为纳税人销售同类金银首饰的销售价格；没有同类金银首饰销售价格的，计税依据为组成计税价格。其计算公式为：

组成计税价格 = 购进原价（或生产成本）× (1 + 利润率) ÷ (1 − 金银首饰消费税税率)

公式中的购进原价，是对商业企业而言的；生产成本，是对生产企业而言的；利润率，统一规定为6%。

4. 带料加工的金银首饰，计税依据为受托方同类金银首饰的销售价格；没有同类金银首饰销售价格的，计税依据为组成计税价格。其计算公式为：

组成计税价格 = （材料成本 + 加工费）÷ (1 − 金银首饰消费税税率)

公式中的材料成本，是指委托方所提供加工材料的实际成本。委托方必须在委托加工合同上如实注明（或以其他方式提供）材料成本，凡未提供材料成本的，受托方所在地主管税务机关有权核定其材料成本。加工费，是指受托方加工金银首饰向委托方所收取的全部费用（包括代垫辅助材料的实际成本），但不包括收取的增值税。

5. 纳税人用已税珠宝玉石生产的金、银和金基、银基合金的镶嵌首饰，一律不得扣除购买或已纳的消费税税款。经营单位兼营生产、加工、批发、零售金银首饰业务的，应分别核算销售额，未分别核算或划分不清的，一律视同零售金银首饰征收消费税。

改在零售环节计征消费税的金银首饰、钻石及钻石饰品以销售额为计税依据，其应纳消费税税额的计算公式为：

应纳税额 = 应税销售额 × 适用税率

【例4-11】某金银首饰商店（为增值税一般纳税人）9月零售金银首饰854 300元，并销售单独计价的包装盒78 657元；接受消费者委托加工金项链28条，收到黄金价值37 800元，同时收到加工费7 000元，当月加工完成后交还委托人；将金手镯3 200克，进价每克180元，用于对外馈赠。计算该商店当月应纳的消费税。

解：零售金银首饰应纳消费税额 = (854 300 + 78 657) ÷ (1 + 17%) × 5% = 39 869.96（元）

受托加工金银首饰应纳消费税额 = (37 800 + 7 000) ÷ (1 − 5%) × 5% = 2 357.89（元）

用于馈赠的首饰应纳消费税额 = 3 200 × 180 × (1 + 6%) ÷ (1 − 5%) × 5% = 32 134.74（元）

该店当月应纳消费税总额 = 39 869.96 + 2 357.89 + 32 134.74 = 74 362.59（元）

六、税额减征的计算

为保护生态环境，促进替代污染排放汽车的生产和消费，推进汽车工业技术进步，对生产销售达到低污染排放值的小汽车、越野车和小客车减征30%的消费税。计算公式为：

减征税额 = 按法定税率计算的消费税税额 × 减征比例

应征税额 = 按法定税率计算的消费税税额 − 减征税额

按财税〔2000〕26号文件的规定，对达到《轻型汽车污染物排放限值及测量方法（Ⅱ）》规定的排放标准，检验程序符合规定要求的小汽车准予按应纳税额减征30%消费税。低污染排放限值是指相当于欧盟指令94/12/EC、96/69/EC排放标准（简称"欧洲Ⅱ标准"）。

【例4-12】 某小汽车制造厂为增值税一般纳税人。8月份生产并销售小轿车100辆，每辆不含税销售价格为200 000元，适用消费税税率12%，经审查，该厂生产的小汽车已达减征消费税的国家标准。计算该厂8月份应纳的消费税。

解：按法定税率计算的消费税税额 = 100 × 200 000 × 12% = 2 400 000（元）

应纳消费税额 = 2 400 000 × (1 − 30%) = 1 680 000（元）

第五节 出口应税消费品的退（免）税

纳税人出口应税消费品与增值税出口货物一样，都可享受国家给予的退（免）税优惠政策。按税法规定，纳税人出口的应税消费品，除国家限制出口的应税消费品外，免征消费税。

一、出口应税消费品退（免）税范围

由于消费税实行单一环节课征制，出口应税消费品退（免）税范围与增值税不同。具体分为以下三种情况：

（一）出口免税并退税

适用于有出口经营权的外贸企业购进应税消费品直接出口，以及外贸企业受其他外贸企业委托代理出口应税消费品。需要注意的是，外贸企业只有受其他外贸企业委托，代理出口应税消费品才可办理退税，外贸企业受其他企业（主要是非生产性的商贸企业）委托，代理出口应税消费品是不予退（免）税的。符合条件的纳税人在报关出口时刻退还其在生产环节或委托加工环节已征收的消费税税款。

（二）出口免税但不退税

适用于有出口经营权的生产性企业自营出口，或者生产企业委托外贸企业代理出口自产的应税消费品。依据其实际出口数量免征消费税，不予办理退还消费税。免征消费税，是指对生产性企业按其实际出口数量免征生产环节的消费税。不予办理退还消费税，是指因已免征生产环节的消费税，该应税消费品出口时，已不含有消费税，所以也无须再办理退还消费税。

（三）出口不免税也不退税

适用于一般商贸企业委托外贸企业代理出口的应税消费品。按税法规定，纳税人在报关出口时一律不予退（免）税。

二、出口退税率的确定

出口应税消费品应退消费税的税率或单位税额，依据《消费税暂行条例》所附《消费税税目税率（税额）表》执行。当出口的货物是应税消费品时，其退还增值税要按规定的退税率计算；其退还消费税则按该应税消费品所适用的消费税税率计算。

办理出口退、免税的企业，应将出口的不同税率的应税消费品分开核算和申报，凡划分不清适用税率的，一律从低适用税率计算应退消费税税额。

三、出口应税消费品退税额的计算

出口应税消费品应退税额的计算，分两种情况处理：

一是，实行从价定率计征消费税的应税消费品，应依照外贸企业从工厂购进货物时征收消费税的价格计算应退消费税税额。其计算退税的公式为：

应退消费税税款 = 出口应税消费品的工厂销售额 × 适用税率

上述公式中出口应税消费品的工厂销售额，为不含增值税的销售额。

二是，实行从量定额计征消费税的应税消费品，应依照货物购进和报关出口的数量计算应退消费税税款。其计算退税的公式为：

应退消费税税额 = 出口数量 × 单位税额

四、出口应税消费品办理退（免）税后的管理

出口应税消费品办理退税后，发生退关或者国外退货，进口时予以免税的，报关出口者必须及时向其所在地主管税务机关申报补缴已退的消费税税款。

纳税人直接出口的应税消费品办理免税后，发生退关或国外退货，进口时已予以免税的，经所在地主管税务机关批准，可暂不办理补税，待其转为国内销售时，再向其主管税务机关申报补缴消费税。

第六节 消费税的征收管理

一、纳税义务发生时间

消费税纳税义务发生时间,以货款结算方式或行为发生时间分别确定。
(一)纳税人销售应税消费品的,按不同的销售结算方式分别为:
1. 采取赊销和分期收款结算方式的,为书面合同约定的收款日期的当天,书面合同没有约定收款日期或者无书面合同的,为发出应税消费品的当天;
2. 采取预收货款结算方式的,为发出应税消费品的当天;
3. 采取托收承付和委托银行收款方式的,为发出应税消费品并办妥托收手续的当天;
4. 采取其他结算方式的,为收讫销售款或者取得索取销售款凭据的当天。
(二)纳税人自产自用应税消费品的,为移送使用的当天。
(三)纳税人委托加工应税消费品的,为纳税人提货的当天。
(四)纳税人进口应税消费品的,为报关进口的当天。

二、纳税期限

消费税的纳税期限分别为1日、3日、5日、10日、15日、1个月或者1个季度。纳税人的具体纳税期限,由主管税务机关根据纳税人应纳税额的大小分别核定;不能按照固定期限纳税的,可以按次纳税。

纳税人以1个月或者1个季度为1个纳税期的,自期满之日起15日内申报纳税;以1日、3日、5日、10日或者15日为1个纳税期的,自期满之日起5日内预缴税款,于次月1日起15日内申报纳税并结清上月应纳税款。

纳税人进口应税消费品,应当自海关填发海关进口消费税专用缴款书之日起15日内缴纳税款。

三、纳税地点

(一)纳税人销售的应税消费品,以及自产自用的应税消费品,除国务院财政、税务主管部门另有规定外,应当向纳税人机构所在地或者居住地的主管税务机关申报纳税。
(二)委托加工的应税消费品,除受托方为个人外,由受托方向机构所在地或者居住地的主管税务机关解缴消费税税款。委托个人加工的应税消费品,由委托方向其机构所在地或者居住地主管税务机关申报纳税。
(三)进口的应税消费品,应当向报关地海关申报纳税。进口的应税消费品,由进口人或者其代理人向报关地海关申报纳税。

（四）纳税人到外县（市）销售或者委托外县（市）代销自产应税消费品的，于应税消费品销售后，向机构所在地或者居住地主管税务机关申报纳税。

（五）纳税人的总机构与分支机构不在同一县（市）的，应当分别向各自机构所在地的主管税务机关申报纳税；经财政部、国家税务总局或者其授权的财政、税务机关批准，可以由总机构汇总向总机构所在地的主管税务机关申报纳税。

（六）纳税人销售的应税消费品，如因质量等原因由购买者退回时，经机构所在地或者居住地主管税务机关审核批准后，可退还已缴纳的消费税税款。

第 5 章

营 业 税

【内容提要】 营业税是对在我国境内提供应税劳务、转让无形资产或者销售不动产的单位和个人，就其营业收入征收的一种税。与其他流转税税种比较，具有税负较低、按行业设置税目税率、实行多环节征税等特点。营业税的征税范围有三大类：（1）提供应税劳务；（2）转让无形资产；（3）销售不动产。并且根据不同的行业，设置了九个税目。凡是在我国境内提供应税劳务、转让无形资产或者销售不动产的单位和个人都是营业税的纳税人；营业税实行差别比例税率，分别有三个档次：3%、5%、5%~20%。营业税的应纳税额，按照纳税人提供应税劳务、转让无形资产或者销售不动产的应税营业额和规定的税率进行计算。

第一节 营业税概述

一、营业税的概念

营业税是对在我国境内提供应税劳务、转让无形资产或者销售不动产的单位和个人，就其营业收入征收的一种税。

营业税是一个古老的税种。1950年建立新中国税制时，营业税是"工商业税"中的一个组成部分；1953年税制修正时，工商业税中的部分营业税并入"商品流通税"征收；1958年税制改革时，工商业税中的营业税和货物税、商品流通税、印花税并入"工商统一税"征收；1973年试行工商税时，将工商统一税等税种并入其中；1984年10月1日起实施的第二步利改税时，营业税从工商税中分离出来成为一个独立的税种，对商业和服务业等征收"营业税"；1994年起实施税制，将营业税的征税范围限定为提供应税劳务和转让无形资产以及销售不动产，而且适用于内资企业和外资企业。

鉴于营业税与增值税之间存在较强的相关性，为了保持两个税种相关政策和征管措施之间的有效衔接，2008年11月，国务院在修订《增值税暂行条例》的同时，对《营业税暂行条例》也进行了相应的修改。新修订的《营业税暂行条例》及其实施细则自 2009 年 1 月 1 日起施行。

二、营业税的特点

营业税与其他流转税税种比较，具有以下特点：

(一) 税负较低

营业税的征税范围主要是与群众生活密切相关的各种第三产业，为减轻群众负担，促进第三产业发展，确定了较低的税率，大多税目适用 3% 和 5% 的税率。

(二) 按行业设置税目税率

营业税根据不同的业务性质，实行同一经营业务，同一税负。这既有利于均衡税负，也有利于鼓励竞争。同时，按经营行业设置税目、税率，数量少，并以营业额为计税依据，计算征收较为方便。

(三) 实行多环节征税

消费税、关税等只在一个环节征税，即只在生产销售、进口环节或零售环节（金银首饰、钻石及其制品）征税，以后各环节都不再征收此税；而营业税则是按照经营环节征税，即每经过一个环节，有一次应税行为和营业收入，就要征一次税。

三、营业税的作用

由于目前增值税征税范围的有限性，因此，营业税仍然是流转税制中的主体税种之一，也是地方税收体系中的主要税种。征收营业税仍然具有重要的作用。

(一) 有利于政府筹集财政资金

营业税的征收范围覆盖了城市和乡村、内资企业和外资企业，只要纳税人发生了应税行为并取得营业额，就要缴纳营业税。此外，营业税以营业额为计税依据，不受经营单位成本费用高低的影响，只要发生了应税行为，就必须纳税，从而保证国家及时、稳定地取得财政收入。同时，随着我国改革开放的不断深入和发展，第三产业必然随之不断发展，营业税的税源在不断扩大，营业税的收入也将随之不断增长。

(二) 有利于适当调节消费，促进各行业的协调发展

营业税实行的是差别比例税率，对一些关系国计民生的行业采用低税率，如交通运输业、建筑业、邮电通信业、文化体育业适用 3% 的税率；而对收入较高的娱乐业则实行 20% 的高税率。这不仅有利于适当调节收入，而且对不同行业的发展，也会起到鼓励和限制的作用，从而影响社会消费结构的构成。

（三）有利于促进企业改善经营管理

营业税对同一行业实行相同的税率，纳税人取得的营业额所负担的税金的比重是相同的。即不论企业经营管理得好坏，企业的营业税负担是相同的。对于经营管理好的企业，由于其成本费用降低，企业利润就会增加，有利于激励企业不断开拓进取；对于经营管理不好的企业，由于其成本费用上升，企业利润肯定就会下降，这样可以鞭策落后的企业不断提高经营管理水平，扭转企业的被动局面。

第二节　营业税的征税范围、纳税人及税目税率

一、营业税的征税范围

（一）征税范围的一般规定

营业税的征税范围是在我国境内提供应税劳务、转让无形资产或者销售不动产三种应税行为。

"在我国境内"（以下简称境内），是指我国中央政府税收行政管理的实际区域，即中国大陆地区，未包括香港、澳门和台湾地区。在我国境内发生上述应税行为，是指有下列情形之一者：①提供或者接受应税劳务的单位或者个人在境内；②转让的无形资产（不含土地使用权）的接受单位或者个人在境内；③转让或者出租土地使用权的土地在境内；④所销售或者出租的不动产在境内。

根据财政部、国家税务总局《关于个人金融商品买卖等营业税若干免税政策的通知》（财税〔2009〕111号）：

① 对境内单位或者个人在境外提供建筑业、文化体育业（除播映）劳务暂免征收营业税。

② 境外单位或者个人在境外向境内单位或者个人提供的完全发生在境外的劳务，不属于在境内提供应税劳务，不征收营业税。

根据上述原则，对境外单位或者个人在境外向境内单位或者个人提供的文化体育业（除播映）、娱乐业、服务业中的旅店业、饮食业、仓储业，以及其他服务业中的沐浴、理发、洗染、裱画、誊写、镌刻、复印、打包劳务，不征收营业税。

上述应税劳务是指交通运输业、建筑业、金融保险业、邮电通信业、文化体育业、娱乐业、服务业。加工、修理修配劳务属于增值税的征税范围，不属于营业税应税劳务。单位或个体经营者聘用的员工为本单位或雇主提供应税劳务，也不包括在内。

（二）征税范围的特殊规定

1. 视同发生应税行为。

（1）单位或者个人将不动产或者土地使用权无偿赠送其他单位或者个人。

根据财政部、国家税务总局《关于个人金融商品买卖等营业税若干免税政策的通知》，个人无偿赠与不动产、土地使用权，属于下列情形之一的，暂免征收营业税：

① 离婚财产分割；
② 无偿赠与配偶、父母、子女、祖父母、外祖父母、孙子女、外孙子女、兄弟姐妹；
③ 无偿赠与对其承担直接抚养或者赡养义务的抚养人或者赡养人；
④ 房屋产权所有人死亡，依法取得房屋产权的法定继承人、遗嘱继承人或者受遗赠人。
（2）单位或者个人自己新建建筑物后销售，其所发生的自建行为。
（3）财政部、国家税务总局规定的其他情形。

2. 混合销售行为。一项销售行为如果既涉及营业税应税劳务又涉及货物，称为混合销售行为。从事货物生产、批发或零售的企业、企业性单位及个体经营者的混合销售行为，视为销售货物，不征收营业税；其他单位和个人的混合销售行为，视为提供营业税应税劳务，应当征收营业税。

下列情形，应当分别核算应税劳务的营业额和货物的销售额，其应税劳务的营业额缴纳营业税，货物销售额缴纳增值税；未分别核算的，由主管国家税务局、地方税务局分别核定货物、增值税应税劳务的销售额和营业税应税劳务的营业额。
① 提供建筑业劳务的同时销售自产货物的混合销售行为；
② 财政部、国家税务总局规定的其他情形。

3. 兼营行为。纳税人既从事营业税应税劳务，又从事增值税应税货物销售或提供增值税应税劳务，称之为兼营。纳税人兼营应税行为和货物或者非应税劳务的，应当分别核算应税行为的营业额和货物或者非应税劳务的销售额，其应税行为营业额缴纳营业税，货物或者非应税劳务销售额不缴纳营业税；未分别核算的，由主管税务机关核定其应税行为营业额。

4. 其他征免规定。
（1）在销售不动产时连同土地使用权一并转让的行为，比照销售不动产征税。
（2）以无形资产或不动产投资入股，参与接受投资方利润分配、共同承担投资风险的行为，不征营业税。投资后转让该项股权，也不征营业税。

二、营业税的纳税人和扣缴义务人

（一）纳税人

1. 一般规定。营业税的纳税人，是指在我国境内提供应税劳务、转让无形资产或者销售不动产的单位和个人。

单位，是指国有企业、集体企业、私有企业、股份制企业、外商投资企业、外国企业、其他企业和行政单位、事业单位、军事单位、社会团体及其他单位。负有营业税纳税义务的单位为发生应税行为并收取货币、货物或者其他经济利益的单位，但不包括单位依法不需要办理税务登记的内设机构。

个人，是指个体工商户及其他有经营行为的个人，包括中国公民和外国公民。

2. 特殊规定。
（1）单位以承包、承租、挂靠方式经营的，承包人、承租人、挂靠人发生应税行为，承包人以发包人、出租人、被挂靠人名义对外经营并由发包人承担相关法律责任的，以发包人为纳税人；否则以承包人为纳税人。

(2) 铁路运输的纳税人。
① 中央铁路运营业务的纳税人为铁道部；
② 合资铁路运营业务的纳税人为合资铁路公司；
③ 地方铁路运营业务的纳税人为地方铁路管理机构；
④ 基建临管线运营业务的纳税人为基建临管线管理机构。

（二）扣缴义务人

1. 中华人民共和国境外的单位或者个人在境内提供应税劳务、转让无形资产或者销售不动产，在境内未设有经营机构的，以其境内代理人为扣缴义务人；在境内没有代理人的，以受让方或者购买方为扣缴义务人。

2. 国务院财政、税务主管部门规定的其他扣缴义务人。

三、营业税的税目与税率

（一）税目

营业税根据不同行业，分别设置了九个税目。

1. 交通运输业。交通运输业，是指使用运输工具或人力、畜力将货物或旅客送达目的地，使其空间位置得到转移的业务活动。本税目的征收范围包括：陆路运输、水路运输、航空运输、管道运输、装卸搬运。以及与运营业务有关的各项劳务活动，如打捞、理货、港务局提供的引航、系解缆、停泊、移泊等劳务。

陆路运输，是指通过陆路（地上或地下）运送货物或旅客的运输业务，包括铁路运输、公路运输、缆车运输、索道运输及其他陆路运输。

水路运输，是指通过江、河、湖、川等天然、人工水道或海洋航道运送货物或旅客的运输业务。打捞，比照水路运输征税。

航空运输，是指通过空中航线运送货物或旅客的运输业务。通用航空业务、航空地面服务业务，比照航空运输征税。通用航空业务，是指为专业工作提供飞行服务的业务，如航空摄影、航空测量、航空勘探、航空护林、航空吊挂飞播、航空降雨等。航空地面服务业务，是指航空公司、飞机场、民航管理局、航站向在我国境内航行或在我国境内机场停留的境内外飞机或其他飞行器提供的导航等劳务性地面服务的业务。

管道运输，是指通过管道设施输送气体、液体、固体物质的运输业务。

装卸搬运，是指使用装卸搬运工具或人力、畜力将货物在运输工具之间、装卸现场之间或运输工具与装卸现场之间进行装卸和搬运的业务。

2. 建筑业。建筑业，是指建筑安装工程作业。本税目的征收范围包括：建筑、安装、修缮、装饰、其他工程作业。

建筑，是指新建、改建、扩建各种建筑物、构筑物的工程作业，包括与建筑物相连的各种设备或支柱、操作平台的安装或装设工程作业，以及各种窑炉和金属结构工程作业在内。

安装，是指生产设备、动力设备、起重设备、运输设备、传动设备、医疗实验设备及其他各种设备的装配、安置工程作业，包括与设备相连的工作台、梯子、栏杆的装设工程作业和被安装设备的绝缘、防腐、保温、油漆等工程作业在内。

修缮，是指对建筑物、构筑物进行修补、加固、养护、改善，使之恢复原来的使用价值或延长其使用期限的工程作业。

装饰，是指对建筑物、构筑物进行修饰，使之美观或具有特定用途的工程作业。

其他工程作业，是指上列工程作业以外的各种工程作业，如代办电信工程、水利工程、道路修建、疏浚、钻井（打井）、拆除建筑物或构筑物、平整土地、搭脚手架、爆破等工程作业。

3. 金融保险业。金融保险业，是指经营金融、保险的业务。本税目的征收范围包括：金融、保险。

（1）金融。金融是指经营货币资金融通活动的业务，包括贷款、融资租赁、金融商品转让、金融经纪业和其他金融业务。

① 贷款，是指将资金贷与他人使用的业务。人民银行的贷款业务，不征税。

② 融资租赁，是指具有融资性质和所有权转移特点的设备租赁业务。即：出租人根据承租人所要求的规格、型号、性能等条件购入设备租赁给承租人，合同期内设备所有权属于出租人，承租人只拥有使用权，合同期满付清租金后，承租人有权按残值购入设备，以拥有设备的所有权。凡融资租赁，无论出租人是否将设备残值销售给承租人，均按本税目征税。

③ 金融商品转让，是指转让外汇、有价证券、非货物期货以及其他金融商品的所有权行为。非货物期货，是指商品期货、贵金属期货以外的期货，如外汇期货等。对个人（包括个体工商户及其他个人）从事外汇、有价证券、非货物期货和其他金融商品买卖业务取得的收入也征收营业税。

④ 金融经纪业，是指受托代他人经营金融活动的业务。

⑤ 其他金融业务，是指上列业务以外的各项金融业务，如银行结算、票据贴现等。

（2）保险。保险是指将通过契约形式集中起来的资金，用以补偿被保险人的经济利益的业务。

4. 邮电通信业。邮电通信业是指专门办理信息传递的业务。本税目的征收范围包括：邮政、电信。

（1）邮政，是指传递实物信息的业务，包括：传递函件或包件、邮汇、报刊发行、邮务物品销售、邮政储蓄及其他邮政业务。

（2）电信，是指用各种电传设备传输电信号来传递信息的业务，包括：电报、电传、电话，电话机安装、电信物品销售及其他电信业务。

5. 文化体育业。文化体育业是指经营文化、体育活动的业务。本税目的征收范围包括：文化业、体育业。

（1）文化业，文化业是指经营文化活动的业务，包括：表演、播映、其他文化业。经营游览场所的业务，比照文化业征税。

① 表演，是指进行戏剧、歌舞、时装、健美杂技、民间艺术、武术、体育等表演活动的业务。

② 播映，是指通过电台、电视台、音响系统、闭路电视、卫星通信等无线或有线装置传播作品以及在电影院、影剧院、录像厅及其他场所放映各种节目的业务（广告的播映属服务业）。

③ 其他文化业，是指经营上列活动以外的文化活动的业务，如各种展览、培训活动，举办文学、艺术、科技讲座、演讲、报告会，图书馆的图书和资料借阅业务等。

④ 经营游览场所的业务，是指公园、动（植）物园及其他各种游览场所销售门票的业务。

（2）体育业。体育业是指举办各种体育比赛和为体育比赛或体育活动提供场所的业务。

以租赁方式为文化活动、体育比赛提供场所，属于服务业中的租赁业范围。

6. 娱乐业。娱乐业是指为娱乐活动提供场所和服务的业务，本税目的征收范围包括：经营歌厅、舞厅、卡拉OK歌舞厅、音乐茶座、台球、高尔夫球、保龄球场、游艺场（如射击、狩猎、跑马、玩游戏机等）等娱乐场所，以及娱乐场所为顾客进行娱乐活动提供服务的业务。

（1）歌厅，是指在乐队的伴奏下顾客进行自娱自乐形式的演唱活动的场所。

（2）舞厅，是指供顾客进行跳舞活动的场所。

（3）卡拉OK歌舞厅，是指在音像设备播放的音乐伴奏下，顾客自娱自乐进行歌舞活动的场所。

（4）音乐茶座，是指为顾客同时提供音乐欣赏和茶水、咖啡、酒及其他饮料消费的场所。

（5）台球、高尔夫球、保龄球场，是指顾客进行台球、高尔夫球、保龄球活动的场所。

（6）游艺场，是指举办各种游艺、游乐（如射击、狩猎、跑马、玩游戏机等）活动的场所。

上列娱乐场所为顾客进行娱乐活动提供的饮食服务及其他各种服务，均属于本税目征收范围。

7. 服务业。服务业，是指利用设备、工具、场所、信息或技能为社会提供服务的业务。本税目的征收范围包括：代理业、旅店业、饮食业、旅游业、仓储业、租赁业、广告业、其他服务业。

（1）代理业。代理业是指代委托人办理受托事项的业务，包括代购代销货物、代办进出口、介绍服务、其他代理服务。

代购代销货物，是指受托购买货物或销售货物，按实购或实销额进行结算并收取手续费的业务。

代办进出口，是指受托办理商品或劳务进出口的业务。

介绍服务，是指中介人介绍双方商谈交易或其他事项的业务。

其他代理服务，是指受托办理上列事项以外的其他事项的业务。

金融经纪业、邮政部门的报刊发行业务，不按本税目征税。

（2）旅店业。旅店业是指提供住宿服务的业务。

（3）饮食业。饮食业是指通过同时提供饮食和饮食场所的方式为顾客提供饮食消费服务的业务。

饭馆、餐厅及其他饮食服务场所，为顾客在就餐的同时进行自娱自乐形式的歌舞活动所提供的服务，按"娱乐业"税目征税。

（4）旅游业。旅游业是指为旅游者安排食宿、交通工具和提供导游等旅游服务的业务。

(5) 仓储业。仓储业是指利用仓库、货场或其他场所代客贮放、保管货物的业务。

(6) 租赁业。租赁业是指在约定的时间内将场地、房屋、物品、设备或设施等转让他人使用的业务。融资租赁，不按本税目征税。

(7) 广告业。广告业是指利用图书、报纸、杂志、广播、电视、电影、幻灯、路牌、招贴、橱窗、霓虹灯、灯箱等形式为介绍商品、经营服务项目、文体节目或通告、声明等事项进行宣传和提供相关服务的业务。

(8) 其他服务业。其他服务业是指上列业务以外的服务业务，如沐浴、理发、洗染、照相、美术、裱画、誊写、打字、镌刻、计算、测试、试验、化验、录音、录像、复印、晒图、设计、制图、测绘、勘探、打包、咨询等。航空勘探、钻井（打井）勘探、爆破勘探，不按本税目征税。

8. 转让无形资产。转让无形资产，是指转让无形资产的所有权或使用权的行为。无形资产，是指不具实物形态、但能带来经济利益的资产。本税目的征收范围包括：转让土地使用权、转让商标权、转让专利权、转让非专利技术、转让著作权、转让商誉。

(1) 转让土地使用权。转让土地使用权，是指土地使用者转让土地使用权的行为。土地所有者出让土地使用权和土地使用者将土地使用权归还给土地所有者的行为，不征收营业税。土地租赁属于租赁业征税范围。

(2) 转让商标权。转让商标权，是指转让商标的所有权或使用权的行为。

(3) 转让专利权。转让专利权，是指转让专利技术的所有权或使用权的行为。

(4) 转让非专利技术。转让非专利技术，是指转让非专利技术的所有权或使用权的行为。提供无所有权技术的行为，不按本税目征税。

(5) 转让著作权。转让著作权，是指转让著作的所有权或使用权的行为。著作包括文字著作、图形著作（如画册、影集）、音像著作（如电影母片、录像带母带）。

(6) 转让商誉。转让商誉，是指转让商誉的使用权的行为。

9. 销售不动产。销售不动产，是指有偿转让不动产的所有权的行为。不动产，是指不能移动，移动后引起性质、形状改变的财产。本税目的征收范围包括：销售建筑物或构筑物、销售其他土地附着物。

(1) 销售建筑物或构筑物。销售建筑物或构筑物，是指有偿转让建筑物或构筑物的所有权的行为。

(2) 销售其他土地附着物。销售其他土地附着物，是指有偿转让其他土地附着物的所有权的行为。其他土地附着物，是指建筑物或构筑物以外的其他附着于土地的不动产。

(二) 税率

营业税按照行业不同分别实行不同的比例税率，税率分别为3%、5%、5%~20%三个档次。对于国家鼓励发展的行业，如交通运输业、建筑业、邮电通信业、文化体育业的税率为3%；对于在市场经济中迅速发展、盈利水平提高较快的金融保险业、服务业及转让无形资产、销售不动产的税率为5%；对于高消费的娱乐业则实行5%~20%的幅度税率（见表5-1）。

表 5-1　　　　　　　营业税税目税率表

税　　目	税　率（%）
一、交通运输业	3
二、建筑业	3
三、金融保险业	5
四、邮电通信业	3
五、文化体育业	3
六、娱乐业	5～20
七、服务业	5
八、转让无形资产	5
九、销售不动产	5

税目、税率的调整，由国务院决定。纳税人经营娱乐业具体适用的税率，由省、自治区、直辖市人民政府在条例规定的幅度内决定。

纳税人兼有不同税目的应税劳务、转让无形资产或者销售不动产，应当分别核算不同税目的营业额；未分别核算营业额的，从高适用税率。

第三节　营业税的减税免税

一、营业税减税免税的基本政策

除《中华人民共和国营业税暂行条例》中规定的免税项目外，营业税的免税、减税项目由国务院规定。任何地区、部门均不得规定免税、减税项目。

纳税人兼营免税、减税项目的，应当单独核算免税、减税项目的营业额；未单独核算营业额的，不得免税、减税。

纳税人营业额未达到财政部规定的营业税起征点的，免征营业税。

二、营业税的免税项目

《营业税暂行条例》规定，下列项目免征营业税：
1. 托儿所、幼儿园、养老院、残疾人福利机构提供的育养服务，婚姻介绍，殡葬服务。
2. 残疾人员个人提供的劳务，这里是指残疾人员本人为社会提供的劳务。
3. 医院、诊所和其他医疗机构提供的医疗服务。
4. 学校和其他教育机构提供的教育劳务，学生勤工俭学提供的劳务。学校和其他教育机构，是指普通学校以及经地、市级以上人民政府或者同级政府的教育行政部门批准成立、国家承认其学员学历的各类学校。

5. 农业机耕、排灌、病虫害防治、植保、农牧保险以及相关技术培训业务，家禽、牲畜、水生动物的配种和疾病防治。

农业机耕，是指在农业、林业、牧业中使用农业机械进行耕作（包括耕耘、种植、收割、脱粒、植保等）的业务。

排灌，是指对农田进行灌溉或排涝的业务。

病虫害防治，是指从事农业、林业、牧业、渔业的病虫害测报和防治的业务。

农牧保险，是指为种植业、养殖业、牧业种植和饲养的动植物提供保险的业务。

相关技术培训，是指与农业机耕、排灌、病虫害防治、植保业务相关以及为使农民获得农牧保险知识的技术培训业务。

家禽、牲畜、水生动物的配种和疾病防治业务的免税范围，包括与该项劳务有关的提供药品和医疗用具的业务。

6. 纪念馆、博物馆、文化馆、美术馆、展览馆、书画院、图书馆、文物保护单位举办文化活动的门票收入，宗教场所举办文化、宗教活动的门票收入。

纪念馆、博物馆、文化馆、美术馆、展览馆、书画院、图书馆、文物保护单位管理机构举办文化活动，是指这些单位在自己的场所举办的属于文化体育业税目征税范围的文化活动。其售票收入，是指销售第一道门票的收入。

宗教场所举办文化、宗教活动的售票收入，是指寺庙、宫观、清真寺和教堂举办文化、宗教活动销售门票的收入。

7. 境内保险机构为出口货物提供的保险产品。

三、营业税的起征点

为了贯彻合理负担的政策，照顾收入较低的纳税人，营业税规定了起征点，纳税人营业额未达到起征点的，免征营业税；纳税人营业额达到起征点的，应按营业额全额计征营业税。营业税起征点的适用范围只限于个人。税法规定的起征点幅度如下：

（一）按期纳税的起征点为月营业额 5 000 ~ 20 000 元；

（二）按次纳税的起征点为每次（日）营业额 300 ~ 500 元。

各省、自治区、直辖市人民政府所属地方税务机关可以在规定的幅度内，根据当地实际情况确定本地区适用的起征点，并报国家税务总局备案。

第四节 营业税应纳税额的计算

纳税人提供应税劳务、转让无形资产或者销售不动产，按照营业额和规定的税率计算应纳税额，应纳税额计算公式为：

应纳税额 = 营业额 × 税率

一、营业额确认的一般规定

营业额是指纳税人提供应税劳务、转让无形资产或销售不动产时,向对方收取的全部价款和价外费用。

价外费用,包括收取的手续费、补贴、基金、集资费、返还利润、奖励费、违约金、滞纳金、延期付款利息、赔偿金、代收款项、代垫款项、罚息及其他各种性质的价外收费。

但不包括同时符合以下条件代为收取的政府性基金或者行政事业性收费:

(1) 由国务院或者财政部批准设立的政府性基金,由国务院或者省级人民政府及其财政、价格主管部门批准设立的行政事业性收费;

(2) 收取时开具省级以上财政部门印制的财政票据;

(3) 所收款项全额上缴财政。

纳税人发生应税行为,如果将价款与折扣额在同一张发票上注明的,以折扣后的价款为营业额;如果将折扣额另开发票的,不论其在财务上如何处理,均不得从营业额中扣除。

二、营业额确定的特别规定

(一) 交通运输业

纳税人将承揽的运输业务分给其他单位或者个人的,以其取得的全部价款和价外费用扣除其支付给其他单位或者个人的运输费用后的余额为营业额。

【例5-1】某货主要将一批货物自内地A市运往沿海B市。某汽车运输公司承接了这一业务,货主一次性与该公司结算运费5万元,其中,该批货物经该公司联系,海上运输由某海运公司承运,汽车运输公司与海运公司结算运费2万元。计算汽车运输公司应纳营业税额。

解:应纳税额 = (50 000 - 20 000) × 3% = 900 (元)

【例5-2】广西某运输企业从南宁市运送一批货物到越南的某市,从南宁市到越南某市的全程运费为10万元,该批货物进入越南境内后,由越南一家运输公司承运至目的地,广西某运输企业支付给该运输公司运费4万元。计算广西某运输企业应纳营业税额。

解:应纳税额 = (100 000 - 40 000) × 3% = 1 800 (元)

(二) 建筑业

1. 建筑业的总承包人将建筑工程分包给其他单位的,以其取得的全部价款和价外费用扣除其支付给其他单位的分包款后的余额为营业额。

【例5-3】甲建筑公司总承包一项建设工程,工程价款为2 300万元。甲建筑公司将室内装修工程分包给乙装修公司,工程价款为600万元。问:这一业务应如何计征营业税?

解:甲建筑公司应纳营业税额 = (2 300 - 600) × 3% = 51 (万元)

2. 纳税人提供建筑业劳务(不包括装饰劳务),其营业额应当包括工程所用原材料、设备及其他物资和动力的价款在内。但不包括建设方提供的设备的价款。

【例 5-4】 甲建筑公司承建一项工程，双方议定，除建设单位提供建筑材料 300 万元外，由建筑公司以 900 万元承包完成。计算建筑公司应纳营业税额。

解： 应纳税额 =（900 + 300）× 3% = 36（万元）

【例 5-5】 某安装公司为 A 企业安装一条该企业从国外引进的生产线，其机器设备的价值为 5 000 万元，取得安装费收入 600 万元。与此同时，该公司为 B 企业安装一生产线，取得安装费收入 200 万元，其中机器设备价值 120 万元。计算该安装公司为 A、B 企业安装生产线应纳的营业税额。

解： ① 为 A 企业安装生产线应纳营业税额：

应纳税额 = 600 × 3% = 18（万元）

② 为 B 企业安装生产线应纳营业税额：

应纳税额 = 200 × 3% = 6（万元）

3. 纳税人采用清包工形式提供的装饰劳务，按照其向客户实际收取的人工费、管理费和辅助材料费等收入（不含客户自行采购的材料价款和设备价款）确认计税营业额。

（三）金融保险业

1. 贷款业务的营业额为贷款全部利息收入。包括各种加息、罚息收入等。

2. 金融商品转让业务，以卖出价减去买入价后的余额为营业额，买入价原则上按照实际成本加权平均法进行核算。计算公式为：

某种金融商品加权平均单位成本 =（期初结存金融商品的实际成本 + 本期购进金融商品的实际成本）÷（期初结存金融商品数量 + 本期购进金融商品数量）

本期卖出该种金融商品实际成本 = 本期卖出该种金融商品加权平均单位成本 × 卖出金融商品数量

3. 融资租赁业务，以向承租者收取的全部价款和价外费用（包括残值）减去出租方承担的出租货物的实际成本后的余额，以直线法折算出本期的营业额。计算公式为：

本期营业额 =（应收取的全部价款和价外费用 - 实际成本）×（本期天数 ÷ 总天数）

实际成本 = 货物购入原价 + 关税 + 增值税 + 消费税 + 运杂费 + 安装费 + 保险费 + 支付给境外的外汇借款利息支出

4. 金融经纪业务和其他金融业务（指受托代他人经营金融活动的业务。如委托、代理、咨询业务等）的营业额为手续费（佣金）类的全部收入，包括价外收取的代垫、代付、加价等，不得作任何扣除。

【例 5-6】 某工商银行支行 2005 年第二季度取得贷款利息收入 320 万元；卖出股票收入 30 万元；其他金融业务收入 70 万元。卖出股票实际成本 18 万元。计算该工商银行应纳营业税额。

解： 应纳税额 =（320 + 30 + 70 - 18）× 5% = 20.1（万元）

5. 保险公司办理初保业务的营业额为向对方收取的全部价款，即向被保险人收取的全部保险费。

6. 保险公司如采用收取储金方式取得经济利益的（即以被保险人所交保险资金的利息收入作为保费收入，保险期满后将保险资金本金返还被保险人），其"储金业务"的营业额,为纳税人在纳税期内的储金平均余额乘以人民银行公布的一年期存款的月利率。

储金平均余额为纳税期期初储金余额与期末余额之和乘以50%。

(四) 邮电通信业

1. 电信部门以集中受理方式为集团客户提供跨省的出租电路业务,由受理地区的电信部门按差额纳税;对参与提供跨省电信业务的电信单位,按各自取得的收入纳税。

2. 邮政电信单位与其他单位合作,共同提供邮政电信业务的,以差额为营业额。

【例5-7】 某邮政局某月取得传递函件、包件收入60 000元;邮汇收入16 000元;各类报刊发行手续费收入30 000元;邮务物品销售收入2 400元。计算该邮政局应纳营业税额。

解: 应纳税额 = (60 000 + 16 000 + 30 000 + 2 400) × 3% = 3 252 (元)

(五) 文化体育业

单位或个人进行演出,以全部票价收入或者包场收入减去付给提供演出场所的单位、演出公司或者经纪人的费用后的余额为营业额。

【例5-8】 某歌舞团在某市A剧场演出三场,剧场负责售票,全部票房收入为80万元,其中剧场提供演出场所取得场租收入15万元,市演出公司提供有关演出服务取得收入5万元。计算各相关主体应纳的营业税额。

解: 歌舞团应纳的营业税额 = (80 - 15 - 5) × 3% = 1.8 (万元)

A剧场的场租收入按"租赁业"纳营业税

应纳税额 = 15 × 5% = 0.75 (万元)

市演出公司按"代理业"纳营业税

应纳税额 = 5 × 5% = 0.25 (万元)

(六) 服务业

1. 纳税人从事旅游业务的,以其取得的全部价款和价外费用扣除替旅游者支付给其他单位或者个人的住宿费、餐费、交通费、旅游景点门票和支付给其他接团旅游企业的旅游费后的余额为营业额。

【例5-9】 某旅行社组织旅游团在中国境内旅游,共取得旅游费收入20万元,途中安排游客住宿支付住宿费2万元,餐费1万元,交通费5万元,第一门票费2.5万元,其他代付费用1.5万元。计算该旅行社应纳营业税额。

解: 应纳税额 = (20 - 2 - 1 - 5 - 2.5 - 1.5) × 5% = 0.4 (万元)

2. 广告代理业,以代理者向委托方收取的全部价款和价外费用减去付给广告发布者的广告发布费后的余额为营业额。

3. 从事物业管理的单位,以物业管理全部收入减去代业主支付的水电费、燃气费为营业额。

4. 对单位和个人在旅游景区经营旅游游船、观光电梯、观光电车、景区环保客运车所取得的收入,应按"服务业—旅游业"征收营业税。

(七) 娱乐业

娱乐业的营业额为经营娱乐业向顾客收取的全部价款和价外费用,包括门票费、台位费、点歌费、烟酒、饮料、茶水、鲜花、小吃等收费及经营娱乐业的其他各项收费。

【例 5-10】 某歌舞厅某月取得门票收入 8 万元,台位费 6 万元,点歌费 3 万元,提供烟酒、饮料、果盘、小食品等取得收入 12 万元。计算该歌舞厅本月应纳营业税额(当地政府规定歌舞厅营业税税率为 20%)。

解: 应纳税额 = (8+6+3+12)×20% = 5.8(万元)

(八) 转让土地使用权和销售不动产

1. 单位和个人销售其购置的不动产、转让其受让的土地使用权,以全部收入减去不动产的购置原价或土地使用权的受让原价后的余额为营业额。

2. 单位和个人销售或转让抵债所得的不动产或土地使用权,以全部收入减去抵债时该项不动产或土地使用权的作价后的余额为营业额。

(九) 税务机关核定营业额的方法

对于纳税人提供劳务、转让无形资产或销售不动产价格明显偏低并无正当理由,或者视同发生应税行为而无营业额的,按下列顺序确定其营业额:

1. 按纳税人最近时期发生同类应税行为的平均价格核定;
2. 按其他纳税人最近时期发生同类应税行为的平均价格核定;
3. 按下列公式核定营业额:

营业额 = 营业成本或工程成本 × (1 + 成本利润率) ÷ (1 - 营业税税率)

上列公式中的成本利润率,由省、自治区、直辖市税务局确定。

【例 5-11】 某房地产开发公司将自建的一幢商品楼销售给有共同经济利益的某企业,每平方米售价 1 500 元,建筑面积为 6 000 平方米,共取得销售价款 900 万元。经税务机关确认,该公司 1 500 元/平方米的销售价格明显偏低且无正当理由。问:应如何计征该公司的营业税?

其他有关资料:该公司建此商品楼的工程成本为 850 万元;该公司所在省建筑业成本利润率定为 10%;同类商品楼的销售价格为 2500 元/平方米。

解: ① 就其自建行为按建筑业计征营业税:
组成计税价格 = 850×(1+10%)÷(1-3%) = 963.917526(万元)
应纳税额 = 963.917526×3% = 28.917526(万元)
② 销售不动产计征营业税:
应纳税额 = 2 500×6 000×5% = 750 000(元)

【例 5-12】 某建筑公司某月将上月完工的自建宿舍一幢对外销售,收讫售楼款 400 万元。已知:该幢宿舍的建造成本为 300 万元,该省规定的成本利润率为 10%。计算该公司本月应纳营业税额。

解: ① 自建宿舍行为应纳营业税额 = [300×(1+10%)÷(1-3%)]×3%
= 10.206186(万元)

② 销售宿舍行为应纳营业税额 = 400 × 5% = 20（万元）

【例 5-13】吉安建筑公司中标为顺福饲料厂建一幢综合楼，总承包额为 800 万元。工程竣工后，经双方协商一致，顺福饲料厂以本厂旧址上自有的一幢旧办公楼抵顶应付给吉安建筑公司的工程款 300 万元。要求：分别计算有关各方应缴纳的营业税税额。

解：（1）吉安建筑公司应纳营业税税额 = 800 × 3% = 24（万元）

（2）顺福饲料厂应纳营业税税额 = 300 × 5% = 15（万元）

（十）关于外汇折算问题

纳税人以人民币以外的货币结算营业额的，其营业额的人民币折合率可以选择营业额发生的当天或者当月 1 日的人民币汇率中间价。纳税人应当在事先确定采用何种折合率，确定后 1 年内不得变更。

（十一）营业税的抵免

营业税的纳税人购置税控收款机，经主管税务机关审核批准，其增值税进项税额可以抵免当期应纳的营业税。

1. 取得专用发票的，凭发票税额抵免；
2. 取得普通发票的，依下列公式计算税额抵免：

可抵免税额 = 普通发票金额/(1 + 17%) × 17%

第五节 营业税的征收管理

一、营业税纳税义务发生时间

营业税纳税义务发生时间为纳税人提供应税劳务、转让无形资产或者销售不动产并收讫营业收入款项或者取得索取营业收入款项凭据的当天。国务院财政、税务主管部门另有规定的，从其规定。

所称取得索取营业收入款项凭据的当天，为书面合同确定的付款日期的当天；未签订书面合同或者书面合同未确定付款日期的，为应税行为完成的当天。

纳税义务发生时间的具体规定如下：

1. 纳税人转让土地使用权或者销售不动产，采取预收款方式的，其纳税义务发生时间为收到预收款的当天。

2. 纳税人提供建筑业或者租赁业劳务，采取预收款方式的，其纳税义务发生时间为收到预收款的当天。

3. 单位和个人将不动产或者土地使用权无偿赠送其他单位或者个人的，为不动产所有权、土地使用权转移的当天。

4. 纳税人自建建筑物销售，为销售自建建筑物的纳税义务发生时间。

二、营业税的纳税期限

营业税的纳税期限，由主管税务机关依纳税人应纳税额大小分别核定为 5 日、10 日、15 日、1 个月或者 1 个季度；不能按期纳税的，可按次纳税。

以 1 个月或者 1 个季度为一期纳税的，于期满后 15 日内申报纳税；以 5 日、10 日或 15 日为一期纳税的，自期满后的 5 日内预缴税款，次月 1 日起 15 日内申报纳税并结算上月应纳税款。

营业税的扣缴义务人的解缴税款期限比照上述规定执行。

营业税纳税期限的基本规定与增值税、消费税相同。个别行业的特殊规定如下：

银行、财务公司、信托投资公司、信用社、外国机构常驻代表机构以 1 个季度为纳税期限；

保险业的纳税期限为 1 个月。

三、营业税的纳税地点

（一）纳税人提供应税劳务，应当向其机构所在地或者居住地的主管税务机关申报纳税。但是，纳税人提供的建筑业劳务，应当向应税劳务发生地的主管税务机关申报纳税。

（二）纳税人转让无形资产，应当向其机构所在地或者居住地的主管税务机关申报纳税。但是，纳税人转让、出租土地使用权，应当向土地所在地的主管税务机关申报纳税。

（三）纳税人销售、出租不动产应当向不动产所在地的主管税务机关申报纳税。

纳税人应当向应税劳务发生地、土地或者不动产所在地的主管税务机关申报纳税，而自应当申报纳税之月起超过 6 个月没有申报纳税的，由其机构所在地或者居住地的主管税务机关补征税款。

第6章

关　税

【内容提要】 关税是海关依法对进出关境的货物和物品征收的一种税,是一个国家主权的体现;关税根据不同的标准,可以有不同的分类。关税税则是指一个国家通过立法程序公布实施的、按照一定的标志对进出境货物进行的归类,并根据货物归类制定的税目税率表以及对归类总规则和税目税率表的运用所作的规定和说明。关税税则是一个国家关税制度的重要组成部分。关税的征税对象为进出我国国境的货物与物品;纳税人为进口货物的收货人、出口货物的发货人、进出境物品的所有人;关税减免分为法定减免、特定减免、临时减免。进出口货物的完税价格,由海关以该货物的成交价格为基础审查确定;应纳税额分从价税、从量税、复合税三种情况根据不同方法计算;关税征收管理包括关税纳税申报、关税缴纳、关税退还、关税的补征和追征等内容。进口物品进口税是海关对入境旅客行李物品和个人邮递物品征收的关税以及进口环节海关代征税合称。

第一节　关税概述

一、关税的概念

关税是海关依法对进出关境的货物和物品征收的一种税。关境又称税境或海关境域,是一个国家的关税法令完全实施的境域。国境是一个主权国家全面行使主权的境域,包括领土、领海、领空。在通常情况下,一个国家的关境与其国境是一致的。但在国境内设有免征关税的自由港或自由贸易区时,关境就小于国境;如几个国家结成关税同盟,在成员国之间货物进出国境不征收关税,只对来自和运往非同盟成员国的货物进出共同关境时征收关税,这时就各成员国来说,关境就大于国境。

二、关税的特点

(一) 以进出关境的货物和物品为征税对象

关税的征税对象是进出关境的货物和物品。属于贸易性进出口的商品称为货物;属于入境旅客携带的、个人邮递的、运输工具服务人员携带的,以及其他方式进口的个人自用的非贸易性商品称为物品。关税不同于因商品交换或提供劳务取得收入而课征的流转税,也不同于因取得所得或拥有财产而课征的所得税或财产税,而是对特定货物和物品途经海关通道进出口征税。

(二) 以货物进出口统一的关境为征税环节

关税是主权国家对进出关境的货物和物品征收的一种税。在封建社会里,由于封建割据,导致国内关卡林立,重复征税,所以那时的关税主要为国内关税或内地关税,它严重地阻碍着商品经济的发展。资本主义生产方式取代封建生产方式之后,新兴资产阶级建立起统一的国家,主张国内自由贸易和商品自由流通,因而纷纷废除旧时的内陆关税,实行统一的国境关税。进口货物征收关税之后,可以行销全国,不再征收关税。

(三) 实行复式税则

关税的税则是关税课税范围及其税率的法则。复式税则又称多栏税则,是指一个税目设有两个或两个以上的税率,根据进口货物原产国的不同,分别适用高低不同的税率。复式税则是一个国家对外贸易政策的体现。目前,在国际上除个别国家外,各国关税普遍实行复式税则。

(四) 关税具有对外统一性,执行统一的对外经济政策

关税是一个重要税种。征收关税不单纯是为了满足政府财政上的需要,更重要的是利用关税来贯彻执行统一的对外经济政策,实现国家的政治经济目的。在我国现阶段,关税被用来争取实现平等互利的对外贸易,保护并促进国内工农业生产发展,为社会主义市场经济服务。

(五) 关税由海关机构代表国家征收

关税由海关总署及所属机构具体管理和征收,征收关税是海关工作的一个重要组成部分。《中华人民共和国海关法》规定:"中华人民共和国海关是国家的进出关境监督管理机关,海关依照本法和其他有关法律、法规,监督进出境的运输工具、货物、行李物品,征收关税和其他税费,查缉走私,并编制海关统计和其他海关业务。"监督管理、征收关税和查缉走私是当前我国海关的三项基本任务。

三、关税的分类

世界各国的关税制度种类繁多,根据不同的标准,关税可以分为不同的类型。

（一）以应税货物的流向为标准，关税可以分为进口关税、出口关税和过境关税

1. 进口关税。即对国外转入本国的货物所征收的一种关税。一般是在货物进入国境或关境时征收，或者在货物从海关保税仓库转出，投入国内市场时征收。进口关税是当前世界各国征收关税的最主要的一种，在许多国家已不征出口关税与过境关税的情况下，它成为唯一的关税。

2. 出口关税。即对本国出口货物在运出国境时征收的一种关税。由于征收出口关税会增加出口货物的成本，不利于本国货物在国际市场的竞争，目前西方发达国家基本取消了出口关税。多数发展中国家基于财政收入与调节市场供求关系需要，仍然征收部分或少量的出口关税。我国目前仅对少数出口货物征收出口关税。

3. 过境关税。是海关对一国运往第三国的货物在通过本国国境或关境时所征收的关税。由于过境货物对本国工农业生产和市场不产生影响，而且还可以从交通运输、港口使用、仓库保管等方面获得收入，因而目前大多数国家都不征收过境关税，仍在征收的只有伊朗、委内瑞拉等少数国家。

（二）以征税目的为标准，关税可以分为财政关税和保护关税

1. 财政关税。即以增加财政收入为主要目的的关税。其基本特征是对进口产品与本国同类产品征收同样的税，或者征收的关税既不引导本国生产该种产品，也不引导生产能转移该种产品需求的代用品。

2. 保护关税。即以保护本国工农业生产为主要目的而征收的关税。保护关税政策始于重商主义。现代各国关税保护的重点则有所不同，发达国家所要保护的通常是国际间竞争性很强的商品，发展中国家则重在保护本国幼稚工业的发展。

（三）以计税依据为标准，关税可以分为从价关税、从量关税、复合关税、选择关税和滑动关税

从价关税是以进出口货物的价值为计税依据征收的关税。从量关税是以进出口货物的实物计量单位（重量、数量、面积、容积、长度等）为计税依据征收的关税。复合关税是指在税则中对同一税目规定从价和从量两种税率，征税国海关可以根据需要，有时以从价为主，有时以从量为主。选择关税是指在税则中对同一税目规定从价和从量两种税率，征税国海关可以根据需要，可以选择从价计征也可以选择从量计征的关税。滑动关税是对货物规定其价格的上、下限，按国外货价涨落情况，分别采用几种高低不同税率的一种关税。当进口货物价格高于上限时，减低税率；低于下限时，提高税率；在幅度以内的，按原定税率征收，其主要目的在于使该商品价格在国内市场上保持稳定。

（四）以对进口货物的输出国的差别待遇为标准，关税可以分为加重关税和优惠关税两种

加重关税也称为歧视关税，指对某些输出国、生产国的进口货物，因某种原因（如歧视、报复、保护和经济方面的需要等），使用比正常税率高的税率所征收的关税。优惠关税是指一国对特定的受惠国给予优惠待遇，使用比普通税率较低的优惠税率的一类关税。

四、关税的作用

(一) 维护国家的主权和经济利益

对进出口货物征收关税，表面上看似乎只是一个与对外贸易相联系的税收问题，其实一国采取什么样的关税政策直接关系到国与国之间的主权和经济利益。历史发展到今天，关税已成为各国政府维护本国政治、经济权益，乃至进行国际经济斗争的一个重要手段。我国根据平等互利和对等原则，通过关税复式税则的运用等方式，争取国际间的关税互惠并反对他国对我国进行关税歧视，促进对外经济贸易往来，扩大对外经济合作。

(二) 保护和促进本国工农业生产的发展

一个国家采取什么样的关税政策，是实行自由贸易，还是采用保护关税政策，是由该国的经济发展水平、产业结构状况、国际贸易收支状况以及参与国际经济竞争的能力等多种因素决定的。国际上许多经济学家认为，自由贸易政策不适合发展中国家的情况。相反，这些国家为了顺利地发展民族经济，实现工业化，必须实行保护关税政策。我国作为发展中国家，一直十分重视利用关税保护本国的"幼稚产业"，促进进口替代工业发展，关税在保护和促进本国工农业生产的发展方面发挥了重要作用。

(三) 调节国民经济和对外贸易

关税是国家的重要经济杠杆，通过税率的高低和关税的减免，可以影响进出口规模和结构，调节国民经济活动。如调节出口产品和出口产品生产企业的利润水平，有意识地引导各类产品的生产，调节进出口商品数量和结构，以促进国内市场商品的供需平衡，保护国内市场的物价稳定等。

(四) 筹集财政资金

关税是国家财政收入的重要组成部分，为国家筹集财政资金是海关的基本职能。从世界大多数国家尤其是发达国家的税制结构分析，关税收入在整个财政收入中的比重不大，并呈下降趋势。但是，一些发展中国家，特别是那些国内工业不发达、工商税源有限、国民经济主要依赖于某种或某几种初级资源产品出口，以及国内许多消费品主要依赖于进口的国家，征收进出口关税仍然是它们取得财政收入的重要渠道之一。我国关税收入是财政收入的重要组成部分，新中国成立以来，关税已筹集了可观的财政资金。目前，发挥关税在筹集建设资金方面的作用，仍然是我国关税政策的一项重要内容。

第二节 关税的征税对象、纳税人、税则、税率

一、关税的征税对象

根据《中华人民共和国进出口关税条例》（以下简称《进出口关税条例》）的规定，关

税的征税对象为中华人民共和国准许进出口的货物、进境物品。货物是指贸易性商品；物品则是指非贸易的行李、邮包等，包括入境旅客随身携带的行李和物品、个人邮递物品、各种运输工具上的服务人员携带进口的自用物品、馈赠物品以及其他方式进境的个人物品。

二、关税的纳税人

进口货物关税的纳税人为进口我国准许进口货物的收货人或其代理人。从我国境外采购进口的原产于我国境内的货物，也应当缴纳进口关税。

出口货物关税的纳税人为出口我国准许出口的货物的发货人或其代理人。

进出境物品的所有人是关税的纳税义务人。

进出口货物的收、发货人是依法取得对外贸易经营权，并进口或者出口货物的法人或者其他社会团体。进出境物品的所有人包括该物品的所有人和推定为所有人的人。一般情况下，对于携带进境的物品，推定其携带人为所有人；对分离运输的行李，推定相应的进出境旅客为所有人；对以邮递方式进境的物品，推定其收件人为所有人；以邮递或其他运输方式出境的物品，推定其寄件人或托运人为所有人。

三、进出口税则

进出口税则是一国政府根据国家关税政策和经济政策，通过一定的立法程序制定公布实施的进出口货物和物品应税的关税税率表。进出口税则以税率表为主体，通常还包括实施税则的法令、使用税则的有关说明和附录等。《中华人民共和国海关进出口税则》是我国海关凭以征收关税的法律依据，也是我国关税政策的具体体现。我国现行税则包括《中华人民共和国进出口关税条例》、《税率适用说明》、《中华人民共和国进出口税则》及《进口商品从量税、复合税、滑准税税目税率表》、《进口商品关税配额税目税率表》、《进口商品税则暂定税率表》、《出口商品税则暂定税率表》、《非全税目信息技术产品税率表》等附录。

经国务院批准，《中华人民共和国进出口税则》的税目、税率自2007年1月1日起进行调整。调整后，2007年版税则税目共计7 646个。

税率表作为税则主体，包括税则商品分类目录和税率栏两大部分。税则商品分类目录是把种类繁多的商品加以综合，按照其不同特点分门别类简化成数量有限的商品类目，分别编号按序排列，称为税则号列，并逐号列出该号中应列入的商品名称。商品分类的原则即归类规则，包括归类总规则和各类、章、目的具体注释。税率栏是按商品分类目录逐项订出的税率栏目。

（一）税则商品分类目录

1. 我国历部税则商品分类。我国1951年5月公布实施的进出口税则，是我国第一部真正独立自主制定的税则，将进出口商品按自然属性、用途、加工程度分成17类、89章、939个税号，其商品目录主要参考了旧中国税则、前苏联税则和前万国联盟（League of Nations）编制的《日内瓦统一税则目录》（Geneva Nomenclature）等，结构比较简单、归类较为容易。

1985年3月，我国实施了以《海关合作理事会税则商品目录》（Customs Cooperation Council Nomenclature，简称CCCN）为基础的进出口税则，将进出口商品划分为21类、99章、1 011个税目。CCCN是在《日内瓦统一税则目录》基础上，由欧洲海关同盟研究组编制的，到1986年有52个签约国，150多个国家或地区采用了这个目录。

从1992年1月至今，我国实施了以《商品名称及编码协调制度》（Harmonized Commodity Description and Coding System）为基础的进出口税则。

2.《商品名称及编码协调制度》。《商品名称及编码协调制度》（以下简称HS）是一部科学、系统的国际贸易商品分类体系，是国际上多个商品分类目录协调的产物，适合于与国际贸易有关的多方面的需要，如海关、统计、贸易、运输、生产等，成为国际贸易商品分类的一种"标准语言"。

HS是《HS公约》的附件，由海关合作理事会（Customs Cooperation Council，简称CCC；1994年1月改名为世界海关组织——World Customs Organization，简称WCO）组织编制。根据公约规定，缔约国主要权利之一是缔约国不承担关税税率方面的任何义务，即缔约国对关税税率不加任何限制。缔约国的主要义务是发达国家在公约于本国生效之日起，要保证全部采用HS，发展中国家可先行部分采用，在3～5年内全部采用。《HS公约》于1998年1月1日实施。截止到1993年3月，公约的缔约国为71个，正式使用HS的非缔约国有48个，其中主要发达国家都采用了该制度。我国于1992年6月加入《HS公约》，于1992年1月1日起正式实施HS。

3. HS及我国现行税则的商品分类。

（1）总体结构。HS的总体结构有三部分：一是归类总规则，共六条，规定了分类原则和方法，以保证对HS使用和解释的一致性，使某一具体商品能够始终归入一个唯一编码；二是类（Section）、章（Chapter）、目（Heading）和子目（Sub-Heading）注释，严格界定了相应的商品范围，阐述专用术语的定义或区分某些商品的技术标准及界限；三是按顺序编排的目与子目编码及条文，采用六位编码，将所有商品分为21类、97章（其中77章是留做备用的空章），章下再分为目和子目。编码前两位数代表"章"，前四位数代表"目"，五、六位数代表"子目"。

（2）类。HS中的"类"基本上按社会生产部类分类，将属于同一生产部类的产品归在同一类中，如农业在第一、二类，化学工业在第六类，纺织工业在第十一类，冶金工业在第十五类，机电制造业在第十六类。具体情况分类如下：

第一类：活动物；动物产品。

第二类：植物产品。

第三类：动、植物油、脂及其分解产品；精制的食用油脂；动、植物蜡。

第四类：食品；饮料、酒及醋；烟草及烟草代用品的制品。

第五类：矿产品。

第六类：化学工业及其相关工业的产品。

第七类：塑料及其制品；橡胶及其制品。

第八类：生皮、皮革、毛皮及其制品；鞍具及挽具；旅行用品、手提包及类似容器；动物肠线（蚕胶丝除外）制品。

第九类：木及木制品；木炭；软木及软木制品；稻草、秸秆、针茅或其他编结材料制品；篮筐及柳条编结品。

第十类：木浆及其他纤维状纤维素浆；回收（废碎）纸或纸板；纸、纸板及其制品。

第十一类：纺织原料及其纺织制品。

第十二类：鞋、帽、伞、杖、鞭及其零件；已加工的羽毛及其制品；人造花；人发制品。

第十三类：石料、石膏、水泥、石棉、云母及类似材料的制品；陶瓷产品；玻璃及其制品。

第十四类：天然或养殖珍珠、宝石或半宝石、贵金属、包贵金属及其制品；仿首饰；硬币。

第十五类：贱金属及其制品。

第十六类：机器、机械器具、电气设备及其零件；录音机及放声机、电视图像、声音的录制和重放设备及其零件、附件。

第十七类：车辆、航空器、船舶及有关运输设备。

第十八类：光学、照相、电影、计量、检验、医疗或外科用仪器及设备、精密仪器及设备；钟表；乐器；上述物品的零件、附件。

第十九类：武器、弹药及零件、附件。

第二十类：杂项制品。

第二十一类：艺术品、收藏品及古物。

（3）章。HS中"章"的分类有两种情况，一是按商品原材料的属性分类，相同原料的产品一般归入同一章，在章内按产品加工程度从原料到成品顺序排列，如第52章棉花，按原棉—已梳棉—棉纱—棉布的顺序排列。二是按商品的用途或性能分类。制造业的许多产品很难按其原料分类，尤其是可用多种材料制作的产品或由混合材料制成的产品，如鞋、帽、机电仪器产品等小章内再按原料或加工程度顺序排列。HS各章都有一个"其他"子目，起"兜底"作用，使任何国际贸易商品都能在这个分类体系找到适当位置。

（4）目。我国现行税则采用八位编码，前六位等效采用HS编码，第七、第八位为我国根据中国进出口商品的实际情况，在HS基础上延伸的两位编码，也称增列税目。增列税目的原则主要是，遵循HS分类原则和方法，适应科学技术发展需要，有利于对相关商品实行有区别的关税政策，有利于执行国家重要产业政策，有利于解决商品归类分歧，便于海关统计。一般情况下，增列税目商品应当单独成类，不应是一个具体品牌或单个的商品；应当具有一定的进口量或进口额，不应为某一个部门或企业的特殊需要单列税目；应当有一定的技术先进性和前瞻性，生命周期较短的商品不宜增列；在海关现场要能够与其他商品鉴别。增列税目应重点考虑代表现代科技发展方向，尤其是能够促进环保和节能方面的新产品；国家产业政策重点支持和发展的产品；进口量或进口额较大，但没有单列税目的商品。2007年调整后的税则税目总数已增加到7 646个。

（二）税则归类

税则归类，就是按照税则的规定，将每项具体进出口商品按其特性在税则中找出其最适合的某一个税号，即"对号入座"，以便确定其适用的税率，计算关税税负。税则归类错误会导致关税的多征或少征，影响关税作用的发挥。因此，税则归类关系到关税政策的正确贯彻。税则归类一般按以下步骤进行：

1. 了解需要归类的具体进出口商品的构成、材料属性、成分组成、特性、用途和功能。

2. 查找有关商品在税则中拟归的类、章及税号。对于原材料性质的货品，应首先考虑按其属性归类；对于制成品，应首先考虑按其用途归类。

3. 将考虑采用的有关类、章及税号进行比较，筛选出最为合适的税号。在比较、筛选时，首先看类、章的注释有无具体描述归类对象或其类似品，已具体描述的，按类、章的规定办理；其次是查阅《HS注释》，确切地了解有关类、章及税号范围。

4. 通过以上方法也难以确定的税则归类商品，可运用归类总规则的有关条款来确定其税号。如进口地海关无法解决的税则归类问题，应报海关总署明确。

四、进出口货物关税税率的设置和适用

（一）进口关税税率

进口关税设置最惠国税率、协定税率、特惠税率、普通税率、关税配额税率等税率。对进口货物在一定期限内可以实行暂定税率。

1. 进口关税税率适用的一般原则。

原产于共同适用最惠国待遇条款的世界贸易组织成员的进口货物，原产于与中华人民共和国签订含有相互给予最惠国待遇条款的双边贸易协定的国家或者地区的进口货物，以及原产于中华人民共和国境内的进口货物，适用最惠国税率。

原产于与中华人民共和国签订含有关税优惠条款的区域性贸易协定的国家或者地区的进口货物，适用协定税率。

原产于与中华人民共和国签订含有特殊关税优惠条款的贸易协定的国家或者地区的进口货物，适用特惠税率。

原产于上述所列以外国家或者地区的进口货物，以及原产地不明的进口货物，适用普通税率。

2. 进口关税税率适用的特殊原则。

适用最惠国税率的进口货物有暂定税率的，应当适用暂定税率；适用协定税率、特惠税率的进口货物有暂定税率的，应当从低适用税率；适用普通税率的进口货物，不适用暂定税率。

按照国家规定实行关税配额管理的进口货物，关税配额内的，适用关税配额税率；关税配额外的，其税率的适用按照本条例第十条、第十一条的规定执行。

按照有关法律、行政法规的规定对进口货物采取反倾销、反补贴、保障措施的，其税率的适用按照《中华人民共和国反倾销条例》、《中华人民共和国反补贴条例》和《中华人民共和国保障措施条例》的有关规定执行。

任何国家或者地区违反与中华人民共和国签订或者共同参加的贸易协定及相关协定，对中华人民共和国在贸易方面采取禁止、限制、加征关税或者其他影响正常贸易的措施的，对原产于该国家或者地区的进口货物可以征收报复性关税，适用报复性关税税率。

征收报复性关税的货物、适用国别、税率、期限和征收办法，由国务院关税税则委员会

决定并公布。

（二）出口关税税率

出口关税设置出口税率。对出口货物在一定期限内可以实行暂定税率。

适用出口税率的出口货物有暂定税率的，应当适用暂定税率。

（三）进出口货物关税税率适用的时间性规定

1. 进出口货物，应当适用海关接受该货物申报进口或者出口之日实施的税率。

2. 进口货物到达前，经海关核准先行申报的，应当按照装载此货物的运输工具申报进境之日实施的税率征税。

3. 有下列情形之一，须缴纳税款的，应当适用海关接受申报办理纳税手续之日实施的税率：

（1）保税货物经批准不复运出境的；

（2）减免税货物经批准转让或者移作他用的；

（3）暂准进境货物经批准不复运出境，以及暂准出境货物经批准不复运进境的；

（4）租赁进口货物，分期缴纳税款的。

4. 补征和退还进出口货物关税，应当按照上述1~3项的规定确定适用的税率。

5. 因纳税义务人违反规定需要追征税款的，应当适用该行为发生之日实施的税率；行为发生之日不能确定的，适用海关发现该行为之日实施的税率。

五、进出口货物原产地标准

《中华人民共和国进出口货物原产地条例》（2004年8月18日国务院第61次常务会议通过，2004年9月3日国务院令第416号公布，自2005年1月1日起施行）规定：

完全在一个国家（地区）获得的货物，以该国（地区）为原产地；两个以上国家（地区）参与生产的货物，以最后完成实质性改变的国家（地区）为原产地。

（一）完全在一个国家（地区）获得的货物

1. 在该国（地区）出生并饲养的活的动物；
2. 在该国（地区）野外捕捉、捕捞、搜集的动物；
3. 从该国（地区）的活的动物获得的未经加工的物品；
4. 在该国（地区）收获的植物和植物产品；
5. 在该国（地区）采掘的矿物；
6. 在该国（地区）获得的除上述第1~5项范围之外的其他天然生成的物品；
7. 在该国（地区）生产过程中产生的只能弃置或者回收用作材料的废碎料；
8. 在该国（地区）收集的不能修复或者修理的物品，或者从该物品中回收的零件或者材料；
9. 由合法悬挂该国旗帜的船舶从其领海以外海域获得的海洋捕捞物和其他物品；
10. 在合法悬挂该国旗帜的加工船上加工上述第9项所列物品获得的产品；

11. 从该国领海以外享有专有开采权的海床或者海床底土获得的物品;
12. 在该国(地区)完全从上述第1~11项所列物品中生产的产品。

在确定货物是否在一个国家(地区)完全获得时,不考虑下列微小加工或者处理:
1. 为运输、贮存期间保存货物而作的加工或者处理;
2. 为货物便于装卸而作的加工或者处理;
3. 为货物销售而作的包装等加工或者处理。

(二) 实质性改变的确定标准

实质性改变的确定标准,以税则归类改变为基本标准;税则归类改变不能反映实质性改变的,以从价百分比、制造或者加工工序等为补充标准。具体标准由海关总署会同商务部、国家质量监督检验检疫总局制定。

税则归类改变,是指在某一国家(地区)对非该国(地区)原产材料进行制造、加工后,所得货物在《中华人民共和国进出口税则》中某一级的税目归类发生了变化。

从价百分比,是指在某一国家(地区)对非该国(地区)原产材料进行制造、加工后的增值部分,超过所得货物价值一定的百分比。

制造或者加工工序,是指在某一国家(地区)进行的赋予制造、加工后所得货物基本特征的主要工序。

世界贸易组织《协调非优惠原产地规则》实施前,确定进出口货物原产地实质性改变的具体标准,由海关总署会同商务部、国家质量监督检验检疫总局根据实际情况另行制定。

(三) 其他因素

货物生产过程中使用的能源、厂房、设备、机器和工具的原产地,以及未构成货物物质成分或者组成部件的材料的原产地,不影响该货物原产地的确定。

随所装货物进出口的包装、包装材料和容器,在《中华人民共和国进出口税则》中与该货物一并归类的,该包装、包装材料和容器的原产地不影响所装货物原产地的确定;对该包装、包装材料和容器的原产地不再单独确定,所装货物的原产地即为该包装、包装材料和容器的原产地。

随所装货物进出口的包装、包装材料和容器,在《中华人民共和国进出口税则》中与该货物不一并归类的,依照本条例的规定确定该包装、包装材料和容器的原产地。

按正常配备的种类和数量随货物进出口的附件、备件、工具和介绍说明性资料,在《中华人民共和国进出口税则》中与该货物一并归类的,该附件、备件、工具和介绍说明性资料的原产地不影响该货物原产地的确定;对该附件、备件、工具和介绍说明性资料的原产地不再单独确定,该货物的原产地即为该附件、备件、工具和介绍说明性资料的原产地。

随货物进出口的附件、备件、工具和介绍说明性资料在《中华人民共和国进出口税则》中虽与该货物一并归类,但超出正常配备的种类和数量的,以及在《中华人民共和国进出口税则》中与该货物不一并归类的,依照本条例的规定确定该附件、备件、工具和介绍说明性资料的原产地。

对货物所进行的任何加工或者处理,是为了规避中华人民共和国关于反倾销、反补贴和保障措施等有关规定的,海关在确定该货物的原产地时可以不考虑这类加工和处理。

(四) 原产地的申报及确定

进口货物的收货人按照《中华人民共和国海关法》及有关规定办理进口货物的海关申报手续时,应当依照本条例规定的原产地确定标准如实申报进口货物的原产地;同一批货物的原产地不同的,应当分别申报原产地。

进口货物进口前,进口货物的收货人或者与进口货物直接相关的其他当事人,在有正当理由的情况下,可以书面申请海关对将要进口的货物的原产地作出预确定决定;申请人应当按照规定向海关提供作出原产地预确定决定所需的资料。

海关应当在收到原产地预确定书面申请及全部必要资料之日起150天内,依照本条例的规定对该进口货物作出原产地预确定决定,并对外公布。

海关接受申报后,应当按照本条例的规定审核确定进口货物的原产地。

已作出原产地预确定决定的货物,自预确定决定作出之日起3年内实际进口时,经海关审核其实际进口的货物与预确定决定所述货物相符,且本条例规定的原产地确定标准未发生变化的,海关不再重新确定该进口货物的原产地;经海关审核其实际进口的货物与预确定决定所述货物不相符的,海关应当按照本条例的规定重新审核确定该进口货物的原产地。

海关在审核确定进口货物原产地时,可以要求进口货物的收货人提交该进口货物的原产地证书,并予以审验;必要时,可以请求该货物出口国(地区)的有关机构对该货物的原产地进行核查。

根据对外贸易经营者提出的书面申请,海关可以依照《中华人民共和国海关法》第四十三条的规定,对将要进口的货物的原产地预先作出确定原产地的行政裁定,并对外公布。

进口相同的货物,应当适用相同的行政裁定。

(五) 原产地标记管理

国家对原产地标记实施管理。货物或者其包装上标有原产地标记的,其原产地标记所标明的原产地应当与依照本条例所确定的原产地相一致。

出口货物发货人可以向国家质量监督检验检疫总局所属的各地出入境检验检疫机构、中国国际贸易促进委员会及其地方分会(以下简称签证机构),申请领取出口货物原产地证书。

出口货物发货人申请领取出口货物原产地证书,应当在签证机构办理注册登记手续,按照规定如实申报出口货物的原产地,并向签证机构提供签发出口货物原产地证书所需的资料。

签证机构接受出口货物发货人的申请后,应当按照规定审查确定出口货物的原产地,签发出口货物原产地证书;对不属于原产于中华人民共和国境内的出口货物,应当拒绝签发出口货物原产地证书。

出口货物原产地证书签发管理的具体办法,由国家质量监督检验检疫总局会同国务院其他有关部门、机构另行制定。

应出口货物进口国(地区)有关机构的请求,海关、签证机构可以对出口货物的原产地情况进行核查,并及时将核查情况反馈进口国(地区)有关机构。

用于确定货物原产地的资料和信息,除按有关规定可以提供或者经提供该资料和信息的单位、个人的允许，海关、签证机构应当对该资料和信息予以保密。

(六) 违规处理

违反规定申报进口货物原产地的，依照《中华人民共和国对外贸易法》、《中华人民共和国海关法》和《中华人民共和国海关行政处罚实施条例》的有关规定进行处罚。

提供虚假材料骗取出口货物原产地证书或者伪造、变造、买卖或者盗窃出口货物原产地证书的，由出入境检验检疫机构、海关处5 000元以上10万元以下的罚款；骗取、伪造、变造、买卖或者盗窃作为海关放行凭证的出口货物原产地证书的，处货值金额等值以下的罚款，但货值金额低于5 000元的，处5 000元罚款。有违法所得的，由出入境检验检疫机构、海关没收违法所得。构成犯罪的，依法追究刑事责任。

进口货物的原产地标记与依照本条例所确定的原产地不一致的，由海关责令改正。

出口货物的原产地标记与依照本条例所确定的原产地不一致的，由海关、出入境检验检疫机构责令改正。

确定进出口货物原产地的工作人员违反本条例规定的程序确定原产地的，或者泄露所知悉的商业秘密的，或者滥用职权、玩忽职守、徇私舞弊的，依法给予行政处分；有违法所得的，没收违法所得；构成犯罪的，依法追究刑事责任。

第三节　关税的税收优惠

关税减免是对某些纳税人和征税对象给予鼓励和照顾的一种特殊调节手段。因此，关税减免是贯彻国家关税政策的一项重要措施。关税减免分为法定减免税、特定减免税和临时减免税。

一、关税的法定减免税

我国《海关法》和《进出口关税条例》明确规定，下列进出口货物，予以减免关税：

(1) 关税税额在人民币50元以下的一票货物，可免征关税。

(2) 无商业价值的广告品和货样，可免征关税。

(3) 外国政府、国际组织无偿赠送的物资，可免征关税。

(4) 在海关放行前损失的货物。

(5) 进出境运输工具装载的途中必需的燃料、物料和饮食用品可予免税。

(6) 经海关批准暂时进境或者暂时出境的下列货物，在进境或者出境时纳税义务人向海关缴纳相当于应纳税款的保证金或者提供其他担保的，可以暂不缴纳关税，并应当自进境或者出境之日起6个月内复运出境或者复运进境；经纳税义务人申请，海关可以根据海关总署的规定延长复运出境或者复运进境的期限：①在展览会、交易会、会议及类似活动中展示或者使用的货物；②文化、体育交流活动中使用的表演、比赛用品；③进行新闻报道或者摄制电影、电视节目使用的仪器、设备及用品；④开展科研、教学、医疗活动使用的仪器、设备及用品；⑤在上述四项所列活动中使用的交通工具及特种车辆；⑥货样；⑦供安装、调试、检测设备时使用的仪器、工具;⑧盛装货物的容器;⑨其他用于非商业目的的货物。

(7) 在海关放行前遭受损坏的货物,可以根据海关认定的受损程度减征关税。

(8) 因品质或者规格原因,出口货物自出口之日起1年内原状复运进境的,不征收进口关税。

(9) 因品质或者规格原因,进口货物自进口之日起1年内原状复运出境的,不征收出口关税。

(10) 法律规定减征、免征的其他货物。

二、关税的特定减免税

特定减免税也称政策性减免税。在法定减免税之外,国家按照国际通行规则和我国实际情况,制定发布的有关进出口货物减免关税的政策,称为特定或政策性减免税。特定减免税货物一般有地区、企业和用途的限制,海关需要进行后续管理,也需要进行减免税统计。

(一) 科教用品

(1) 对境外捐赠人无偿捐赠的直接用于各类职业学校、高中、初中、小学、幼儿园教育的教学仪器、图书、资料和一般学习用品,免征进口关税和进口环节增值税。

(2) 对教育部承认学历的大专以上全日制高等院校以及财政部会同国务院有关部门批准的其他学校,不以营利为目的,在合理数量范围内的进口国内不能生产的科学研究和教学用品,直接用于科学研究或教学的,免征进口关税和进口环节增值税、消费税。

(二) 残疾人专用品

为支持残疾人的康复工作,国务院制定了《残疾人专用品免征进口税收暂行规定》以下简称《规定》,对《规定》的残疾人个人专用品,免征进口关税和进口环节增值税、消费税;对康复、福利机构、假肢厂和荣誉军人康复医院进口国内不能生产的、《规定》明确的残疾人专用品,免征进口关税和进口环节增值税。

(三) 扶贫、慈善性捐赠物资

为促进公益事业的健康发展,经国务院批准,财政部、国家税务总局、海关总署发布了《扶贫、慈善性捐赠物资免征进口税收的暂行办法》。对境外自然人、法人或者其他组织等境外捐赠人,无偿向经国务院主管部门依法批准成立的,以人道救助和发展扶贫、慈善事业为宗旨的社会团体以及国务院有关部门和各省、自治区、直辖市人民政府捐赠的,直接用于扶贫、慈善事业的物资,免征进口关税和进口环节增值税。

(四) 加工贸易产品

1. 加工装配和补偿贸易。加工装配即来料加工、来样加工及来件装配,是指由境外客商提供全部或部分原辅料、零配件和包装物料,必要时提供设备,由我方按客商要求进行加工装配,成品交外商销售,我方收取工缴费。客商提供的作价设备价款,我方用工缴费偿还。补偿贸易是指由境外客商提供或国内单位利用国外出口信贷进口生产技术或设备,由我方生产,以返销产品方式分期偿还对方技术、设备价款或贷款本息的交易方式。因有利于较快地提高出口产品生产技术,改善我国产品质量和品种,扩大出口,增加我国外汇收入,国家给予一定的关税优惠:进境料件不予征税,准许在境内保税加工为成品后返销出口;进口外商的不作价设备和作价设备,分别比照外商投资项目和国内投资项目的免税规定执行;剩余料件或增产的产品,经批准转内销时,价值在进口料件总值2%以内,且总价值在3 000元以下的,可予免税。

2. 进料加工。经批准有权经营进出口业务的企业使用进料加工专项外汇进口料件,并在一年内加工或装配成品外销出口的业务,称为进料加工业务。其关税优惠为:对专为加工出口商品而进口的料件,海关按实际加工复出口的数量,免征进口税;加工的成品出口,免征出口税,但内销料件及成品照章征税;对加工过程中产生的副产品、次品、边角料,海关根据其使用价值分析估价征税或者酌情减免税;剩余料件或增产的产品,经批准转内销时,价值在进口料件总值2%以内,且总价值在5 000元以下的,可予免税。

(五) 边境贸易进口物资

为了鼓励我国边境地区积极发展与我国毗邻国家间的边境贸易与经济合作,国家制定了有关扶持、鼓励边境贸易和边境地区发展对外经济合作的政策措施。边境贸易有边民互市贸易和边境小额贸易两种形式。边民互市贸易指边境地区边民在边境线20公里以内、经政府批准的开放点或指定的集市上进行的商品交换活动。边民通过互市贸易进口的商品,每人每日价值在3 000元以下的,免征进口关税和进口环节增值税。边境小额贸易是指沿陆地边境线经国家批准对外开放的边境县(旗)、边境城市辖区内经批准有边境小额贸易经营权的企业,通过国家指定的陆地边境口岸,与毗邻国家边境地区的企业或其他贸易机构之间进行的贸易活动。边境小额贸易企业通过指定边境口岸进口原产于毗邻国家的商品,除烟、酒、化妆品及国家规定必须照章征税的其他商品外,进口关税和进口环节增值税减半征收。

(六) 保税区进出口货物

为了创造完善的投资、运营环境,开展为出口贸易服务的加工整理、包装、运输、仓储、商品展出和转口贸易,国家在境内设立了保税区,即与外界隔离的全封闭方式,在海关监控管理下进行存放和加工保税货物的特定区域。保税区的主要关税优惠政策有:进口供保税区使用的机器、设备、基建物资、生产用车辆,为加工出口产品进口的原材料、零部件、元器件、包装物料,供储存的转口货物以及在保税区内加工运输出境的产品免征进口关税和进口环节税;保税区内企业进口专为生产加工出口产品所需的原材料、零部件、包装物料,以及转口货物予以保税;从保税区运往境外的货物,一般免征出口关税。

(七) 出口加工区进出口货物

为加强与完善加工贸易管理,严格控制加工贸易产品内销,保护国内相关产业,并为出口加工企业提供更宽松的经营环境,带动国产原材料、零配件的出口,国家设立了出口加工区。出口加工区的主要关税优惠政策有:从境外进入区内生产性的基础设施建设项目所需的机器、设备和建设生产厂房、仓储设施所需的基建物资,区内企业生产所需的机器、设备、模具及其维修用零配件,区内企业和行政管理机构自用合理数量的办公用品,予以免征进口关税和进口环节税；区内企业为加工出口产品所需的原材料、零部件、元器件、包装物料及消耗性材料，予以保税；对加工区运往区外的货物，海关按照对进口货物的有关规定办理报关手续，并按照制成品征税；对从区外进入加工区的货物视同出口，可按规定办理出口退税。

（八）进口设备

为进一步扩大利用外资，引进国外先进技术和设备，促进产业结构的调整和技术进步，保持国民经济持续、快速、健康发展，国务院决定自1998年1月1日起，对国家鼓励发展的国内投资项目和外商投资项目进口设备，在规定范围内免征进口关税和进口环节增值税。具体为：对符合《外商投资产业指导目录》鼓励类和限制乙类，并转让技术的外商投资项目，在投资总额内进口的自用设备，以及外国政府贷款和国际金融组织贷款项目进口的自用设备、加工贸易外商提供的不作价进口设备，除《外商投资项目不予免税的进口商品目录》所列商品外，免征进口关税和进口环节增值税；对符合《当前国家重点鼓励发展的产业、产品和技术目录》的国内投资项目，在投资总额内进口的自用设备，除《国内投资项目不予免税的进口商品目录》所列商品外，免征进口关税和进口环节增值税；对符合上述规定的项目，按照合同随设备进口的技术及配套件、备件，也免征进口关税和进口环节增值税。

（九）特定行业或用途的减免税政策

为鼓励、支持部分行业或特定产品的发展，国家制定了部分特定行业或用途的减免税政策，这类政策一般对可减免税的商品列有具体清单。如为支持我国海洋和陆上特定地区石油、天然气开采作业，对相关项目进口国内不能生产或性能不能满足要求的，直接用于开采作业的设备、仪器、零附件、专用工具，免征进口关税和进口环节增值税；等等。

三、关税的临时减免税

临时减免税是指以上法定和特定减免税以外的其他减免税，即由国务院根据《海关法》对某个单位、某类商品、某个项目或某批进出口货物的特殊情况，给予特别照顾，一案一批，专文下达的减免税。一般有单位、品种、期限、金额或数量等限制，不能比照执行。

第四节 关税的完税价格

《中华人民共和国海关法》规定，进出口货物的完税价格，由海关以该货物的成交价格为基础审查确定。成交价格不能确定时，完税价格由海关依法估定。

一、一般进口货物的完税价格

进口货物的完税价格由海关以符合条件的成交价格以及该货物运抵中华人民共和国境内输入地点起卸前的运输及其相关费用、保险费为基础审查确定。

（一）以成交价格为基础的完税价格

进口货物的成交价格，是指卖方向中华人民共和国境内销售该货物时买方为进口该货物向卖方实付、应付的，并按照规定调整后的价款总额，包括直接支付的价款和间接支付的价款。

1. 进口货物的成交价格应当符合的条件。

（1）对买方处置或者使用该货物不予限制，但法律、行政法规规定实施的限制、对货物转售地域的限制和对货物价格无实质性影响的限制除外；

（2）该货物的成交价格没有因搭售或者其他因素的影响而无法确定；

（3）卖方不得从买方直接或者间接获得因该货物进口后转售、处置或者使用而产生的任何收益，或者虽有收益但能够按照规定进行调整；

（4）买卖双方没有特殊关系，或者虽有特殊关系但未对成交价格产生影响。

2. 应当计入完税价格的进口货物的费用。

（1）由买方负担的购货佣金以外的佣金和经纪费；

（2）由买方负担的在审查确定完税价格时与该货物视为一体的容器的费用；

（3）由买方负担的包装材料费用和包装劳务费用；

（4）与该货物的生产和向中华人民共和国境内销售有关的，由买方以免费或者以低于成本的方式提供并可以按适当比例分摊的料件、工具、模具、消耗材料及类似货物的价款，以及在境外开发、设计等相关服务的费用；

（5）作为该货物向中华人民共和国境内销售的条件，买方必须支付的、与该货物有关的特许权使用费；

（6）卖方直接或者间接从买方获得的该货物进口后转售、处置或者使用的收益。

3. 不计入完税价格的进口时在货物的价款中列明的税收、费用。

（1）厂房、机械、设备等货物进口后进行建设、安装、装配、维修和技术服务的费用；

（2）进口货物运抵境内输入地点起卸后的运输及其相关费用、保险费；

（3）进口关税及国内税收。

（二）进口货物海关估定完税价格

进口货物的价格不符合成交价格条件的，或者成交价格不能确定的，海关经了解有关情况，并与纳税义务人进行价格磋商后，依次以下列价格估定该货物的完税价格：

（1）与该货物同时或者大约同时向中华人民共和国境内销售的相同货物的成交价格；

（2）与该货物同时或者大约同时向中华人民共和国境内销售的类似货物的成交价格；

（3）与该货物进口的同时或者大约同时，将该进口货物、相同或者类似进口货物在第一级销售环节销售给无特殊关系买方最大销售总量的单位价格，但应当扣除下列项目：

① 同等级或者同种类货物在中华人民共和国境内第一级销售环节销售时通常的利润和一般费用以及通常支付的佣金；

② 进口货物运抵境内输入地点起卸后的运输及其相关费用、保险费；

③ 进口关税及国内税收。

（4）按照下列各项总和计算的价格：生产该货物所使用的料件成本和加工费用，向中

华人民共和国境内销售同等级或者同种类货物通常的利润和一般费用、该货物运抵境内输入地点起卸前的运输及其相关费用、保险费;

(5) 以合理方法估定的价格。

二、特殊进口货物的完税价格

(1) 以租赁方式进口的货物,以海关审查确定的该货物的租金作为完税价格。

纳税义务人要求一次性缴纳税款的,纳税义务人可以选择按照进口货物海关估价方法估定完税价格,或者按照海关审查确定的租金总额作为完税价格。

(2) 运往境外加工的货物,出境时已向海关报明并在海关规定的期限内复运进境的,应当以境外加工费和料件费以及复运进境的运输及其相关费用和保险费审查确定完税价格。

(3) 运往境外修理的机械器具、运输工具或者其他货物,出境时已向海关报明并在海关规定的期限内复运进境的,应当以境外修理费和料件费审查确定完税价格。

三、出口货物的完税价格

(一) 以成交价格为基础的完税价格

出口货物的完税价格,由海关以该货物向境外销售的成交价格为基础审查确定,并应包括货物运至我国境内输出地点装载前的运输及其相关费用、保险费,但其中包含的出口关税税额,应当扣除。

出口货物的成交价格,是指该货物出口时卖方为出口该货物应当向买方直接收取和间接收取的价款总额。

(二) 出口货物海关估价方法

出口货物的成交价格不能确定时,完税价格由海关依次使用下列方法估定:

1. 同时或大约同时向同一国家或地区出口的相同货物的成交价格;
2. 同时或大约同时向同一国家或地区出口的类似货物的成交价格;
3. 根据境内生产相同或类似货物的成本、利润和一般费用、境内发生的运输及其相关费用、保险费计算所得的价格;
4. 按照合理方法估定的价格。

四、关税应纳税额的计算

关税应纳税额的计算,其关键首先是正确确定进出口货物和物品的完税价格,其次是正确确定适用税率。在完税价格和税率正确确定的情况下,关税应纳税额的计算是很简单的了。

1. 从价计征关税的计算公式

应纳税额 = 完税价格 × 关税税率

2. 从量计征关税的计算公式

应纳税额 = 货物数量 × 单位关税税额

3. 复合计征应纳税额的计算

应纳税额 = 进（出）口货物数量 × 单位税额 + 进（出）口关税完税价格 × 关税比例税率

4. 滑准税应纳税额的计算

应纳税额 = 进（出）口关税完税价格 × 滑准税税率

第五节 进境物品进口税

进境物品的关税以及进口环节海关代征税合并为进口税，由海关依法征收。由于其中包含了在进口环节由海关代征的增值税、消费税，因而也是对个人非贸易性入境物品征收的进口关税和进口工商税收的总称。

一、进境物品进口税的征收范围

进口物品进口税是海关对入境旅客行李物品和个人邮递物品征收的。

课税对象包括入境旅客、运输工具、服务人员携带的应税行李物品、个人邮递物品、馈赠物品以及以其他方式入境的个人物品等项物品，简称进口物品。

海关总署规定数额以内的个人自用进境物品，免征进口税。

超过海关总署规定数额但仍在合理数量以内的个人自用进境物品，由进境物品的纳税义务人在进境物品放行前按照规定缴纳进口税。

超过合理、自用数量的进境物品应当按照进口货物依法办理相关手续。

二、进境物品进口税的纳税人

进境物品的纳税义务人是指携带物品进境的入境人员、进境邮递物品的收件人以及以其他方式进口物品的收件人。进境物品的纳税义务人可以自行办理纳税手续，也可以委托他人办理纳税手续。接受委托的人应当遵守本章对纳税义务人的各项规定。

应税个人自用物品，不包括汽车、摩托车及其配件、附件。对进口应税个人自用汽车、摩托车及其配件、附件，以及超过海关规定自用合理数量部分的应税物品应按货物进口程序办理报关验放手续。

三、进境物品进口税税目与税率

海关应当按照《进境物品进口税税率表》及海关总署制定的《中华人民共和国进境物品归类表》、《中华人民共和国进境物品完税价格表》对进境物品进行归类、确定完税价格和确定适用税率。

四、进境物品进口税应纳税额的计算

进口税从价计征,进口税的计算公式为:

进口税税额 = 完税价格 × 进口税税率

进境物品,适用海关填发税款缴款书之日实施的税率和完税价格。

纳税义务人应当在海关放行应税个人自用物品之前缴纳税款。

五、进境物品进口税税款追征和退税

进口税的减征、免征、补征、追征、退还以及对暂准进境物品征收进口税参照本条例对货物征收进口关税的有关规定执行。

第六节　关税的征收管理

一、关税的申报制度

（1）进口货物的纳税义务人应当自运输工具申报进境之日起 14 日内,出口货物的纳税义务人除海关特准的以外,应当在货物运抵海关监管区后、装货的 24 小时以前,向货物的进出境地海关申报。进出口货物转关运输的,按照海关总署的规定执行。

进口货物到达前,纳税义务人经海关核准可以先行申报。具体办法由海关总署另行规定。

（2）纳税义务人应当依法如实向海关申报,并按照海关的规定提供有关确定完税价格、进行商品归类、确定原产地以及采取反倾销、反补贴或者保障措施等所需的资料;必要时,海关可以要求纳税义务人补充申报。

（3）纳税义务人应当按照《税则》规定的目录条文和归类总规则、类注、章注、子目注释以及其他归类注释,对其申报的进出口货物进行商品归类,并归入相应的税则号列;海关应当依法审核确定该货物的商品归类。

（4）海关可以要求纳税义务人提供确定商品归类所需的有关资料;必要时,海关可以组织化验、检验,并将海关认定的化验、检验结果作为商品归类的依据。

（5）海关为审查申报价格的真实性和准确性,可以查阅、复制与进出口货物有关的合同、发票、账册、结付汇凭证、单据、业务函电、录音录像制品和其他反映买卖双方关系及交易活动的资料。

海关对纳税义务人申报的价格有怀疑并且所涉关税数额较大的,经直属海关关长或者其授权的隶属海关关长批准,凭海关总署统一格式的协助查询账户通知书及有关工作人员的工作证件,可以查询纳税义务人在银行或者其他金融机构开立的单位账户的资金往来情况,并向银行业监督管理机构通报有关情况。

（6）海关对纳税义务人申报的价格有怀疑的,应当将怀疑的理由书面告知纳税义务人,要求其在规定的期限内书面作出说明、提供有关资料。

纳税义务人在规定的期限内未作说明、未提供有关资料的，或者海关仍有理由怀疑申报价格的真实性和准确性的，海关可以不接受纳税义务人申报的价格，并按照《中华人民共和国进出口关税条例》第三章的规定估定完税价格。即按照本教材本章第四节的规定估定完税价格。

（7）海关审查确定进出口货物的完税价格后，纳税义务人可以以书面形式要求海关就如何确定其进出口货物的完税价格作出书面说明，海关应当向纳税义务人作出书面说明。

二、关税的纳税期限

关税是在货物实际进出境时即在纳税人按进出口货物通关规定向海关申报后，海关放行前一次性缴纳。

纳税义务人应当自海关填发税款缴款书之日起15日内向指定银行缴纳税款。逾期缴纳税款的，海关应当自缴款期限届满之日起至缴清税款之日止，按日加收滞纳税款万分之五的滞纳金。纳税义务人应当自海关填发滞纳金缴款书之日起15日内向指定银行缴纳滞纳金。滞纳金缴款书的格式与税款缴款书相同。

海关征收关税、滞纳金等，应当制发缴款凭证。

缴款期限届满日遇星期六、星期日等休息日或者法定节假日的，应当顺延至休息日或者法定节假日之后的第一个工作日。国务院临时调整休息日与工作日的，海关应当按照调整后的情况计算缴款期限。

关税、进口环节海关代征税、滞纳金等，应当按人民币计征，采用四舍五入法计算至分。

滞纳金的起征点为50元。

三、关税的缓征和退还

（一）缓征

纳税义务人因不可抗力或者在国家税收政策调整的情形下，不能按期缴纳税款的，经海关总署批准，可以延期缴纳税款，但是最长不得超过6个月。

（二）退还

海关发现多征税款的，应当立即通知纳税义务人办理退还手续。

纳税义务人发现多缴税款的，自缴纳税款之日起1年内，可以以书面形式要求海关退还多缴的税款并加算银行同期活期存款利息；海关应当自受理退税申请之日起30日内查实并通知纳税义务人办理退还手续。纳税义务人应当自收到通知之日起3个月内办理有关退税手续。

有下列情形之一的，纳税义务人自缴纳税款之日起1年内，可以申请退还关税，并应当以书面形式向海关说明理由，提供原缴款凭证及相关资料：

1. 已征进口关税的货物，因品质或者规格原因，原状退货复运出境的；
2. 已征出口关税的货物，因品质或者规格原因，原状退货复运进境，并已重新缴纳因出口而退还的国内环节有关税收的；
3. 已征出口关税的货物，因故未装运出口，申报退关的。

四、关税的补征和追征

1. 进出口货物的纳税义务人在规定的纳税期限内有明显的转移、藏匿其应税货物以及其他财产迹象的，海关可以责令纳税义务人提供担保；纳税义务人不能提供担保的，海关可以按照《海关法》第六十一条的规定采取税收保全措施。
2. 纳税义务人、担保人自缴纳税款期限届满之日起超过3个月仍未缴纳税款的，海关可以按照《海关法》第六十条的规定采取强制措施。
3. 进出口货物放行后，海关发现少征或者漏征税款的，应当自缴纳税款或者货物放行之日起1年内，向纳税义务人补征税款。但因纳税义务人违反规定造成少征或者漏征税款的，海关可以自缴纳税款或者货物放行之日起3年内追征税款，并从缴纳税款或者货物放行之日起按日加收少征或者漏征税款万分之五的滞纳金。
4. 需由海关监管使用的减免税进口货物，在监管年限内转让或者移作他用需要补税的，海关应当根据该货物进口时间折旧估价，补征进口关税。

第7章

企业所得税

【内容提要】 企业所得税是国家对企业取得的所得征收的一种税。它是国家参与企业纯收入分配,规范国家与企业分配关系的重要手段。我国现行的企业所得税的基本规范,是2007年3月16日第十届全国人大五次会议通过,于2008年1月1日起开始实施的《中华人民共和国企业所得税法》和2007年12月11日发布,自2008年1月1日起施行的《中华人民共和国企业所得税法实施条例》,以及国务院财政、税务部门发布的相关规定。企业所得税法明确规定,我国境内的企业和其他取得收入的组织为企业所得税的纳税义务人,征税对象是纳税人每一纳税年度取得的生产经营所得、其他所得和清算所得,实行统一的25%的比例税率;企业所得税以应纳税所得额为计税依据,采取按年计算,分月(或分季度)预缴、年终汇算清缴的计税办法,由纳税人向其登记注册地或实际管理机构所在地主管税务机关申报缴纳;根据国民经济和社会发展需要,企业所得税法还综合运用优惠税率、免税、减税、加计扣除、加速折旧、减计收入、抵扣抵免等方法,统一建立了"产业优惠为主、区域优惠为辅"的新税收优惠政策体系。

第一节 企业所得税概述

一、企业所得税的概念

企业所得税是我国税制结构中的一个重要税种,它是对我国境内的企业和其他取得收入的组织的生产经营所得和其他所得征收的所得税。

在企业所得税法通过以前,我国企业所得税制度伴随着社会结构和经济体制的重大调整经历了两个阶段:第一个阶段,区分企业所有制形式,对不同所有制形式的企业所得税分别立法。全国人民代表大会于1980年9月通过了《中外合资经营企业所得税法》、1981年12月通过了《外国企业所得税法》;国务院于1984年9月发布了《国营企业所得税条例(草案)》和《国营企业调节税征收办法》、1985年4月发布了《集体企业所得税暂行条例》、

1988年6月发布了《私营企业所得税暂行条例》。分别对中外合资经营企业、外国企业、国营企业、集体企业和私营企业开征企业所得税。第二个阶段，随着经济体制改革的深入、扩大对外开放的需要，企业所得税制度改变了区分所有制的模式，改为以区分内外资企业立法，分别统一了外资企业所得税和内资企业所得税。全国人民代表大会于1991年4月制定了《外商投资企业和外国企业所得税法》，并于同年7月1日起施行；国务院于1993年12月13日制定了《企业所得税暂行条例》，并于1994年1月1日施行。这种内外有别的企业所得税制度，在对外开放、吸引外资、发展经济方面发挥了重要作用。但是，随着我国加入世界贸易组织后，国内市场对外资进一步开放，内资企业也逐渐融入世界经济体系当中，面临的竞争压力也越来越大，在这种形势下继续采取内、外资企业不同的税收政策，必将使内资企业处于不平等竞争地位，从而影响统一、规范、公平竞争的市场环境的建立，内、外资企业所得税合并势在必行。2006年12月24日，合并的企业所得税法草案首次提请全国人大常委会审议，2007年3月9日第十届全国人大五次会议第二次全体会议审议《中华人民共和国企业所得税法（草案）》，2007年3月16日第十届全国人民代表大会第五次全体会议通过《中华人民共和国企业所得税法》，同年11月28日国务院第197次常务会议通过了《中华人民共和国企业所得税法实施条例》，并于2008年1月1日起正式实施。

二、企业所得税特点

我国的企业所得税具有以下特点：

（一）征税范围广

我国20世纪50年代至20世纪80年代中期实行的工商所得税，其征税范围主要是非国有的集体所有制企业及其他企业；20世纪80年代中后期按所有制成分分别设置税种，各税种的征税范围只限于相应的经济成分的企业；现行的企业所得税，其征税范围包括了我国境内所有的不同经济性质和类别的企业以及有经营所得的其他组织来源于中国境内或境外的所得。

（二）税负公平

我国企业所得税对企业，不区分所有制形式，不区分地区、行业和层次，实行统一的比例税率，其目的就是在于突出简便和中性。因此企业所得税是能够较好体现公平税负和税收中性的一个良性税种。

（三）税基约束力强

企业所得税的税基是应纳税所得额，即纳税人每一纳税年度的收入总额减去不征税收入、免税收入、法定扣除项目和以前年度亏损后的余额。为了保护税基，企业所得税法明确了收入总额、不征税收入、免税收入和扣除项目金额的确定以及资产的税务处理等内容，使得应纳税所得额的计算相对独立于企业的会计核算，体现了税法的强制性与统一性。

（四）纳税人与负税人一致

纳税人缴纳的企业所得税一般不易转嫁，而是由纳税人自己负担，因此，企业所得税在调节纳税人收入、调节经济等方面具有较明显的作用。

（五）税收收入及时、均衡

企业所得税采取按年计算，分月或分季预缴，年终汇算清缴的征收管理办法，与会计年度和核算期限一致，使得税收收入的取得比较及时、均衡，保证了财政收入。

三、企业所得税作用

企业所得税法的实施是我国所得税制的一次重大改革。统一后的企业所得既在保留原内、外资企业所得税各种税合理内核的基础上，剔除了其与经济发展和体制改革不相适应的因素，总结了20年来我国所得税立法与执法的经验教训，并进一步向国际惯例靠拢，对我国社会主义市场经济的建立和发展必将产生积极而深远的影响。

（一）促进企业改善经营管理活动，提升企业的盈利能力

由于企业所得税只对利润征税，往往采用比例税率，因此对大多数企业来说承担相同的税负水平。相对于累进税率，采用比例税率的企业所得税更有利于促使企业改善经营管理，努力降低成本，提高盈利能力和水平。

（二）调节产业结构，促进经济发展

所得税的调节作用在于公平税负、量能负担。虽然世界各国的法人所得税往往采用比例税率的形式，在一定程度上削弱了所得税的调控功能，但在税制设计中，世界各国通过各项税收优惠的实施，发挥政府在对纳税人投资、产业结构调整、环境治理等方面的调控作用。

（三）为国家建设筹集财政资金

税收的首要职能就是筹集财政收入。随着我国收入向企业和居民分配的倾斜，随着经济的发展和企业盈利水平的提高，企业所得税占全部税收收入的比重越来越高，将成为我国税制的主体税种之一。

第二节 企业所得税的征税对象、纳税人和税率

一、企业所得税的征税对象

企业所得税的征税对象是纳税人每一纳税年度取得的来源于境内、境外的生产经营所得、其他所得和清算所得。其中，生产、经营所得是指销售货物、提供劳务取得的所得；其他所得包括转让财产所得、股息红利等权益性投资所得，以及利息所得、租金所得、特许权

使用费所得、接受捐赠所得和其他所得；清算所得是指企业的全部资产可变现价值或者交易价格减除资产净值、清算费用以及相关税费等后的余额。

二、企业所得税的纳税人

企业所得税的纳税义务人，是指在中华人民共和国境内的企业和其他取得收入的组织。具体包括国有企业、集体企业、私营企业、联营企业、股份制企业、中外合资经营企业、中外合作经营企业、外国企业、外资企业、事业单位、社会团体、民办非企业单位和从事经营活动的其他组织，但不包括个人独资企业和合伙企业。

（一）纳税人的分类

企业所得税法对纳税人的身份认定，采用规范的"居民企业"和"非居民企业"标准，并按照国际上通行的做法，以企业登记注册地和企业实际管理机构所在地为具体判断规则。其中，实际管理机构，是指对企业的生产经营、人员、账务、财产等实施实质性全面管理和控制的机构。

1. 居民企业。居民企业，是指依法在中国境内成立，或者依照外国（地区）法律成立但实际管理机构在中国境内的企业。

2. 非居民企业。非居民企业，是指依照外国（地区）法律成立且实际管理机构不在中国境内，但在中国境内设立机构、场所的，或者在中国境内未设立机构、场所，但有来源于中国境内所得的企业。所称机构、场所，是指在中国境内从事生产经营活动的机构、场所，具体包括：

（1）管理机构、营业机构、办事机构；
（2）工厂、农场、开采自然资源的场所；
（3）提供劳务的场所；
（4）从事建筑、安装、装配、修理、勘探等工程作业的场所；
（5）其他从事生产经营活动的机构、场所。

非居民企业委托营业代理人在中国境内从事生产经营活动的，包括委托单位或者个人经常代其签订合同，或者储存、交付货物等，该营业代理人视为非居民企业在中国境内设立的机构、场所。

（二）纳税义务

纳税义务与税收管辖权密切相关。税收管辖权是一国政府在税收管理方面的主权，是国家主权的重要组成部分。为了有效地行使税收管辖权，最大限度地维护我国的税收利益，企业所得税法根据国际通行做法，采用地域管辖权和居民管辖权相结合的双重管辖权标准，对居民企业和非居民企业分别确定了不同的纳税义务。

1. 居民企业的纳税义务。居民企业承担全面的纳税义务，应就其来源于我国境内、境外的全部所得纳税。所得，包括销售货物所得、提供劳务所得、转让财产所得、股息红利等权益性投资所得，以及利息所得、租金所得、特许权使用费所得、接受捐赠所得和其他所得。

2. 非居民企业的纳税义务。非居民企业承担有限纳税义务，一般只就来源于我国境内的所得纳税。具体地，非居民企业在中国境内设立机构、场所的，应当就其所设机构、场所取得的来源于中国境内的所得，以及发生在中国境外但与其所设机构、场所有实际联系的所得，缴纳企业所得税；非居民企业在中国境内未设立机构、场所的，或者虽设立机构、场所但取得的所得与其所设机构、场所没有实际联系的，应当就其来源于中国境内的所得缴纳企业所得税。

上述所称实际联系，是指非居民企业在中国境内设立的机构、场所拥有的据以取得所得的股权、债权，以及拥有、管理、控制据以取得所得的财产。

(三) 所得来源的确定

1. 销售货物所得，按照交易活动发生地确定。
2. 提供劳务所得，按照劳务发生地确定。
3. 转让财产所得，(1) 不动产转让所得按照不动产所在地确定；(2) 动产转让所得按照转让动产的企业或者机构、场所所在地确定；(3) 权益性投资资产转让所得按照被投资企业所在地确定。
4. 股息、红利等权益性投资所得，按照分配所得的企业所在地确定。
5. 利息所得、租金所得、特许权使用费所得，按照负担、支付所得的企业或者机构、场所所在地确定，或者按照负担、支付所得的个人的住所地确定。
6. 其他所得，由国务院财政、税务主管部门确定。

三、企业所得税的税率

我国企业所得税实行比例税率，具体规定是：

1. 基本税率25%。适用于居民企业和在中国境内设有机构、场所且所得与机构、场所有关联的非居民企业。

企业所得税基本税率设定为25%，主要是考虑企业税负水平、财政承受能力以及周边国家的税率水平等因素。据有关资料介绍，目前，世界上近160个实行企业所得税的国家（地区）平均税率为28.6%，我国周边18个国家（地区）的平均税率为26.7%。我国现行企业所得税税率处于中等偏下水平。

2. 预提所得税税率20%。适用于在中国境内未设立机构、场所的，或者虽设立机构、场所但取得的所得与其所设机构、场所没有实际联系的非居民企业。实际征税时，可享受减按10%的税率计征企业所得税的优惠。

3. 优惠税率20%和15%。符合条件的小型微利企业适用20%的优惠税率；符合条件的高新技术企业适用15%的优惠税率。

第三节 企业所得税应纳税所得额的确定

企业所得税以应纳税所得额为计税依据。企业每一个纳税年度的收入总额，减除不征税收入、免税收入、各项扣除以及允许弥补的以前年度亏损后的余额为应纳税所得额。其计算公式为：

应纳税所得额 = 收入总额 - 不征税收入 - 免税收入 - 各项扣除 - 以前年度亏损

应纳税所得额是依据税法规定计算的，它与依据企业会计制度、企业会计准则计算的利润总额是两个不同的概念，二者既相互联系又相互区别。企业所得税法明确规定，在计算应纳税所得额时，企业财务、会计处理办法与税收法律、行政法规的规定不一致的，应当依照税收法律、行政法规的规定计算。因此，对企业按照有关财务会计制度规定计算的利润总额，还要按照税法的规定进行必要调整后，才能作为应纳税所得额计算缴纳企业所得税。

企业应纳税所得额的计算以权责发生制为原则，属于当期的收入和费用，不论款项是否收付，均作为当期的收入和费用；不属于当期的收入和费用，即使款项已经在当期收付，均不作为当期的收入和费用。

企业不能提供完整、准确的收入、支出凭证，不能正确申报应纳税所得额的，主管税务机关可以采取成本加合理利润、费用换算以及其他合理方法核定其应纳税所得额。

一、收入总额

企业的收入总额包括以货币形式和非货币形式从各种来源取得的收入，具体包括：销售货物收入、提供劳务收入、转让财产收入、股息、红利等权益性投资收益，以及利息收入、租金收入、特许权使用费收入、接受捐赠收入、其他收入。

企业以货币形式取得的收入，包括现金、存款、应收账款、应收票据、准备持有至到期的债券投资以及债务的豁免等；以非货币形式取得的收入，包括固定资产、生物资产、无形资产、股权投资、存货、不准备持有至到期的债券投资、劳务以及有关权益等。

取得货币形式收入的，按照取得的实际金额确认收入额；取得非货币形式收入的，应当按照公允价值确认收入额。企业所得税法所确认的公允价值是指按照市场价格确定的价值。

（一）销售货物收入

销售货物收入，是指企业销售商品、产品、原材料、包装物以及其他存货取得的收入。

1. 收入时间的确认。企业销售商品同时满足下列条件的，应确认收入的实现：

（1）商品销售合同已签订，企业已将商品所有权相关的主要风险和报酬转移给购货方。

（2）企业对已售出的商品既没有保留通常与所有权相联系的继续管理权，也没有实施有效控制。

（3）收入的金额能够可靠地计量。

（4）已发生或将发生的销售方的成本能够可靠地核算。

符合以上款项收入确认条件，采取下列商品销售方式的，应按以下规定确认收入实现时间：

（1）销售商品采用托收承付方式的，在办妥托收手续时确认收入。

（2）销售商品采取预收款方式的，在发出商品时确认收入。

（3）销售商品需要安装和检验的，在购买方接受商品以及安装和检验完毕时确认收入。如果安装程序比较简单，可在发出商品时确认收入。

（4）销售商品采用支付手续费方式委托代销的，在收到代销清单时确认收入。

2. 收入金额的确认。

（1）企业应当按照从购货方已收或应收的合同或协议价款确定销售货物收入金额。

（2）销售货物涉及现金折扣的，应按照扣除现金折扣前的金额确定销售货物收入金额，现金折扣在实际发生时计入当期损益。

（3）销售货物涉及商业折扣的，应按照扣除商业折扣后的金额确定销售货物收入金额。

（4）采用售后回购方式销售货物的，销售的货物按售价确认收入，回购的货物作为购进货物处理。有证据表明不符合销售收入确认条件的，如以销售货物方式进行融资，收到的款项应确认为负债，回购价格大于原售价的，差额应在回购期间确认为利息费用。

（5）企业已经确认销售货物收入的售出货物发生销售折让和销售退回的，应当在发生时冲减当期销售货物收入。

（二）提供劳务收入

提供劳务收入，是指企业从事建筑安装、修理修配、交通运输、仓储租赁、金融保险、邮电通信、咨询经纪、文化体育、科学研究、技术服务、教育培训、餐饮住宿、中介代理、卫生保健、社区服务、旅游、娱乐、加工以及其他劳务服务活动取得的收入。

企业在各个纳税期末，提供劳务交易的结果能够可靠估计的，应采用完工进度（完工百分比）法确认提供劳务收入。

1. 收入时间的确认。提供劳务交易的结果能够可靠估计，是指同时满足下列条件：

（1）收入的金额能够可靠地计量。

（2）交易的完工进度能够可靠地确定。

（3）交易中已发生和将发生的成本能够可靠地核算。

企业提供劳务完工进度的确定，可选用下列方法：

（1）已完工作的测量。

（2）已提供劳务占劳务总量的比例。

（3）发生成本占总成本的比例。

2. 收入金额的确认。企业应按照从接受劳务方已收或应收的合同或协议价款确定劳务收入总额，根据纳税期末提供劳务收入总额乘以完工进度扣除以前纳税年度累计已确认提供劳务收入后的金额，确认为当期劳务收入；同时，按照提供劳务估计总成本乘以完工进度扣除以前纳税期间累计已确认劳务成本后的金额，结转为当期劳务成本。

（三）转让财产收入

转让财产收入，是指企业转让固定资产、生物资产、无形资产、股权、债权等财产取得的收入。

1. 收入时间的确认。企业转让财产同时满足以下条件时，应当确认转让财产收入：

（1）企业获得已实现经济利益或潜在的经济利益的控制权。

（2）与交易相关的经济利益能够流入企业。

（3）相关的收入和成本能够合理地计量。

2. 收入金额的确认。企业应当按照从财产受让方已收或应收的合同或协议价款确定转让财产收入金额。

(四) 股息、红利等权益性投资收益

股息、红利等权益性投资收益，是指企业因权益性投资从被投资方取得的收入。

1. 收入时间的确认。股息、红利等权益性投资收益，除国务院财政、税务主管部门另有规定外，应当按照被投资企业做出利润分配决定的日期确认收入实现，而不论企业是否实际收到股息、红利等收益款项。

2. 收入金额的确认。企业应当按照从被投资企业分配的股息、红利和其他利润分配收益全额确认收入；企业如用其他方式变相进行利润分配的，应将权益性投资的全部收益款项作为股息、红利收益。

(五) 利息收入

利息收入，是指企业将资金提供他人使用但不构成权益性投资，或者因他人占用本企业资金取得的收入，包括存款利息、贷款利息、债券利息、欠款利息等收入。

利息收入应当按照合同约定的债务人应付利息的日期确认收入的实现。

利息收入金额，应当按照有关借款合同或协议约定的金额确定。对于企业持有到期的长期债券或发放长期贷款取得的利息收入，可按照实际利率法确认收入的实现。

(六) 租金收入

租金收入，是指企业提供固定资产、包装物或者其他有形资产的使用权取得的收入。

租金收入，按照合同约定的承租人应付租金的日期确认收入的实现；企业租金收入金额，应当按照有关租赁合同或协议约定的金额全额确定。

(七) 特许权使用费收入

特许权使用费收入，是指企业提供专利权、非专利技术、商标权、著作权以及其他特许权的使用权取得的收入。

特许权使用费收入，按照合同约定的特许权使用人应付特许权使用费的日期确认收入的实现；企业特许权使用费收入金额，应当按照有关使用合同或协议约定的金额全额确定。

(八) 接受捐赠收入

接受捐赠收入，是指企业接受的来自其他企业、组织或者个人无偿给予的货币性资产、非货币性资产。

接受捐赠收入，按照实际收到捐赠资产的日期确认收入的实现；企业接受捐赠收入金额，按照捐赠资产的公允价值确定。

(九) 其他收入

其他收入，是指企业取得的除以上收入外的其他收入，包括企业资产溢余收入、逾期未退包装物押金收入、确实无法偿付的应付款项、已做坏账损失处理后又收回的应收款项、债务重组收入、补贴收入、违约金收入、汇兑收益等。

1. 收入时间的确认。企业的其他收入同时满足下列条件的,应当确认收入:
(1) 相关的经济利益能够流入企业;
(2) 收入的金额能够合理地计量。
2. 收入金额的确认。企业其他收入金额,按照实际收入额或相关资产的公允价值确定。

(十) 特殊收入的确认

1. 以分期收款方式销售货物的,按照合同约定的收款日期确认收入的实现。
2. 企业受托加工制造大型机械设备、船舶、飞机,以及从事建筑、安装、装配工程业务或者提供其他劳务等,持续时间超过 12 个月的,按照纳税年度内完工进度或者完成的工作量确认收入的实现。
3. 采取产品分成方式取得收入的,按照企业分得产品的日期确认收入的实现,其收入额按照产品的公允价值确定。
4. 企业发生非货币性资产交换,以及将货物、财产、劳务用于捐赠、偿债、赞助、集资、广告、样品、职工福利或者利润分配等用途的,应当视同销售货物、转让财产或者提供劳务,但国务院财政、税务主管部门另有规定的除外。

企业所得说法采用的是法人所得税的模式,因而缩小了视同销售的范围,对于货物在统一法人实体内部之间转移,比如用于在建工程、管理部门、分公司等不再作为销售处理。

5. 处置资产收入的确认。根据《国家税务总局关于企业处置资产所得税处理问题的通知》(国税函〔2008〕828 号)规定,自 2008 年 1 月 1 日起,企业处置资产的所得税处理按以下规定执行:

(1) 企业发生下列情形的处置资产,除将资产转移至境外的以外,由于资产所有权属在形式和实质上均不发生改变,可作为内部处置资产,不视同销售确认收入,相关资产的计税基础延续计算。

① 将资产用于生产、制造、加工另一产品;
② 改变资产形状、结构或性能;
③ 改变资产用途(如自建商品房转为自用或经营);
④ 将资产在总机构及其分支机构之间转移;
⑤ 上述两种或两种以上情形的混合;
⑥ 其他不改变资产所有权属的用途。

(2) 企业将资产移送他人的下列情形,因资产所有权属已发生改变而不属于内部处置资产,应按规定视同销售确认收入。

① 用于市场推广或销售;
② 用于交际应酬;
③ 用于职工奖励或福利;
④ 用于股息分配;
⑤ 用于对外捐赠;
⑥ 其他改变资产所有权属的用途。

上述移送他人使用的资产,属于企业自制的,应按企业同类资产同期对外销售价格确定销售收入;属于外购的,可按购入时的价格确定销售收入。

二、不征税收入和免税收入

（一）不征税收入

收入总额中的下列收入为不征税收入：

1. 财政拨款，是指各级人民政府对纳入预算管理的事业单位、社会团体等组织拨付的财政资金，但国务院和国务院财政、税务主管部门另有规定的除外。

2. 依法收取并纳入财政管理的行政事业性收费、政府性基金。行政事业性收费，是指企业依照法律法规等有关规定，按照国务院规定程序批准，在实施社会公共管理，以及在向公民、法人或者其他组织提供特定公共服务过程中，向特定对象收取并纳入财政管理的费用；政府性基金，是指企业依照法律、行政法规等有关规定，代政府收取的具有专项用途的财政资金。

3. 国务院规定的其他不征税收入，是指企业取得的，由国务院财政、税务主管部门报国务院批准的有专门用途的财政性资金。财政性资金，是指企业取得的来源于政府及其有关部门的财政补助、补贴、贷款贴息，以及其他各类财政专项资金，包括直接减免的增值税和即征即退、先征后退、先征后返的各种税收，但不包括企业按规定取得的出口退税款。

（二）免税收入

企业的下列收入为免税收入：

1. 国债利息收入，是指企业持有国务院财政部门发行的国债取得的利息收入。

2. 符合条件的居民企业之间的股息、红利等权益性收益，是指居民企业直接投资于其他居民企业取得的投资收益，不包括连续持有居民企业公开发行并上市流通的股票不足12个月取得的投资收益。

3. 在中国境内设立机构、场所的非居民企业从居民企业取得与该机构、场所有实际联系的股息、红利等权益性投资收益，该收益不包括连续持有居民企业公开发行并上市流通的股票不足12个月取得的投资收益。

4. 符合条件的非营利组织的收入，不包括非营利组织从事营利性活动取得的收入，但国务院财政、税务主管部门另有规定的除外。

三、法定扣除项目

（一）税前扣除的一般原则

企业所得税法明确规定，在计算企业所得税前准予扣除的项目和金额应真实、合法。所谓真实是指能够提供准许使用的有效证明，证明有关支出确属已经实际发生；合法是指符合国家税收法规，若其他法规与税收规定不一致的，以税收法规规定为准。除税收法规另有规定外，税前扣除一般应遵循以下原则：

1. 权责发生制原则。企业应在费用发生时而不是实际支付时确认扣除。

2. 配比原则。企业发生的费用应当与收入配比扣除。除特殊规定外，企业发生的费用不得提前或滞后申报扣除。

3. 相关性原则。企业可扣除的费用从性质和根源上必须与取得应税收入直接相关。
4. 确定性原则。企业可扣除的费用不论何时支付，其金额必须是确定的。
5. 合理性原则。企业可扣除费用的计算和分配方法应符合一般的经营常规和会计惯例。
6. 正确区分收益性支出和资本性支出原则。收益性支出在发生当期直接扣除；资本性支出应当分期扣除或者计入有关资产成本，不得在发生当期直接扣除。

（二）法定扣除项目的范围

企业实际发生的与取得收入有关的、合理的支出，包括成本、费用、税金、损失和其他支出，准予在计算应纳税所得额时扣除。但是，除企业所得税法及其实施条例另有规定外，企业发生的成本、费用、税金、损失和其他支出，不得重复扣除；企业的不征税收入用于支出所形成的费用或者财产，不得扣除或者计算对应的折旧、摊销扣除。

1. 成本，是指企业在生产经营活动中所发生的销售成本、销货成本、业务支出以及其他耗费。

企业发生的成本必须是企业销售商品、提供劳务、转让固定资产和无形资产等生产经营活动中发生的，在非生产经营活动中发生的支出或者耗费，不得作为企业生产经营成本予以认定。销售成本，是生产性企业在生产产品过程中，耗费产品所需的原材料、直接人工以及耗费在产品的辅助材料、物料等；销货成本，是商品流通企业销售货物的成本，由企业所销货物的购买价加上可直接归属于销售货物所发生的支出组成；业务支出，是服务业企业提供服务过程中发生的支出，包括直接耗费的原材料、服务人员的工资薪金等直接可归属于服务的其他支出；其他耗费，凡是企业在生产产品、销售商品、提供劳务等过程中耗费的其他直接相关支出，如果没有列入费用的范畴，都允许作为其他耗费列入成本的范围，在计算企业所得税前扣除。

2. 费用，是指企业在生产经营活动中发生的销售费用、管理费用和财务费用。已经计入成本的有关费用除外。

企业发生的费用必须是企业在生产产品、提供劳务、销售商品等经营活动中发生的支出或者耗费，在非生产经营活动中发生的支出，不得作为企业生产经营费用本予以认定。

销售费用，是指应由企业负担的为销售商品而发生的费用，包括广告费、运输费、装卸费、包装费、展览费、保险费、销售佣金（能直接认定的进口佣金调整商品进价成本）、代销手续费、经营性租赁费及销售部门发生的差旅费、工资、福利费等费用。

管理费用，是指企业的行政管理部门为管理组织经营活动提供各项支援性服务而发生的费用。

财务费用，是指企业筹集经营性资金而发生的费用，包括利息净支出、汇总净损失、金融机构手续费以及其他非资本化支出。

3. 税金，是指企业发生的除企业所得税和允许抵扣的增值税以外的企业缴纳的各项税金及其附加费。

企业发生的与取得收入有关的实际缴纳的税金及附加费包括消费税、营业税、关税、资源税、城市维护建设税、土地增值税、房产税、车船税、土地使用税、车辆购置税、印花税、教育费附加等。

4. 损失，是指企业在生产经营活动中发生的固定资产和存货的盘亏、毁损、报废损失、转让财产损失、呆账损失、坏账损失、自然灾害等不可抗力因素造成的损失以及其他损失。

企业发生的损失，减除责任人赔偿和保险赔款后的余额，依照国务院财政、税务主管部门的规定扣除。

企业已经作为损失处理的资产，在以后纳税年度又全部收回或者部分收回时，应当计入当期收入。

5. 其他支出，是指除成本、费用、税金、损失外，企业在生产经营活动中发生的与生产经营活动有关的、合理的支出。

（三）法定扣除项目的标准

企业在计算应纳税所得额时，下列项目可按照实际发生额或规定的标准扣除。

1. 工资、薪金支出。企业发生的合理的工资、薪金支出，准予扣除。

工资、薪金支出，是指企业每一纳税年度支付给本企业任职或者与其有雇佣关系的员工的所有现金或非现金形式的劳动报酬，包括基本工资、奖金、津贴、补贴、年终加薪、加班工资，以及与任职或者是受雇有关的其他支出。

合理的工资、薪金，是指企业按照股东大会、董事会、薪酬委员会或相关管理机构制定的工资薪金制度规定实际发放给员工的工资、薪金。税务机关在对工资、薪金进行合理性确认时，可按以下原则掌握：

（1）企业制定了较为规范的员工工资、薪金制度。

（2）企业所制定的工资、薪金制度符合行业及地区水平。

（3）企业在一定时期所发放的工资、薪金是相对固定的，工资、薪金的调整是有序进行的。

（4）企业对实际发放的工资、薪金，已依法履行了代扣代缴个人所得税义务。

（5）有关工资、薪金的安排，不以减少或逃避税款为目的。

2. 职工福利费、工会经费、职工教育经费。企业实际发生的职工福利费、工会经费、职工教育经费，未超过标准的按实际数扣除，超过标准的只能按标准扣除。

（1）企业发生的职工福利费支出，不超过工资、薪金总额14%的部分准予扣除。

（2）企业拨缴的工会经费，不超过工资、薪金总额2%的部分准予扣除。

（3）除国务院财政、税务主管部门另有规定外，企业发生的职工教育经费支出，不超过工资、薪金总额2.5%的部分准予扣除，超过部分准予结转以后纳税年度扣除。

上述计算职工福利费、工会经费、职工教育经费的"工资、薪金总额"，是指企业按照税法规定实际发放的工资、薪金总和，不包括企业的职工福利费、职工教育经费、工会经费以及养老保险费、医疗保险费、失业保险费、工伤保险费、生育保险费等社会保险费和住房公积金。属于国有性质的企业，其工资、薪金，不得超过政府有关部门给予的限定数额；超过部分，不得计入企业工资、薪金总额，也不得在计算企业应纳税所得额时扣除。

3. 保险费。

（1）企业依照国务院有关主管部门或者省级人民政府规定的范围和标准为职工缴纳的"五险一金"，即基本养老保险费、基本医疗保险费、失业保险费、工伤保险费、生育保险费等基本社会保险费和住房公积金，准予扣除。

（2）企业为投资者或者职工支付的补充养老保险费、补充医疗保险费，在国务院财政、税务主管部门规定的范围和标准（分别不超过职工工资总额5%）内，准予扣除。

（3）企业依照国家有关规定为特殊工种职工支付的人身安全保险费和符合国务院财政、税务主管部门规定可以扣除的商业保险费，准予扣除。企业为投资者或者职工支付的商业保险费，不得扣除。

（4）企业参加财产保险，按照规定缴纳的保险费，准予扣除。

4. 借款费用。企业在生产经营活动中发生的合理的不需要资本化的借款费用，准予扣除。

企业为购置、建造固定资产、无形资产和经过12个月以上的建造才能达到预定可销售状态的存货发生借款的，在有关资产购置、建造期间发生的合理的借款费用，应当作为资本性支出计入有关资产的成本；购置、建造期结束后发生的借款费用不予资本化，应在发生的当期扣除。

企业在生产、经营活动中发生的利息费用，按下列规定扣除：

（1）非金融企业向金融企业借款的利息支出、金融企业的各项存款利息支出和同业拆借利息支出、企业经批准发行债券的利息支出可据实扣除。

（2）非金融企业向非金融企业借款的利息支出，不超过按照金融企业同期同类贷款利率计算的数额的部分可据实扣除，超过部分不得扣除。

5. 汇兑损失。企业在货币交易中，以及纳税年度终了时将人民币以外的货币性资产、负债按照期末即期人民币汇率中间价折算为人民币时产生的汇兑损失，除已经计入有关资产成本以及向所有者进行利润分配相关的部分外，准予扣除。

6. 业务招待费。企业发生的与生产经营活动有关的业务招待费支出，按照发生额的60%扣除，但最高不得超过当年销售（营业）收入的5‰。

7. 广告费和业务宣传费。企业发生的符合条件的广告费和业务宣传费支出，除国务院财政、税务主管部门另有规定外，不超过当年销售（营业）收入15%的部分，准予扣除；超过部分，准予结转以后纳税年度扣除。

8. 环境保护专项资金。企业依照法律、行政法规有关规定提取的用于环境保护、生态恢复等方面的专项资金，准予扣除。上述专项资金提取后改变用途的，不得扣除。

9. 租赁费。企业根据生产经营活动的需要租入固定资产支付的租赁费，按照以下方法扣除：

（1）以经营租赁方式租入固定资产发生的租赁费支出，按照租赁期限均匀扣除。

（2）以融资租赁方式租入固定资产发生的租赁费支出，按照规定构成融资租入固定资产价值的部分应当提取折旧费用，分期扣除。

10. 劳动保护支出。企业发生的合理的劳动保护支出，准予扣除。

劳动保护支出，是指企业依据劳动保护法的有关规定，确因工作需要为雇员配备的工作服、手套、安全保护用品等。非因工作需要和国家规定以外的，带有普遍福利性质的支出，除在福利费中支付的以外，一律视为工资、薪金支出。

11. 公益性捐赠支出。企业发生的公益性捐赠支出，不超过年度利润总额12%的部分，准予扣除。

年度利润总额，是指企业按照国家统一会计制度的规定计算的年度会计利润；公益性捐赠，是指企业通过公益性社会团体或者县级（含县级）以上人民政府及其部门，用于《中华人民共和国公益事业捐赠法》规定的公益事业的捐赠。

12. 有关资产的费用。企业转让各类固定资产发生的费用以及企业按规定计算的固定资产折旧费、无形资产的摊销费等，准予扣除。

13. 总机构分摊的费用。非居民企业在中国境内设立的机构、场所，就其中国境外总机构发生的与该机构、场所生产经营有关的费用，能够提供总机构出具的费用汇集范围、定额、分配依据和方法等证明文件，并合理分摊的，准予扣除。

14. 资产损失。企业当期发生的固定资产和流动资产盘亏、毁损净损失，由其提供清查盘存资料经主管税务机关审核后，准予扣除；企业因存货盘亏、毁损、报废等原因不得从销项税金中抵扣的进项税金，应视同企业财产损失，准予与存货损失一起在计算企业所得税前扣除。

15. 其他允许扣除的项目。依照有关法律、行政法规和国家有关税法规定准予扣除的其他项目有会员费、合理的会议费、差旅费、违约金、诉讼费用等。

四、不得扣除的项目

在计算应纳税所得额时，下列支出不得扣除：

（一）向投资者支付的股息、红利等权益性投资收益款项。

（二）企业所得税税款。

（三）税收滞纳金，是指纳税人违反税收法规，被税务机关处以的滞纳金。

（四）罚金、罚款和被没收财物的损失，是指纳税人违反国家有关法律、法规规定，被有关部门处以的罚款，以及被司法机关处以的罚金和被没收财物。

（五）超过规定标准的捐赠支出。

（六）赞助支出，是指企业发生的与生产经营活动无关的各种非广告性质支出。

（七）未经核定的准备金支出，是指不符合国务院财政、税务主管部门规定的各项资产减值准备、风险准备等准备金支出。

（八）企业之间支付的管理费、企业内营业机构之间支付的租金和特许权使用费，以及非银行企业内营业机构之间支付的利息，不得扣除。

（九）与取得收入无关的其他支出。

五、亏损弥补

企业发生的年度亏损，可以用下一纳税年度的所得弥补，下一纳税年度的所得不足以弥补的，可以逐年延续弥补，但最长期限不得超过5年。而且，企业在汇总计算缴纳企业所得税时，其境外营业机构的亏损不得抵减境内营业机构的盈利。

税法规定允许弥补的亏损，不同于财务会计中的亏损的含义，是指企业依照企业所得税法及其实施条例的规定，将每一纳税年度的收入总额减除不征税收入、免税收入和各项扣除后小于零的数额。

第四节 资产的税务处理

企业的各项资产,包括固定资产、生产性生物资产、无形资产、长期待摊费用、投资资产、存货等,以历史成本为计税基础。

历史成本,是指企业取得该项资产时实际发生的支出。企业所得税法规定,企业持有各项资产期间的资产增值或减值,除国务院财政、税务主管部门规定可以确认损益外,不得调整该资产的计税基础。

一、固定资产的税务处理

固定资产,是指企业为生产产品、提供劳务、出租或者经营管理而持有的、使用时间超过12个月的非货币性资产,包括房屋、建筑物、机器、机械、运输工具以及其他与生产经营活动有关的设备、器具、工具等。

(一) 固定资产的计税基础

固定资产按以下方法确定计税基础:

1. 外购的固定资产,以购买价款和支付的相关税费以及直接归属于使该资产达到预定用途发生的其他支出为计税基础。
2. 自行建造的固定资产,以竣工结算前发生的支出为计税基础。
3. 融资租入的固定资产,以租赁合同约定的付款总额和承租人在签订租赁合同过程中发生的相关费用为计税基础;租赁合同未约定付款总额的,以该资产的公允价值和承租人在签订租赁合同过程中发生的相关费用为计税基础。
4. 盘盈的固定资产,以同类固定资产的重置完全价值为计税基础。
5. 通过捐赠、投资、非货币性资产交换、债务重组等方式取得的固定资产,以该资产的公允价值和支付的相关税费为计税基础。
6. 改建的固定资产,除已足额提取折旧的固定资产和租入的固定资产以外的其他固定资产,以改建过程中发生的改建支出增加计税基础。

(二) 固定资产折旧的范围

在计算应纳税所得额时,企业按照规定计算的固定资产折旧,准予扣除。但下列固定资产不得计算折旧扣除:

1. 房屋、建筑物以外未投入使用的固定资产。
2. 以经营租赁方式租入的固定资产。
3. 以融资租赁方式租出的固定资产。
4. 已足额提取折旧仍继续使用的固定资产。
5. 与经营活动无关的固定资产。
6. 单独估价作为固定资产入账的土地。

7. 其他不得计算折旧扣除的固定资产。

(三) 固定资产折旧的计提方法

固定资产按照直线法计算的折旧，准予扣除；符合规定条件的固定资产按照加速折旧法计算的折旧，也准予扣除。具体规定如下：

1. 企业应当自固定资产投入使用月份的次月起计算折旧；停止使用的固定资产，应当自停止使用月份的次月起停止计算折旧。

2. 企业应当根据固定资产的性质和使用情况，合理确定固定资产的预计净残值。固定资产的预计净残值一经确定，不得变更。

(四) 固定资产折旧的年限

除国务院财政、税务主管部门另有规定外，固定资产计算折旧的最低年限规定如下：

1. 房屋、建筑物，为20年。
2. 飞机、火车、轮船、机器、机械和其他生产设备，为10年。
3. 与生产经营活动有关的器具、工具、家具等，为5年。
4. 飞机、火车、轮船以外的运输工具，为4年。
5. 电子设备，为3年。

从事开采石油、天然气等矿产资源的企业，在开始商业性生产前发生的费用和有关固定资产的折耗、折旧方法，由国务院财政、税务主管部门另行规定。

二、生产性生物资产的税务处理

生产性生物资产，是指为产出农产品、提供劳务或出租等目的而持有的生物资产，包括经济林、薪炭林、产畜和役畜等。

(一) 生产性生物资产的计税基础

生产性生物资产按照以下方法确定计税基础：

1. 外购的生产性生物资产，以购买价款和支付的相关税费为计税基础。
2. 通过捐赠、投资、非货币性资产交换、债务重组等方式取得的生产性生物资产，以该资产的公允价值和支付的相关税费为计税基础。

(二) 生产性生物资产的折旧方法

生产性生物资产按照直线法计算的折旧，准予扣除。企业应当自生产性生物资产投入使用月份的次月起计算折旧；停止使用的生产性生物资产，应当自停止使用月份的次月起停止计算折旧。

企业应当根据生产性生物资产的性质和使用情况，合理地确定生产性生物资产的预计净残值。生产性生物资产的预计净残值一经确定，不得变更。

（三）生产性生物资产的折旧年限

生产性生物资产计算折旧的最低年限规定如下：
1. 林木类生产性生物资产，为 10 年。
2. 畜类生产性生物资产，为 3 年。

三、无形资产的税务处理

无形资产，是指企业为生产产品、提供劳务、出租或经营管理而持有的、没有实物形态的非货币性长期资产，包括专利权、商标权、著作权、土地使用权、非专利技术、商誉等。

（一）无形资产的计税基础

无形资产按照以下方法确定计税基础：
1. 外购的无形资产，以购买价款和支付的相关税费以及直接归属于使该资产达到预定用途发生的其他支出为计税基础。
2. 自行开发的无形资产，以开发过程中该资产符合资本化条件后至达到预定用途前发生的支出为计税基础。
3. 通过捐赠、投资、非货币性资产交换、债务重组等方式取得的无形资产，以该资产的公允价值和支付的相关税费为计税基础。

（二）无形资产摊销的范围

在计算应纳税所得额时，企业按照规定计算的无形资产摊销费用，准予扣除。但下列无形资产不得计算摊销费用扣除：
1. 自行开发的支出已在计算应纳税所得额时扣除的无形资产。
2. 自创商誉。
3. 与经营活动无关的无形资产。
4. 其他不得计算摊销费用扣除的无形资产。

（三）无形资产的摊销方法及摊销年限

无形资产按照直线法计算的摊销费用，准予扣除。

无形资产的摊销年限不得低于 10 年；作为投资或者受让的无形资产，有关法律规定或者合同约定了使用年限的，可以按照规定或者约定的使用年限分期摊销；外购商誉的支出，在企业整体转让或者清算时，准予扣除。

四、长期待摊费用的税务处理

长期待摊费用，是指企业发生的摊销期限在一个纳税年度以上的费用。

（一）长期待摊费用的范围

企业发生的下列支出为长期待摊费用：
1. 已足额提取折旧的固定资产的改建支出。
2. 租入固定资产的改建支出。
3. 固定资产的大修理支出。
4. 其他应当作为长期待摊费用的支出。

固定资产的改建支出，是指改变房屋或者建筑物结构、延长使用年限等发生的支出。

固定资产的大修理支出，是指同时符合下列条件的支出：
（1）修理支出达到取得固定资产时的计税基础50%以上。
（2）修理后固定资产的使用年限延长2年以上。

（二）长期待摊费用的摊销方法及摊销期限

1. 固定资产的改建支出，除已足额提取折旧的固定资产和租入固定资产的改建支出外，应当增加该固定资产原值，其中延长固定资产使用年限的，还应当适当延长折旧年限，并相应调整计算折旧。

2. 已足额提取折旧的固定资产的改建支出，作为长期待摊费用，应当按照固定资产预计尚可使用年限分期摊销。

3. 租入固定资产的改建支出，作为长期待摊费用，应当按照合同约定的剩余租赁期限分期摊销。

4. 固定资产的大修理支出，作为长期待摊费用，应当按照固定资产尚可使用年限分期摊销。

5. 其他应当作为长期待摊费用的支出，自支出发生月份的次月起，分期摊销，摊销年限不得低于3年。

五、投资资产的税务处理

投资资产，是指企业对外进行权益性投资和债权性投资而形成的资产。

投资资产按以下方法确定投资成本：
1. 通过支付现金方式取得的投资资产，以购买价款为成本。
2. 通过支付现金以外的方式取得的投资资产，以该资产的公允价值和支付的相关税费为成本。

企业所得税法规定，企业对外投资期间，投资资产的成本在计算应纳税所得额时，不得扣除；但企业在转让或者处置投资资产时，投资资产的成本，准予扣除。

六、存货的税务处理

存货，是指企业持有以备出售的产品或者商品、处在生产过程中的在产品、在生产或者提供劳务过程中耗用的材料和物料等。

(一) 存货的计税基础

存货按照以下方法确定成本：
1. 通过支付现金方式取得的存货，以购买价款和支付的相关税费为成本。
2. 通过支付现金以外方式取得的存货，以该存货的公允价值和支付的相关税费为成本。
3. 生产性生物资产收获的农产品，以产出或者采收过程中发生的材料费、人工费和分摊的间接费用等必要支出为成本。

(二) 存货的成本计算方法

企业使用或者销售的存货的成本计算方法，可以在先进先出法、加权平均法、个别计价法中选用一种。计价方法一经选用，不得随意变更。

七、资产税务处理的其他规定

企业转让上述固定资产、生产性生物资产、无形资产、长期待摊费用、投资资产、存货等资产，在计算企业应纳税所得额时，资产的净值允许扣除。其中，资产的净值是指有关资产、财产的计税基础减除已经按照规定扣除的折旧、折耗、摊销、准备金等后的余额。

除国务院财政、税务主管部门另有规定外，企业在重组过程中，应当在交易发生时确认有关资产的转让所得或者损失，相关资产应当按照交易价格重新确定计税基础。

第五节 企业所得税应纳税额的计算

一、应纳企业所得税额的计算

企业应纳所得税额等于应纳税所得额乘以适用税率，基本计算公式为：

应纳企业所得税额 = 应纳税所得额 × 适用税率 − 减免税额 − 抵免税额

公式中的减免税额和抵免税额，是指依照企业所得税法和国务院的税收优惠规定减征、免征和抵免的应纳税额。

【例7-1】某企业为居民企业，某年度会计报表列示的利润总额为24.9万元，当年发生的经营业务如下：

(1) 取得主营业务收入2 000万元，其他业务收入500万元；
(2) 发生营业成本1 900万元；
(3) 营业税金及附加93.5万元，增值税150万元；
(4) 发生销售费用155万元，其中：广告费60万元，经营性租赁费5万元（2008年8月1日租入生产经营用设备一台，租赁期10个月），其他销售费用90万元；
(5) 管理费用268.1万元，其中：业务招待费14.5万元，坏账准备金1.2万元，短期投资跌价准备金2.4万元，上缴总机构的管理费用55万元，技术开发费70万元，其他管理费用125万元；

（6）财务费用58万元（其中包括：5月1日~10月31日向其他企业借款400万元的利息16万元，金融机构同期同类贷款年利率为5%）；

（7）投资收益18万元，其中：国债利息收入12万元，投资甲公司损失19.5万元，从乙股份公司分得股利25.5万元（该企业股权投资采用权益法核算）；

（8）营业外收入1.5万元；营业外支出20万元，其中：财产损失10万元，通过公益性社会团体向贫困山区捐款6万元，支付税收滞纳金4万元；

（9）计入成本、费用中的实发工资总额200万元，拨缴职工工会经费5万元，发生职工福利费31万元，发生职工教育经费7万元；

（10）当年购置环境保护专用设备100万元，购置完毕即投入使用。

要求：计算该企业当年实际应纳的企业所得税。

解：（1）销售（营业）收入 = 2 000 + 500 = 2 500（万元）

（2）增值税不允许在税前扣除。

（3）广告费用扣除限额 = 2 500 × 15% = 375（万元）

实际发生的60万元的广告费可据实全额列支。

（4）经营性租入固定资产的租赁费用应按受益时间均匀扣除，该企业多列支的租赁费属于会计差错，在计算所得税前应进行账项调整。

调增利润总额 = 5 - 5 ÷ 10 × 5 = 2.5（万元）

（5）业务招待费扣除限额 = 2 500 × 5‰ = 12.5（万元）

扣除额 = 14.5 × 60% = 8.7（万元）

调增应税所得 = 14.5 - 8.7 = 5.8（万元）

（6）坏账准备金、短期投资跌价准备金、上缴总机构的管理费不能在税前扣除。

调增应税所得 = 1.2 + 2.4 + 55 = 58.6（万元）

（7）技术开发费可加计50%的扣除。

调减应税所得 = 70 × 50% = 35（万元）

（8）财务费用中向非金融机构借款发生的利息支出，不得超过按金融机构同类、同期贷款利率计算出的利息。

调增应税所得 = 16 - 400 × 5% ÷ 12 × 6 = 6（万元）

（9）国库券利息收入免缴企业所得税，股权性投资收益免税，权益性投资损失不得在税前扣除。

调减应税所得 = 12 + 25.5 = 37.5（万元）

调增应纳税所得 = 19.5（万元）

（10）公益性捐赠的扣除限额 = (24.9 + 2.5) × 12% = 3.29（万元）< 6（万元）

调增应纳税所得额 = 6 - 3.29 = 2.71（万元）

税收滞纳金调增所得额 = 4（万元）

（11）三项经费的扣除：

职工福利费扣除限额 = 200 × 14% = 28（万元），调增应税所得 = 31 - 28 = 3（万元）

职工工会经费扣除限额 = 200 × 2% = 4（万元），调增应税所得 = 5 - 4 = 1（万元）

职工教育经费扣除限额 = 200 × 2.5% = 5（万元），调增应税所得 = 7 - 5 = 2（万元）

(12) 投资抵免的税额 = 100 × 10% = 10（万元）

应纳税所得额 = 24.9 + 2.5 + 5.8 + 58.6 - 35 + 6 - 37.5 + 19.5 + 2.71 + 4 + 3 + 1 + 2 = 57.51（万元）

应纳企业所得税税额 = 57.51 × 25% - 10 = 4.38（万元）

二、境外所得抵扣税额的计算

企业取得的下列所得已在境外缴纳的所得税税额，可以从其当期应纳税额中抵免，抵免限额为该项所得依照企业所得税法规定计算的应纳税额；超过抵免限额的部分，可以在以后5个年度内，用每年度抵免限额抵免当年应抵税额后的余额进行抵补：

（一）居民企业来源于中国境外的应税所得。

（二）非居民企业在中国境内设立机构、场所，取得发生在中国境外但与该机构、场所有实际联系的应税所得。

居民企业从其直接或者间接控制的外国企业分得的来源于中国境外的股息、红利等权益性投资收益，外国企业在境外实际缴纳的所得税税额中属于该项所得负担的部分，可以作为该居民企业的可抵免境外所得税税额，在企业所得税法规定的抵免限额内抵免。

直接控制，是指居民企业直接持有外国企业20%以上股份；间接控制，是指居民企业以间接持股方式持有外国企业20%以上股份。具体认定办法由国务院财政、税务主管部门另行制定。

已在境外缴纳的所得税税额，是指企业来源于中国境外的所得依照中国境外税收法律以及相关规定应当缴纳并已经实际缴纳的企业所得税性质的税款。企业依照税法的规定抵免企业所得税税额时，应当提供中国境外税务机关出具的税款所属年度的有关纳税凭证。

抵免限额，是指企业来源于中国境外的所得，依照企业所得税法及其实施条例的规定计算的应纳税额。除国务院财政、税务主管部门另有规定外，抵免限额应当分国（地区）不分项计算。计算公式为：

抵免限额 = 中国境内、境外所得依照企业所得税法和条例规定计算的应纳税总额 × 来源于某国（地区）的应纳税所得额 ÷ 中国境内、境外应纳税所得总额

前述5个年度，是指从企业取得的来源于中国境外的所得，已经在中国境外缴纳的企业所得税性质的税额超过抵免限额的当年的次年起连续5个纳税年度。

【例7-2】 某居民企业分别在A、B两国设有分支机构（我国已分别与A国和B国缔结了避免双重征税协定）。某纳税年度其境内应纳税所得额为1 000万元，来源于A国分支机构的应纳税所得额为70万元，来源于B国分支机构的应纳税所得额为30万元，该企业已在A、B两国分别缴纳了14万元和9万元的企业所得税，并取得了由当地税务机关出具的有关纳税凭证。假设该企业按照A、B两国税法规定计算出的应纳税所得额与按照我国税法计算出的结果一致。

要求：计算该企业当年应纳的企业所得税税额。

解：（1）按照我国税法规定计算该企业境内、外所得的应纳税额：

应纳税额=(1 000+70+30)×25%=275(万元)
(2) 计算扣除限额:
A国扣除限额=275×[70÷(1 000+70+30)]=17.5(万元)>14(万元)
在A国允许抵免税额14万元。
B国扣除限额=275×[30÷(1 000+70+30)]=7.5(万元)<9(万元)
在B国允许抵免税额7.5万元,超过扣除限额的部分1.5万元当年不能扣除。
(3) 计算应纳税总额:
汇总时应纳的企业所得税税额=275-14-7.5=253.5(万元)

三、核定征收应纳税额的计算

(一) 核定征收企业所得税的范围

按税法规定,居民企业具有下列情形之一的,核定征收企业所得税:
1. 依照法律、行政法规的规定可以不设置账簿的。
2. 依照法律、行政法规的规定应当设置但未设置账簿的。
3. 擅自销毁账簿或者拒不提供纳税资料的。
4. 虽设置账簿,但账目混乱或成本资料、收入凭证、费用凭证残缺不全,难以查账的。
5. 发生纳税义务,未按照规定的期限办理纳税申报,经税务机关责令限期申报,逾期仍不申报的。
6. 申报的计税依据明显偏低,又无正当理由的。

(二) 核定征收的办法

税务机关应根据纳税人的具体情况,对核定征收企业所得税的纳税人,核定应税所得率或者核定应纳所得税税额。

1. 核定应税所得率。具有下列情形之一的,应核定应税所得率:
(1) 能正确核算(查实)收入总额,但不能正确核算(查实)成本费用总额的。
(2) 能正确核算(查实)成本费用总额,但不能正确核算(查实)收入总额的。
(3) 通过合理方法,能计算和推定纳税人收入总额或成本费用总额的。
采用应税所得率方式核定征收企业所得税的,应纳所得税额的计算公式如下:

应纳所得税额=应纳税所得额×适用税率
应纳税所得额=应税收入额×应税所得率
或:应纳税所得额=成本(费用)支出额÷(1-应税所得率)×应税所得率

税法规定,实行应税所得率方式核定征收企业所得税的纳税人,经营多业的,无论其经营项目是否单独核算,均由税务机关根据其主营项目确定适用的应税所得率。

主营项目应为纳税人所有经营项目中,收入总额或者成本(费用)支出额或者耗用原材料、燃料、动力数量所占比重最大的项目。

应税所得率按表7-1规定的幅度标准确定。

表 7-1　　　　　　　　　　应税所得率幅度标准

行　业	应税所得率（%）
农、林、牧、渔业	3~10
制造业	5~15
批发和零售贸易业	4~15
交通运输业	7~15
建筑业	8~20
饮食业	8~25
娱乐业	15~30
其他行业	10~30

纳税人的生产经营范围、主营业务发生重大变化，或者应纳税所得额或应纳税额增减变化达到20%的，应及时向税务机关申报调整已确定的应纳税额或应税所得率。

2. 核定应纳所得税额。不符合核定应税所得率的纳税人，由税务机关采用以下方法核定其应纳所得税额：

（1）参照当地同类行业或者类似行业中经营规模和收入水平相近的纳税人的税负水平核定。

（2）按照应税收入额或成本费用支出额定率核定。

（3）按照耗用的原材料、燃料、动力等推算或测算核定。

（4）按照其他合理方法核定。

采用上述所列一种方法不足以正确核定应纳税所得额或应纳税额的，采用两种以上的方法核定。采用两种以上方法测算的应纳税额不一致的，应纳税额从高核定。

（三）核定征收企业所得税的管理

1. 主管税务机关应及时向纳税人送达《企业所得税核定征收鉴定表》，及时完成对其核定征收企业所得税的鉴定工作。

2. 税务机关应在每年6月底前对上年度实行核定征收企业所得税的纳税人进行重新鉴定。重新鉴定工作完成前，纳税人可暂按上年度的核定征收方式预缴企业所得税；重新鉴定工作完成后，按重新鉴定的结果进行调整。

3. 主管税务机关应当分类逐户公示核定的应纳所得税额或应税所得率。纳税人对税务机关确定的企业所得税征收方式、核定的应纳所得税额或应税所得率有异议的，应当提供合法、有效的相关证据，税务机关经核实认定后调整有异议的事项。

4. 纳税人实行核定方式征收企业所得税的，其纳税申报办法按国家税务总局有关规定执行。

四、代扣代缴企业所得税的计算

企业所得税法规定，对非居民企业在中国境内未设立机构、场所的，或者虽设立机构、场所但取得的所得与其所设机构、场所没有实际联系的所得应缴纳的所得税,实行源泉扣缴,以支付人为扣缴义务人。

(一) 应纳税所得额的确定

对于在中国境内未设立机构、场所的,或者虽设立机构、场所但取得的所得与其所设机构、场所没有实际联系的非居民企业的所得,按照下列方法计算应纳税所得额:

1. 股息、红利等权益性投资收益和利息、租金、特许权使用费所得,以收入全额为应纳税所得额。
2. 转让财产所得,以收入全额减除财产净值后的余额为应纳税所得额。
3. 其他所得,参照前两项规定的方法计算应纳税所得额。

上述财产净值,是指财产的计税基础减除已经按规定扣除的折旧、折耗、摊销、准备金等后的余额;收入全额,是指企业从支付人收取的全部价款和价外费用;提供专利权、专有技术所收取的特许权使用费,包括特许权使用费收入,以及与其相关的图纸资料费、技术服务费和人员培训费等费用。

(二) 应纳税额的计算

应纳税额 = 应纳税所得额 × 适用税率

(三) 征收管理办法

1. 扣缴义务人在每次向非居民企业支付或者到期应支付所得时,应从支付或者到期应支付的款项中扣缴企业所得税。到期应支付的款项,是指支付人按照权责发生制原则应当计入相关成本、费用的应付款项。
2. 扣缴义务人每次代扣代缴税款时,应当向其主管税务机关报送《中华人民共和国扣缴企业所得税报告表》及相关资料,并自代扣之日起 7 日内缴入国库。
3. 扣缴义务人对外支付或者到期应支付的款项为人民币以外货币的,在申报扣缴企业所得税时,应按扣缴当日国家公布的人民币汇率中间价,折合成人民币计算应纳税所得额。
4. 扣缴义务人与非居民企业签订应税所得有关的业务合同时,凡合同中约定由扣缴义务人负担应纳税款的,应将非居民企业取得的不含税所得换算为含税所得后计算征税。

第六节 企业所得税的税收优惠

税收优惠,是指国家运用税收政策在税收法律、行政法规中规定对某一部分特定企业和课税对象给予减轻或免除税收负担的一种措施。企业所得税的税收优惠,包括促进技术创新和科技进步、鼓励基础设施建设、鼓励农业发展及环境保护与节能、支持安全生产、促进公益事业和照顾弱势群体,以及自然灾害专项减免税优惠政策等。优惠方式包括免税、减税、加计扣除、加速折旧、减计收入、税额抵免等。

一、免征与减征优惠

(一) 从事农、林、牧、渔业项目的所得

1. 企业从事下列项目的所得,免征企业所得税:
(1) 蔬菜、谷物、薯类、油料、豆类、棉花、麻类、糖料、水果、坚果的种植;
(2) 农作物新品种的选育;
(3) 中药材的种植;
(4) 林木的培育和种植;
(5) 牲畜、家禽的饲养;
(6) 林产品的采集;
(7) 灌溉、农产品初加工、兽医、农技推广、农机作业和维修等农、林、牧、渔服务业项目;
(8) 远洋捕捞。
2. 企业从事下列项目的所得,减半征收企业所得税:
(1) 花卉、茶以及其他饮料作物和香料作物的种植;
(2) 海水养殖、内陆养殖。

(二) 从事国家重点扶持的公共基础设施项目投资经营的所得

企业从事港口码头、机场、铁路、公路、城市公共交通、电力、水利等项目投资经营所得,自项目取得第一笔生产经营收入所属纳税年度起,第一年至第三年免征企业所得税,第四年至第六年减半征收企业所得税。

企业承包经营、承包建设和内部自建自用本条规定的项目,不得享受本条规定的企业所得税优惠。

(三) 从事符合条件的环境保护、节能节水项目的所得

企业从事环境保护、节能节水项目的所得,自项目取得第一笔生产经营收入所属纳税年度起,第一年至第三年免征企业所得税,第四年至第六年减半征收企业所得税。

符合条件的环境保护、节能节水项目,包括公共污水处理、公共垃圾处理、沼气综合开发利用、节能减排技术改造、海水淡化等。项目的具体条件和范围由国务院财政、税务主管部门商国务院有关部门制定,报国务院批准后公布施行。

以上规定享受减免税优惠的项目,在减免税期限内转让的,受让方自受让之日起,可以在剩余期限内享受规定的减免税优惠;减免税期限届满后转让的,受让方不得就该项目重复享受减免税优惠。

(四) 符合条件的技术转让所得

居民企业在一个纳税年度内,转让技术所有权所得不超过500万元的部分,免征企业所得税;超过500万元的部分,减半征收企业所得税。

二、税率优惠

(一) 高新技术企业

国家需要重点扶持的高新技术企业，减按15%的税率征收企业所得税。

国家需要重点扶持的高新技术企业，是指拥有核心自主知识产权，并同时符合下列6方面条件的企业：

（1）拥有核心自主知识产权，是指在中国境内（不含港、澳、台地区）注册的企业，近3年内通过自主研发、受让、受赠、并购等方式，或通过5年以上的独占许可方式，对其主要产品（服务）的核心技术拥有自主知识产权。

（2）产品（服务）属于《国家重点支持的高新技术领域》规定的范围。

（3）研究开发费用占销售收入的比例不低于规定比例。是指企业近3个会计年度的研究开发费用总额占销售收入总额的比例符合如下要求：

① 最近一年销售收入小于5 000万元的企业，比例不低于6%。

② 最近一年销售收入在5 000万元至20 000万元的企业，比例不低于4%。

③ 最近一年销售收入在20 000万元以上的企业，比例不低于3%。

其中，企业在中国境内发生的研究开发费用总额占全部研究开发费用总额的比例不低于60%。企业注册成立时间不足3年的，按实际经营年限计算。

（4）高新技术产品（服务）收入占企业总收入的比例不低于规定比例。是指高新技术产品（服务）收入占企业当年总收入的60%以上。

（5）科技人员占企业职工总数的比例不低于规定比例。是指具有大学专科以上学历的科技人员占企业当年职工总数的30%以上，其中研发人员占企业当年职工总数的10%以上。

（6）高新技术企业认定管理办法规定的其他条件。

《国家重点支持的高新技术领域》和高新技术企业认定管理办法由国务院科技、财政、税务主管部门商国务院有关部门制定，报国务院批准后公布施行。

(二) 小型微利企业

小型微利企业减按20%的税率征收企业所得税。

小型微利企业的条件如下：

1. 工业企业，年度应纳税所得额不超过30万元，从业人数不超过100人，资产总额不超过3 000万元。

2. 其他企业，年度应纳税所得额不超过30万元，从业人数不超过80人，资产总额不超过1 000万元。

上述"从业人数"按企业全年平均从业人数计算，"资产总额"按企业年初和年末的资产总额平均计算。

小型微利企业，是指企业的全部生产经营活动产生的所得均负有我国企业所得税纳税义务的企业。仅就来源于我国境内的所得负有我国纳税义务的非居民企业，不适用此项优惠。

自2012年1月1日至2015年12月31日，对年应纳税所得额低于6万元（含6万元）

的小型微利企业，其所得减按50%计入应纳税所得额，按20%的税率缴纳企业所得税。

(三) 非居民企业

非居民企业减按10%的税率征收企业所得税。

这里的非居民企业，是指在中国境内未设立机构、场所的，或者虽设立机构、场所但取得的所得与其所设机构、场所没有实际联系的企业。该类非居民企业取得下列所得免征企业所得税：

1. 外国政府向中国政府提供贷款取得的利息所得。
2. 国际金融组织向中国政府和居民企业提供优惠贷款取得的利息所得。
3. 经国务院批准的其他所得。

三、加计扣除优惠

(一) 研究开发费

研究开发费，是指企业为开发新技术、新产品、新工艺发生的研究开发费用。研究开发费用未形成无形资产计入当期损益的，在按照规定据实扣除的基础上，按照研究开发费用的50%加计扣除；形成无形资产的，按照无形资产成本的150%摊销。

(二) 企业安置残疾人员所支付的工资

企业安置残疾人员所支付的工资费用，在按照支付给残疾职工工资据实扣除的基础上，按照支付给残疾职工工资的100%加计扣除。

残疾人员的范围适用《中华人民共和国残疾人保障法》的有关规定。企业安置国家鼓励安置的其他就业人员所支付的工资的加计扣除办法，由国务院另行规定。

四、创投企业优惠

创业投资企业采取股权投资方式投资于未上市的中小高新技术企业2年以上的，可以按照其投资额的70%在股权持有满2年的当年抵扣该创业投资企业的应纳税所得额；当年不足抵扣的，可以在以后纳税年度结转抵扣。

五、加速折旧优惠

企业的下列固定资产，确需加速折旧的，可以缩短折旧年限或者采取加速折旧的方法：
1. 由于技术进步，产品更新换代较快的固定资产。
2. 常年处于强震动、高腐蚀状态的固定资产。

采取缩短折旧年限方法的，最低折旧年限不得低于规定折旧年限的60%；采取加速折旧方法的，可以采取双倍余额递减法或者年数总和法。

六、减计收入优惠

企业以《资源综合利用企业所得税优惠目录》规定的资源作为主要原材料,生产国家非限制和禁止并符合国家和行业相关标准的产品取得的收入,减按90%计入收入总额。

上述所称原材料占生产产品材料的比例不得低于《资源综合利用企业所得税优惠目录》规定的标准。

七、税额抵免优惠

企业购置并实际使用《环境保护专用设备企业所得税优惠目录》、《节能节水专用设备企业所得税优惠目录》和《安全生产专用设备企业所得税优惠目录》规定的环境保护、节能节水、安全生产等专用设备的,该专用设备的投资额的10%可以从企业当年的应纳税额中抵免;当年不足抵免的,可以在以后5个纳税年度结转抵免。

享受前款规定的企业所得税优惠的企业,应当实际购置并自身实际投入使用前款规定的专用设备;企业购置上述专用设备在5年内转让、出租的,应当停止享受企业所得税优惠,并补缴已经抵免的企业所得税税款。转让的受让方可以按照该专用设备投资额的10%抵免当年企业所得税应纳税额;当年应纳税额不足抵免的,可以在以后5个纳税年度结转抵免。

八、民族自治地方的优惠

民族自治地方的自治机关对本民族自治地方的企业应缴纳的企业所得税中属于地方分享的部分,可以决定减征或者免征。自治州、自治县决定减征或者免征的,须报省、自治区、直辖市人民政府批准。

企业所得税法所称民族自治地方,是指依照《中华人民共和国民族区域自治法》的规定,实行民族区域自治的自治区、自治州、自治县。

对民族自治地方内国家限制和禁止行业的企业,不得减征或者免征企业所得税。

九、西部大开发的税收优惠

(一)适用范围

本政策的适用范围包括重庆市、四川省、贵州省、云南省、西藏自治区、陕西省、甘肃省、宁夏回族自治区、青海省、新疆维吾尔自治区、新疆生产建设兵团、内蒙古自治区和广西壮族自治区(上述地区统称"西部地区")。湖南省湘西土家族苗族自治州、湖北省恩施土家族苗族自治州、吉林省延边朝鲜族自治州,可以比照西部地区的税收优惠政策执行。

(二)具体内容

1. 自2011年1月1日至2020年12月31日,对设在西部地区以《西部地区鼓励类产业目录》中规定的产业项目为主营业务，且其当年度主营业务收入占企业收入总额70%以上的企业，经企业申请，主管税务机关审核确认后，可减按15%税率缴纳企业所得税。

2. 2010年12月31日前新办的交通、电力、水利、邮政、广播电视企业，凡已经按照《国家税务总局关于落实西部大开发有关税收政策具体实施意见的通知》（国税发〔2002〕47号）有关规定，取得税务机关审核批准的，其享受的企业所得税"两免三减半"优惠可以继续享受到期为止。

第七节　特别纳税调整

一、关联交易的特别纳税调整

（一）调整范围

企业与其关联方之间的业务往来，不符合独立交易原则而减少企业或者其关联方应纳税收入或者所得额的，税务机关有权按照合理方法调整。企业与其关联方共同开发、受让无形资产，或者共同提供、接受劳务发生的成本，在计算应纳税所得额时应当按照独立交易原则进行分摊。

上述所称独立交易原则，是指没有关联关系的交易各方，按照公平成交价格和营业常规进行业务往来遵循的原则。

1. 关联方。关联方，是指与企业有下列关联关系之一的企业、其他组织或者个人：

（1）在资金、经营、购销等方面存在直接或者间接的控制关系。

（2）直接或者间接地同为第三者控制。

（3）在利益上具有相关联的其他关系。

2. 关联企业之间关联业务的税务处理。

（1）企业与其关联方共同开发、受让无形资产，或者共同提供、接受劳务发生的成本，在计算应纳税所得额时应当按照独立交易原则进行分摊。

（2）企业可以向税务机关提出与其关联方之间业务往来的定价原则和计算方法，税务机关与企业协商、确认后，达成预约定价安排。

预约定价安排，是指企业就其未来年度关联交易的定价原则和计算方法，向税务机关提出申请，与税务机关按照独立交易原则协商、确认后达成的协议。

（3）企业从其关联方接受的债权性投资与权益性投资的比例超过规定标准而发生的利息支出，不得在计算应纳税所得额时扣除。

（4）母公司为其子公司提供各种服务而发生的费用，应按照独立企业之间公平交易原则确定服务的价格，作为企业正常的劳务费用进行税务处理。母子公司未按照独立企业之间的业务往来收取价款的，税务机关有权予以调整。

（5）母公司以管理费形式向子公司提取费用，子公司因此支付给母公司的管理费，不得在税前扣除。

（二）调整方法

税法规定，对关联企业所得不实的，按照以下方法调整：

1. 可比非受控价格法，是指按照没有关联关系的交易各方进行相同或者类似业务往来的价格进行定价的方法。

2. 再销售价格法，是指按照从关联方购进商品再销售给没有关联关系的交易方的价格，减除相同或者类似业务的销售毛利进行定价的方法。

3. 成本加成法，是指按照成本加合理的费用和利润进行定价的方法。

4. 交易净利润法，是指按照没有关联关系的交易各方进行相同或者类似业务往来取得的净利润水平确定利润的方法。

5. 利润分割法，是指将企业与其关联方的合并利润或者亏损在各方之间采用合理标准进行分配的方法。

6. 其他符合独立交易原则的方法。

（三）关联申报

企业向税务机关报送年度企业所得税纳税申报表时，应当就其与关联方之间的业务往来，附送年度关联业务往来报告表。

（四）提供资料

税务机关在进行关联业务调查时，企业及其关联方，以及与关联业务调查有关的其他企业，应当按照规定提供相关资料。

与关联业务调查有关的其他企业，是指与被调查企业在生产经营内容和方式上相类似的企业。

相关资料包括：

1. 与关联业务往来有关的价格、费用的制定标准、计算方法和说明等同期资料。

2. 关联业务往来所涉及的财产、财产使用权、劳务等的再销售（或转让）价格或者最终销售（或转让）价格的相关资料。

3. 与关联业务调查有关的其他企业应当提供的与被调查企业可比的产品价格、定价方式以及利润水平等资料。

4. 其他与关联业务往来有关的资料。

企业应当在税务机关规定的期限内提供与关联业务往来有关的价格、费用的制定标准、计算方法和说明等资料。关联方以及与关联业务调查有关的其他企业应当在税务机关与其约定的期限内提供相关资料。

（五）核定征收

企业不提供与其关联方之间业务往来资料，或者提供虚假、不完整资料，未能真实反映其关联业务往来情况的，税务机关有权依法核定其应纳税所得额。核定方法有：

1. 参照同类或者类似企业的利润率水平核定。

2. 按照企业成本加合理的费用和利润的方法核定。

3. 按照关联企业集团整体利润的合理比例核定。

4. 按照其他合理方法核定。

企业对税务机关按照前款规定的方法核定的应纳税所得额有异议的，应当提供相关证据,经税务机关认定后,调整核定的应纳税所得额。

二、受控外国企业反避税规则

受控外国企业规则(CFC规则)是防止受控外国企业避税的一种税收管理制度。其宗旨在于对由居民企业控制的、设在低税国的外国企业保留利润不做分配或做不合理的分配,由此而延迟缴纳居民国税收的避税行为进行控制管理。

我国企业所得税法规定,由居民企业,或者由居民企业和中国居民控制的设立在实际税负明显低于25%税率水平的国家(地区)的企业,并非由于合理的经营需要而对利润不作分配或者减少分配的,上述利润中应归属于该居民企业的部分,应当计入该居民企业的当期收入。

需要说明的是:

(一)"控制"是指:

1. 居民企业或者中国居民直接或者间接单一持有外国企业10%以上有表决权股份,且由其共同持有该外国企业50%以上股份;

2. 居民企业,或者居民企业和中国居民持股比例没有达到第1项规定的标准,但在股份、资金、经营、购销等方面对该外国企业构成实质控制。

(二)"实际税负明显低于25%税率水平"是指:低于法定税率25%的50%,即指实际税负低于12.5%。

三、防资本弱化

资本弱化,是指企业通过加大借贷款(债权性筹资)而减少股份资本(权益性筹资)比例的方式增加税前扣除,以降低企业税负的一种行为。资本弱化的主要结果是增加利息扣除,减少计税所得,要防止企业通过资本弱化进行避税,重点在于对企业的利息扣除进行限定。

我国企业所得税法规定,企业从其关联方接受的债权性投资与权益性投资的比例超过规定标准而发生的利息支出,不得在计算应纳税所得额时扣除。

四、加收利息

企业实施其他不具有合理商业目的的安排而减少其应纳税收入或者所得额的,税务机关有权按照合理方法调整。不具有合理商业目的,是指以减少、免除或者推迟缴纳税款为主要目的。

税务机关依照规定进行特别纳税调整后,除了应当补征税款外,并按照国务院规定加收利息。加收的利息不得在计算应纳税所得额时扣除。具体规定如下:

(一)税务机关根据税收法律、行政法规的规定,对企业作出特别纳税调整的,应当对补征的税款,自税款所属纳税年度的次年6月1日起至补缴税款之日的期间,按日加收利息。

（二）利息应当按照税款所属纳税年度中国人民银行公布的与补税期间同期的人民币贷款基准利率加 5 个百分点计算。

企业依照企业所得税法规定，在报送年度企业所得税纳税申报表时，附送了年度关联业务往来报告表的，可以只按规定的人民币贷款基准利率计算利息。

五、纳税调整的追溯期

企业与其关联方之间的业务往来，不符合独立交易原则，或者企业实施其他不具有合理商业目的安排的，税务机关有权在该业务发生的纳税年度起 10 年内，进行纳税调整。

第八节 企业所得税的征收管理

一、纳税申报

企业所得税按年计征，分月或者分季度预缴，年终汇算清缴，多退少补。

企业所得税的纳税年度是指公历年度，即公历 1 月 1 日至 12 月 31 日。企业在一个纳税年度中间开业，或者由于合并、关闭等原因，使该纳税年度的实际经营期不足 12 个月的，应当以其实际经营期为一个纳税年度；企业清算时，应当以清算期间作为一个纳税年度。

企业分月或者分季度预缴，应当自月份或季度终了后 15 日内，向税务机关报送预缴企业所得税纳税申报表，并预缴税款。

企业年终汇算清缴，应当自年度终了后 5 个月内，向税务机关报送年度企业所得税纳税申报表，并汇算清缴，结清应补应退税款。

企业在纳税年度内无论盈利或亏损，都应当按照规定的期限，向当地主管税务机关报送预缴企业所得税纳税申报表、年度企业所得税纳税申报表、财务会计报告和税务机关规定应当报送的其他有关资料。

二、纳税地点

（一）除税收法律、行政法规另有规定外，居民企业以企业登记注册地为纳税地点；但登记注册地在境外的，以实际管理机构所在地为纳税地点。

（二）居民企业在中国境内设立不具有法人资格的营业机构的，应当汇总计算并缴纳企业所得税。企业汇总计算并缴纳企业所得税时，应当统一核算应纳税所得额，具体办法由国务院财政、税务主管部门另行制定。

（三）非居民企业在中国境内设立机构、场所的，应当就其所设机构、场所取得的来源于中国境内的所得，以及发生在中国境外但与其所设机构、场所有实际联系的所得，以机构、场所所在地为纳税地点。

三、跨地区经营汇总纳税企业所得税征收管理

(一) 基本原则与适用范围

为加强跨地区经营汇总纳税企业所得税征收管理,根据《中华人民共和国企业所得税法》及其实施条例、《中华人民共和国税收征收管理法》及其实施细则和《财政部 国家税务总局 中国人民银行关于印发〈跨省市总分机构企业所得税分配及预算管理暂行办法〉的通知》(财预〔2008〕10号)的有关规定,制定本规定。

1. 居民企业在中国境内跨地区(指跨省、自治区、直辖市和计划单列市,下同)设立不具有法人资格的营业机构、场所(以下称分支机构)的,该居民企业为汇总纳税企业(以下称企业),除另有规定外,适用本办法。

2. 企业实行"统一计算、分级管理、就地预缴、汇总清算、财政调库"的企业所得税征收管理办法。

3. 总机构和具有主体生产经营职能的二级分支机构,就地分期预缴企业所得税。二级分支机构及其下属机构均由二级分支机构集中就地预缴企业所得税;三级及以下分支机构不就地预缴企业所得税,其经营收入、职工工资和资产总额统一计入二级分支机构。

4. 企业计算分期预缴的所得税时,其实际利润额、应纳税额及分摊因素数额,均不包括其在中国境外设立的营业机构。

5. 总机构和分支机构处于不同税率地区的,先由总机构统一计算全部应纳税所得额,然后依照本办法规定的比例和三因素及其权重,计算划分不同税率地区机构的应纳税所得额后,再分别按总机构和分支机构所在地的适用税率计算应纳税额。

(二) 税款预缴和汇算清缴

1. 企业应根据当期实际利润额,按照本办法规定的预缴分摊方法计算总机构和分支机构的企业所得税预缴额,分别由总机构和分支机构分月或者分季就地预缴。

在规定期限内按实际利润额预缴有困难的,经总机构所在地主管税务机关认可,可以按照上一年度应纳税所得额的1/12或1/4,由总机构、分支机构就地预缴企业所得税。

2. 总机构和分支机构应分期预缴的企业所得税,50%在各分支机构间分摊预缴,50%由总机构预缴。总机构预缴的部分,其中25%就地入库,25%预缴入中央国库,按照财预〔2008〕10号文件的有关规定进行分配。

3. 总机构在年度终了后5个月内,应依照法律、法规和其他有关规定进行汇总纳税企业的所得税年度汇算清缴。各分支机构不进行企业所得税汇算清缴。

当年应补缴的所得税款,由总机构缴入中央国库。当年多缴的所得税款,由总机构所在地主管税务机关开具"税收收入退还书"等凭证,按规定程序从中央国库办理退库。

(三) 分支机构分摊税款比例

总机构应按照以前年度(1~6月份按上上年度,7~12月份按上年度)分支机构的经营收入、职工工资和资产总额三个因素计算各分支机构应分摊所得税款的比例,三因素的权

重依次为 0.35、0.35、0.30，计算公式如下：

某分支机构分摊比例 = 0.35 ×（该分支机构营业收入÷各分支机构营业收入之和）+ 0.35 ×（该分支机构工资总额÷各分支机构工资总额之和）+ 0.30 ×（该分支机构资产总额÷各分支机构资产总额之和）

（四）征收管理

1. 总机构和分支机构均应依法办理税务登记，接受所在地税务机关的监督和管理。
2. 分支机构应将总机构信息、上级机构、下属分支机构信息报主管税务机关备案。
3. 总机构及其分支机构除按纳税申报规定向主管税务机关报送相关资料外，还应报送《中华人民共和国企业所得税汇总纳税分支机构分配表》、财务会计决算报告和职工工资总额情况表。
4. 分支机构的各项财产损失，应由分支机构所在地主管税务机关审核并出具证明后，再由总机构向所在地主管税务机关申报扣除。
5. 各分支机构主管税务机关应根据总机构主管税务机关反馈的《中华人民共和国企业所得税汇总纳税分支机构分配表》，对其主管分支机构应分摊入库的所得税税款和计算分摊税款比例的3项指标进行查验核对。发现计算分摊税款比例的3项指标有问题的，应及时将相关情况通报总机构主管税务机关。分支机构未按税款分配数额预缴所得税造成少缴税款的，主管税务机关应按照《中华人民共和国税收征收管理法》及其实施细则的有关规定对其处罚，并将处罚结果通知总机构主管税务机关。

第8章

个人所得税

【内容提要】个人所得税是对个人所得征收的一种税。它不仅是国家财政收入的重要来源，而且是调节社会成员收入分配、促进社会和谐的重要手段。我国现行的个人所得税制为分类税制，即将个人所得分为工资薪金所得、个体工商户生产经营所得、承包承租经营所得、劳务报酬所得、稿酬所得、特许权使用费所得、利息股息红利所得、财产租赁所得、财产转让所得、偶然所得和其他所得等11个征税项目，并相应规定了每个应税项目的费用扣除标准、适用税率及计税办法。

第一节 个人所得税概述

一、个人所得税的概念

个人所得税是以个人（自然人）取得的各项所得为征税对象所征收的一种税，最早于1799年在英国开征，经过200多年的发展已成为世界各国普遍开征的一个税种。

1950年，政务院发布了新中国税制建设的纲领性文件《全国税政实施要则》，其中涉及对个人所得征税的主要是薪给报酬所得税和存款利息所得税，但由于种种原因，一直没有开征。党的十一届三中全会以后，我国实行对外开放，对外经济交往不断扩大，来华工作及取得收入的外籍人员日益增多。为了维护国家的税收权益，1980年9月10日，第五届全国人民代表大会第三次会议通过并公布了《中华人民共和国个人所得税法》，开征个人所得税，统一适用中国公民和在我国取得收入的外籍人员。1986年和1987年，国务院分别颁布了《中华人民共和国城乡个体工商户所得税暂行条例》和《中华人民共和国个人收入调节税暂行条例》。此时，我国个人所得税制度形成了个人所得税、城乡个体工商户所得税、个人收入调节税等三税并存的格局。

随着我国社会主义市场经济体制改革的目标确定，为了统一、规范和完善对个人所得的课税制度，第八届全国人民代表大会常务委员会在对原三部个人所得税的法律、法规进行修改、合并的基础上，于1993年10月31日公布了修改后的《中华人民共和国个人所得税法》，自1994年1月1日起实施。国务院于1994年1月28日发布了《中华人民共和国个人所得税法实施条例》。之后，根据我国国民经济与社会发展的情况，全国人大常委会于1999年8月、2005年10月、2007年12月对《中华人民共和国个人所得税法》进行了四次修订，国务院相应地对《中华人民共和国个人所得税法实施条例》进行了两次修订。

现行个人所得税的基本规范，是2011年6月30日第十一届全国人民代表大会常务委员会第二十一次会议通过《全国人民代表大会常务委员会关于修改〈中华人民共和国个人所得税法〉的决定》，对个人所得税法再次进行了修订，国务院相应地对《中华人民共和国个人所得税法实施条例》进行修订，修改后的《中华人民共和国个人所得税法》和《中华人民共和国个人所得税法实施条例》于2011年9月1日起实施。

二、个人所得税的特点

我国的个人所得税主要有以下特点：

1. 实行分类征收。世界各国的个人所得税制大体分为三种类型：分类所得税制、综合所得税制和混合所得税制。我国现行个人所得税采用的是分类制所得税制，即将个人取得的各种所得划分为11类，分别适用不同的费用扣除规定、税率和计税方法。实行分类课征制度，可以广泛采用源泉扣缴办法，加强源泉控管，简化纳税手续，方便征纳双方。同时，还可以对不同所得实行不同的征税方法，便于体现国家的政策。

2. 超额累进税率与比例税率并用。我国现行个人所得税根据各类个人所得的不同性质和特点，既采用超额累进税率，也采用比例税率。对工资、薪金所得，个体工商户的生产经营所得，对企事业单位的承包经营、承租经营所得，采用超额累进税率，实行量能负担。对劳务报酬所得、稿酬所得等其他所得，采用比例税率，实行等比负担。

3. 费用扣除额较宽。我国费用扣除实行从宽从简的原则，采取费用定额扣除和定率扣除两种方法。对工资、薪金所得，每月减除费用3 500元（此前为2 000元），对外籍人员增加1 300元附加减除费用。对劳务报酬所得、稿酬所得等，每次收入不超过4 000元的扣除800元，每次收入超过4 000元的扣除20%的费用。这样的扣除方法对于大多数的工资、薪金所得予以免税或只征很少的税款，对于提供一般劳务取得中低收入的个人税收负担相对较低。

4. 计算简便。我国个人所得税的费用扣除采取总额扣除办法，免去了对个人实际生活费用支出逐项计算的麻烦；各种所得项目实行分类计算，各有各的费用扣除规定，费用扣除项目及方法易于掌握，计算比较简单，符合税制简便原则。

5. 采取课源制和申报制两种征纳方法。个人所得税的征收方法有支付单位源泉扣缴和纳税人自行申报两种方法。根据税法规定，向个人支付应税所得的单位和个人，为个人所得税的扣缴义务人，应履行个人所得税的代扣代缴义务。对于没有扣缴义务人以及个人在两处以上取得工资、薪金所得的，由纳税人自行申报纳税。此外，对其他不便于扣缴税款的，亦规定由纳税人自行申报纳税。

第二节 个人所得税的纳税人、征税对象和税率

一、个人所得税的纳税人

个人所得税的纳税人是指在中国境内有住所，或者无住所但在境内居住满一年的个人，以及在中国境内无住所又不居住或者无住所而在境内居住不满一年的但从中国境内取得所得个人。包括中国公民、个体工商户、外籍个人，以及香港、澳门、台湾同胞等。

我国根据国际惯例，采用了国际上常用的住所标准和居住时间标准将个人所得税的纳税人划分为居民纳税人和非居民纳税人。

住所标准，住所分为永久性住所和习惯性住所。《民法通则》上规定的住所，通常指的是永久性的住所，具有法律意义。经常性居住地则属于习惯性住所，它与永久性住所有时一致，有时又不一致。根据这种情况，我国个人所得税法将在中国境内有住所的个人界定为："因户籍、家庭、经济利益关系而在中国境内习惯性居住的个人"。我国采用的这种标准实际上是习惯性住所标准。

所谓习惯性居住或住所，是在税收上判定居民和非居民的一个法律意义上的标准，不是指实际居住或在某一特定时期内的居住地。例如，个人因学习、工作、探亲、旅游等而在中国境外居住的，当其在境外居住的原因消除之后，则必须回到中国境内居住。那么，该人并未居住在中国境内，仍应将其判定为在中国习惯性居住。我国个人所得税法规定，在中国境内有住所的个人是个人所得税的居民纳税人。

居住时间标准，居住时间是指个人在一国境内实际居住的日数。我国规定的居住时间是在一个纳税年度内在中国境内住满365天，即所谓"居住满一年"。在居住期内临时离境的不扣减居住天数。临时离境，是指在一个纳税年度内一次离境不超过30日或多次离境累计不超过90日。在我国境内居住满一年的个人是我国个人所得税的居民纳税人。

住所和居住时间标准是两个并列标准，个人只要符合或达到其中任何一个标准即为居民纳税人，两个标准都不符合的即为个人所得税的非居民纳税人。

居民纳税人应履行无限纳税义务，就其来源于中国境内外的所得向我国申报纳税。非居民纳税人应履行有限纳税义务，就其来源于中国境内的所得向我国申报纳税。

我国个人所得税实行代扣代缴和自行申报相结合的征收管理制度。税法规定，所以凡支付应纳税所得的单位或个人，都是个人所得税的扣缴义务人。扣缴义务人在向纳税人支付各项应纳税所得（个体工商户的生产、经营所得除外）时，必须履行代扣代缴税款的义务。

二、个人所得税的征税对象

(一) 征税对象的具体项目

个人所得税的征税对象是个人取得的应税所得，税法列举的有11项：
1. 工资、薪金所得。工资、薪金所得，是指个人因任职或者受雇而取得的工资、薪金、

奖金、年终加薪、劳动分红、津贴、补贴以及与任职或者受雇有关的其他所得。但下列收入不属于工资、薪金所得：（1）独生子女补贴；（2）执行公务员工资制度未纳入基本工资总额的补贴、津贴差额和家属成员的副食品补贴；（3）托儿补助费；（4）差旅费津贴、误餐补助。其中误餐补助是指按照财政部门规定，个人因公在城区、郊区工作，不能在工作单位或返回就餐，根据实际误餐顿数，按规定的标准领取的误餐费。单位以误餐补助名义发给职工的补助、津贴不包括在内。

2. 个体工商户的生产、经营所得。个体工商户的生产、经营所得，是指个体工商户从事工业、手工业、建筑业、交通运输业、商业、饮食业、服务业、修理业以及其他行业生产、经营取得的所得，以及与生产、经营有关的应税所得；个人经政府有关部门批准，取得执照，从事办学、医疗、咨询以及其他有偿服务活动取得的所得。

个人因从事彩票代销业务而取得的所得按个体工商户的生产经营所得征税。

3. 对企事业单位的承包、承租经营所得。对企事业单位的承包、承租经营所得，是指个人承包经营、承租经营以及转包、转租取得的所得，还包括个人按月或者按次取得的工资、薪金性质的所得。针对较多样的对企事业单位的承包、承租经营方式和分配方式，具体规定如下：

（1）个人对企事业单位承包、承租经营后，工商登记改变为个体工商户的，应按个体工商户的生产经营所得项目征收个人所得税，不再征收企业所得税。

（2）个人对企事业单位承包、承租经营后，工商登记仍为企业的，不论其分配方式如何，均应先按照企业所得税的有关规定缴纳企业所得税，然后承包、承租人依据承包、承租合同（协议）取得的所得，按个人所得税法的有关规定缴纳个人所得税。又具体分为：

① 承包、承租人对企业的经营成果不拥有所有权，仅按合同（协议）规定取得一定所得的，应按工资、薪金所得项目征收个人所得税。

② 承包、承租人按合同（协议）规定向发包方、出租方缴纳一定的费用后，企业的经营成果归承包、承租人所有的，其取得的所得按对企事业单位的承包、承租经营所得项目征收个人所得税。

4. 劳务报酬所得。劳务报酬所得，是指个人从事设计、装潢、安装、制图、化验、测试、医疗、法律、会计、咨询、讲学、新闻、广播、审稿、书画、雕刻、影视、录音、录像、演出、表演、广告、展览、技术服务、介绍服务、经纪服务、代办服务以及其他劳务报酬的所得。个人担任董事、监事职务，不在公司任职、受雇的，所取得的董事费、监事费收入，按劳务报酬所得征税；在公司任职、受雇的，所取得的董事费、监事费收入，应并入工资薪金所得征税。

是否存在雇佣与被雇佣关系，是判断一种收入是工资、薪金所得还是劳务报酬所得的重要标准。劳务报酬所得是个人独立从事某种技艺，独立提供某种劳务而取得的所得；工资、薪金所得是个人从事非独立劳动，从所任职单位领取的报酬。后者存在雇佣与被雇佣关系，而前者则不存在这种关系。

5. 稿酬所得。稿酬所得，是指个人因其作品以图书、报刊形式出版、发表而取得的所得。作品包括文学作品、书画作品、摄影作品以及其他作品。作者去世后，财产继承人取得的遗作稿酬也应按稿酬所得征收个人所得税。

6. 特许权使用费所得。特许权使用费所得，是指个人提供或转让专利权、商标权、著作权、非专利权,以及其他特许权的使用权取得的所得。

自2007年5月1日起,作者个人将自己的文字作品手稿原件或复印件拍卖取得的所得,按照"特许权使用费所得"项目缴纳个人所得税。

7. 利息、股息、红利所得。利息、股息、红利所得,是指个人拥有股权、债权而取得的利息、股息、红利所得。利息一般指存款、贷款和债券的利息;股息、红利是指个人拥有股权取得的公司、企业分红,按照一定比例派发的每股息金称股息,根据企业、公司应分派的、超过股息部分的利润,按股派发的红股称红利。

除个人独资企业、合伙企业以外的其他企业的个人投资者,以企业资金为本人、家庭成员及其相关人员支付与企业生产经营无关的消费性支出及购买汽车、住房等财产性支出,视为企业对个人投资者的红利分配,依照"利息、股息、红利所得"项目计征个人所得税。企业的上述支出不允许在所得税前扣除。

8. 财产租赁所得。财产租赁所得,是指个人出租建筑物、土地使用权、机器设备、车辆及其他财产取得的所得。转租财产的所得也属于财产租赁所得。

9. 财产转让所得。财产转让所得,是指个人转让有价证券、股权、建筑物、土地使用权、机器设备、车辆及其他财产取得的所得。鉴于我国证券市场发育还不成熟,目前对股票转让暂不征收个人所得税。

集体所有制企业在改制为股份合作制企业时,对职工个人以股份形式取得的拥有所有权的企业量化资产时,暂缓征收个人所得税,待个人将股份转让时,就其转让收入额,减除个人取得该股份时实际支付的费用支出和合理转让费用的余额,按财产转让所得征收个人所得税。

自2007年5月1日起,个人拍卖除文字作品原稿及复印件外的其他财产,按照"财产转让所得"项目缴纳个人所得税。

10. 偶然所得。偶然所得,是指个人得奖、中奖、中彩及其他偶然性质的所得。

外商投资企业在购买内资企业经营资产过程中向内资企业自然人股东支付的不竞争款项,属于个人因偶然因素取得的一次性所得,按照《中华人民共和国个人所得税法》第二条第十项"偶然所得"项目计算缴纳个人所得税,税款由资产购买方企业在向资产出售方企业自然人股东支付不竞争款项时代扣代缴。

不竞争款项是指资产购买方企业与资产出售方企业自然人股东之间在资产购买交易中,通过签订保密和不竞争协议等方式,约定资产出售方企业自然人股东在交易完成后一定期限内,承诺不从事有市场竞争的相关业务,并负有相关技术资料的保密义务,资产购买方企业则在约定期限内,按一定方式向资产出售方企业自然人股东所支付的款项。

个人取得单张有奖发票奖金所得不超过800元(含800元)的,暂免征收个人所得税;个人取得单张有奖发票奖金所得超过800元的,按照"偶然所得"项目征收个人所得税。

11. 其他所得。其他所得,是指除上述10项应税所得外,需征税的项目所得。

(二) 所得来源地的确定

居民纳税人承担无限纳税义务,就其来源于中国境内、境外的所得向我国申报纳税;非居民纳税人履行有限纳税义务,就其来源于中国境内的所得向我国申报纳税。确定个人应税收入的来源地,是纳税人履行何种纳税义务的前提。下列所得不论支付地点是否在中国境内，均为来源于中国境内的所得：

1. 在中国境内任职、受雇而取得的工资、薪金所得。
2. 在中国境内从事生产、经营活动而取得的生产经营所得。
3. 因任职、受雇、履约等在中国境内提供各种劳务取得的劳务报酬所得。
4. 将财产出租给承租人在中国境内使用而取得的所得。
5. 转让中国境内的建筑物、土地使用权等财产，及在中国境内转让其他财产取得的所得。
6. 提供专利权、非专利技术、商标权、著作权，及其他特许权在中国境内使用的所得。
7. 因持有中国境内的各种债券、股票、股权而从中国境内的公司、企业或其他经济组织及个人取得的利息、股息、红利所得。

三、个人所得税的税率

（一）个人所得税区分不同个人所得项目，规定了超额累进税率和比例税率两种形式

1. 工资、薪金所得。适用3%～45%的七级超额累进税率，见表8-1。

表8-1　　　　　　　　　　工资、薪金所得适用税率表

级数	全月应纳税所得额（含税级距）	税率（%）	速算扣除数（元）
1	不超过1 500元的部分	3	0
2	超过1 500元至4 500元的部分	10	105
3	超过4 500元至9 000元的部分	20	555
4	超过9 000元至35 000元的部分	25	1 005
5	超过35 000元至55 000元的部分	30	2 755
6	超过55 000元至80 000元的部分	35	5 505
7	超过80 000元的部分	45	13 505

2. 个体工商户生产、经营所得，对企事业单位承包经营、承租经营所得、个人独资和合伙企业生产经营所得适用5%～35%的五级超额累进税率，见表8-2。

表8-2　　　　个体工商户生产、经营所得和企事业单位承包经营、
承租经营所得等适用税率表

级数	全年应纳税所得额（含税级距）	税率（%）	速算扣除数（元）
1	不超过15 000元的部分	5	0
2	超过15 000元至30 000元的部分	10	750
3	超过30 000元至60 000元的部分	20	3 750
4	超过60 000元至100 000元的部分	30	9 750
5	超过100 000元的部分	35	14 750

3. 稿酬所得，劳务报酬所得，特许权使用费所得，财产租赁所得，财产转让所得，利息、股息、红利所得，偶然所得和其他所得适用20%的比例税率。对储蓄存款利息，自2008年10月9日（含）起，暂免征收储蓄存款利息个人所得税。

（二）减征和加成征收的规定

1. 对稿酬所得按20%税率计算个人所得税后，再按应纳税额减征30%，体现对稿酬这种知识性所得的特殊政策；对个人出租房屋取得的所得暂减按10%税率计征个人所得税。

2. 对劳务报酬所得一次收入畸高的，实行加成征税办法。劳务报酬所得一次收入畸高，是指一次劳务报酬的应纳税所得额超过20 000元。对应纳税所得额超过20 000元至50 000元部分，依照税法计算应纳税额后，再对应纳税额加征五成；对应纳税所得额超过50 000元部分，依照税法计算应纳税额后，再对应纳税额加征十成，见表8-3。

表8-3　　　　　　　　　劳务报酬所得适用税率表

级数	每次应纳税所得额	税率（%）	速算扣除数（元）
1	不超过20 000元的部分	20	0
2	超过20 000元至50 000元的部分	30	2 000
3	超过50 000元的部分	40	7 000

第三节　个人所得税的税收优惠

一、免税项目

根据《个人所得税法》和相关法规、政策，对个人下列各项所得，免征个人所得税：

1. 省级人民政府、国务院部委和中国人民解放军军以上单位，以及外国组织、国际组织颁发的科学、教育、技术、文化、卫生、体育、环境保护等方面的奖金。

2. 国债和国家发行的金融债券利息。其中，国债利息，是指个人持有的中华人民共和国财政部发行的债券而取得的利息；国家发行的金融债券利息，是指个人持有经国务院批准发行的金融债券而取得的利息所得。

3. 按照国家统一规定发给的补贴、津贴。是指按照国务院规定发给的政府特殊津贴、院士津贴、资深院士津贴和国务院规定免纳个人所得税的补贴、津贴。

4. 福利费、抚恤金、救济金。其中，福利费是指根据国家有关规定，从企业、事业单位、国家机关、社会团体提留的福利费或者从工会经费中支付给个人的生活补助费；救济金是指国家民政部门支付给个人的生活困难补助费。

5. 保险赔款。

6. 军人的转业安置费、复员费。

7. 按照国家统一规定发给干部、职工的安家费、退职费、退休工资、离休工资、离休生活补助费。其中，退职费是指符合《国务院关于工人退休、退职的暂行办法》规定的退职条件，并按该办法规定的退职费标准所领取的退职费。

8. 依照我国有关法律规定应予免税的各国驻华使馆、领事馆的外交代表、领事官员和其他人员的所得。

9. 中国政府参加的国际公约、签订的协议中规定免税的所得。

10. 单位和个人按照国家或者地方政府规定的比例提取并向指定的金融机构缴付的住房公积金、医疗保险费、基本养老保险费和失业保险费，免征个人所得税；超过规定比例缴付的部分，应当并入个人当期的工资、薪金所得计税。

11. 经国务院财政部门批准免税的所得。

二、减税项目

1. 残疾、孤老人员和烈属的所得；对残疾个人取得的劳动所得才适用减税规定，具体所得项目为：工资、薪金所得，个体工商户的生产、经营所得，对企业、事业单位的承包经营、承租经营所得，劳务报酬所得，稿酬所得和特许权使用费所得。

2. 因严重自然灾害造成重大损失的。

3. 其他经国务院财政部门批准减税的。

三、暂免征税项目

1. 外籍个人以非现金形式或实报实销形式取得的住房补贴、伙食补贴、搬迁费、洗衣费。

2. 外籍个人按合理标准取得的境内、境外出差补贴。

3. 外籍个人取得的探亲费、语言训练费、子女教育费等，经当地税务机关审核批准为合理的部分。

4. 外籍个人从外商投资企业取得的股息、红利所得。

5. 凡符合下列条件之一的外籍专家取得的工资、薪金所得，可免征个人所得税：（1）根据世界银行专项贷款协议，由世界银行直接派往我国工作的外国专家；（2）联合国组织直接派往我国工作的专家；（3）为联合国援助项目来华工作的专家；（4）援助国派往我国专为该国援助项目工作的专家；（5）根据两国政府签订的文化交流项目来华工作两年以内的文教专家，其工资、薪金所得由该国负担的；（6）根据我国大专院校国际交流项目来华工作两年以内的文教专家，其工资、薪金所得由该国负担的；（7）通过民间科研协定来华工作的专家，其工资、薪金所得由该国政府机构负担的。

6. 个人举报、协查各种违法、犯罪行为而获得的奖金。

7. 个人办理代扣代缴税款手续，按规定取得的扣缴手续费。

8. 个人转让自用达5年以上，并且是唯一的家庭生活用房取得的所得。

9. 对个人购买福利彩票、体育彩票，一次中奖收入在1万元以下的（含1万元）暂免征收个人所得税，超过1万元的全额征收个人所得税。

10. 达到离休、退休年龄，但确因工作需要，适当延长离休、退休年龄的高级专家（指享受国家发放的政府特殊津贴的专家、学者),其在延长离休、退休期间的工资、薪金所得,视同离休、退休工资免征个人所得税。

11. 对国有企业职工,因企业依照《中华人民共和国企业破产法(试行)》宣告破产,从破产企业取得的一次性安置费收入,免予征收个人所得税。

12. 国有企业职工与企业解除劳动合同取得的一次性补偿收入,在当地上年企业职工年平均工资的3倍数额内,可免征个人所得税。具体免征标准由各省、自治区、直辖市和计划单列市地方税务局规定。超过该标准的一次性补偿收入的部分,应按照《关于个人与用人单位解除劳动关系取得一次性补偿收入征免个人所得税问题的通知》(财税字[2001]157号)的有关规定,计算征收个人所得税。

13. 下岗职工从事社区居民服务业,对其取得的经营所得和劳务报酬所得,从事个体经营的自其领取税务登记证之日起、从事独立劳务服务的自其持下岗证明在当地主管税务机关备案之日起,3年内免征个人所得税;但第一年免税期满后由县以上主管税务机关就免税主体及范围按规定逐年审核,符合条件的,可继续免征1年至2年。社区居民服务业的界定及免税范围:(1)家庭清洁卫生服务;(2)初级卫生保健服务;(3)婴幼儿看护和教育服务;(4)残疾儿童教育训练和寄托服务;(5)养老服务;(6)病人看护和幼儿、学生接送服务(不包括出租车接送);(7)避孕节育咨询;(8)优生优育优教咨询。

14. 个人领取原提存的住房公积金、医疗保险金、基本养老保险金及具备有关条件的失业人员领取的失业保险金免税。

15. 个人取得的教育储蓄存款利息和按国家或省级地方政府规定的比例缴付的住房公积金、医疗保险金、基本养老保险金、失业保险金存入个人账户所取得的利息免税。

第四节 个人所得税应纳税额的计算

我国现行个人所得税实行分类所得税制度,各项所得应分别扣除费用,分别适用税率,分别计算应纳税额。

一、工资、薪金所得应纳税额的计算

工资、薪金所得实行按月计征办法,即以个人每月收入固定扣除3 500元或者4 800元费用后的余额为应纳税所得额,适用七级超额累进税率表税率计算应纳税额。

(一)应纳税所得额的计算

1. 费用减除3 500元的适用范围。工资、薪金所得每月费用扣除标准自2008年3月1日起由1 600元提高到2 000元;自2011年9月1日起每月费用扣除标准从2 000元提高到3 500元。计算公式为:

应纳税所得额=月工资、薪金收入-费用扣除标准3 500元

2. 附加减除费用1 300元的适用范围。对涉外人员工资、薪金所得计征个人所得税时,

在减除 3 500 元费用的基础上,再附加减除费用 1 300 元,即合计扣除 4 800 元。计算公式为:

应纳税所得额 = 月工资、薪金收入 - 费用扣除标准 3 500 元 - 附加减除费用 1 300 元

附加减除费用所适用的具体范围是:①在中国境内的外商投资企业和外国企业中工作的外籍人员;②应聘在中国境内企业、事业单位、社会团体、国家机关中工作的外籍专家;③在中国境内有住所而在中国境外任职或者受雇取得工资、薪金所得的个人;④财政部确定的其他人员。此外,附加减除费用也适用于华侨和香港、澳门、台湾同胞。

(二) 应纳税额的计算

工资、薪金的应纳税所得额确定后,采用速算法,个人所得税应纳税额的计算公式为:

应纳税额 = 应纳税所得额 × 适用税率 - 速算扣除数

或 = (每月工资、薪金收入 - 3 500 元或 4 800 元) × 适用税率 - 速算扣除数

【例 8 - 1】某公司员工吴晓阳为中国公民,于 20 × × 年 10 月份在该公司取得工资、薪金收入 5 000 元,奖金收入 1 000 元。计算吴晓阳 10 月份应纳的个人所得税。

解:应纳税所得额 = (5 000 + 1 000) - 3 500 = 2 500(元)

应纳税额 = 2 500 × 10% - 105 = 145(元)

假定吴晓阳是来华工作的泰国公民,则 10 月份应纳税额计算如下:

应纳税所得额 = (5 000 + 1 000) - 4 800 = 1 200(元)

应纳税额 = 1 200 × 3% - 0 = 36(元)

(三) 应纳税额计算的特殊规定

1. 个人取得全年一次性奖金应纳个人所得税的计算。个人取得全年一次性奖金(包括:年终加薪、年薪、绩效工资)的,应分两种情况计算缴纳个人所得税:

(1) 个人取得全年一次性奖金且获取奖金当月个人的工资、薪金所得高于(或等于)税法规定的费用扣除额的。计算方法是:用全年一次性奖金总额除以 12 个月,按其商数对照工资、薪金所得项目税率表,确定适用税率和对应的速算扣除数,计算缴纳个人所得税。

计算公式为:

应纳个人所得税税额 = 个人当月取得的全年一次性奖金 × 适用税率 - 速算扣除数

个人当月工资、薪金所得与全年一次性奖金应分别计算缴纳个人所得税。

(2) 个人取得全年一次性奖金且获取奖金当月个人的工资、薪金所得低于税法规定的费用扣除额的,计算方法是:用全年一次性奖金减去"个人当月工资、薪金所得与费用扣除额的差额"后的余额除以 12 个月,按其商数对照工资、薪金所得项目税率表,确定适用税率和对应的速算扣除数,计算缴纳个人所得税。

计算公式为:

应纳个人所得税税额 = (个人当月取得全年一次性奖金 - 个人当月工资、薪金所得与费用扣除额的差额) × 适用税率 - 速算扣除数

由于上述计算纳税方法是一种优惠办法,在一个纳税年度内,对每一个人,该计算纳税办法只允许采用一次。对于全年考核,分次发放奖金的,该办法也只能采用一次。

【例8-2】 假定某电信公司员工赵华20××年12月份工资为4 000元,同时,单位一次性发放年终奖24 000元,按现行规定计算赵华12月份应纳个人所得税。

解: 12月份的工资所得应纳税额 = (4 000 - 3 500) × 3% = 15(元)

因为24 000 ÷ 12 = 2 000(元),年终奖金的税率为10%,速算扣除数为105。

年终奖金的应纳税额 = 24 000 × 10% - 105 = 2 295(元)

12月份应纳个人所得税 = 15 + 2 295 = 2 310(元)

2. 个人取得不满一个月的工资、薪金所得应纳税额的计算。在中国境内无住所的个人,凡在中国境内居住不满一个月并仅就不满一个月期间的工资、薪金所得申报纳税的,均应按全月工资、薪金所得为依据计算实际应纳税额。计算公式为:

应纳税额 = (当月工资、薪金应纳税所得额 × 适用税率 - 速算扣除数) × (当月实际在中国境内的天数 ÷ 当月天数)

如果属于上述情况的个人取得的是日工资、薪金,应以日工资、薪金以当月天数换算成月工资、薪金后,再按上述公式计算应纳税额。

【例8-3】 某工厂20××年6月份从法国引进成套设备,合同规定由设备供应商派工程师指导设备的安装、调试,其工资由工厂自行支付,日工资为人民币400元。工程师瑞里斯在该厂共工作20天,按合同规定支付工资8 000元。计算应扣缴的个人所得税。

解: 月工资 = 400 × 30 = 12 000(元)

月应纳税所得额 = 12 000 - 3 500 - 1 300 = 7 200(元)

应纳税额 = (7 200 × 20% - 555) × 20 ÷ 30 = 590(元)

3. 雇用单位和派遣单位分别支付工资、薪金应纳税额的计算。在外商投资企业、外国企业和外国驻华机构工作的中方人员取得的工资、薪金收入,凡是由雇用单位和派遣单位分别支付的,支付单位应扣缴应纳的个人所得税,以纳税人每月全部工资、薪金收入减除规定费用后的余额为应纳税所得额。为了有利于征管,采取由支付者一方减除费用的方法,即只由雇用单位在支付工资、薪金时,按税法规定减除费用,计算扣缴税款;派遣单位支付的工资、薪金不再减除费用,以支付全额直接确定适用税率,计算扣缴税款。纳税人在取得税后工资、薪金时,按照"在两处或两处以上取得工资、薪金所得"的申报规定,自行申报应税所得并补交所得税。

① 雇用单位应代扣税额 = (月工资、薪金收入 - 费用扣除标准) × 适用税率 - 速算扣除数

② 派遣单位应代扣税额 = 月工资、薪金收入 × 适用税率 - 速算扣除数

③ 个人申报应纳税额 = (雇用单位支付的含税月工资、薪金额 + 派遣单位支付的含税月工资、薪金额 - 费用扣除标准) × 适用税率 - 速算扣除数

④ 个人应补税额 = 个人申报应纳税额 - 已被代扣代缴的税额

【例8-4】 刘某为某外国企业雇用的中方人员,20××年11月,该外商投资企业支付给刘某的薪金为7 000元,同月,刘某还收到其所在的派遣单位发给的工资900元。计算该外商投资企业、派遣单位应如何扣缴个人所得税?刘某实际应缴纳的个人所得税为多少?

解：(1) 外国企业应扣缴刘某的个人所得税 = (7 000 - 3 500) × 10% - 105 = 245(元)

(2) 派遣单位应扣缴刘某的个人所得税 = 900 × 3% = 27 (元)

(3) 刘某实际应缴的个人所得税 = (7 000 + 900 - 3 500) × 10% - 105 = 335(元)

因此，在刘某到税务机关申报时，还应补缴 63 元 (335 - 245 - 27)。

对于外商投资企业、外国企业和外国驻华机构发放给中方工作人员的工资、薪金所得，应全额计税，但对于可以提供有效合同或有关凭证，能够证明其工资、薪金所得的一部分按有关规定上缴派遣（介绍）单位的，可以扣除其实际上缴的部分，按其余额计征个人所得税。中方工作人员从雇用单位取得的工资、薪金所得应纳税额的计算公式为：

应纳税额 = (从雇用单位取得的工资、薪金收入 - 上缴给派遣单位的费用 - 费用扣除标准) × 适用税率 - 速算扣除数

4. 采掘业、远洋运输业、远洋捕捞业职工取得的工资、薪金所得应纳个人所得税的计算。为照顾采掘业、远洋运输业、远洋捕捞业因季节、产量等因素的影响，职工的工资、薪金收入呈现较大幅度波动的实际情况，国家规定这三个特定行业的职工取得工资、薪金所得按年计算、分月预缴税款的方式计征个人所得税。年度终了后 30 日内，合计全年工资、薪金所得，再按 12 个月平均计算实际应纳的税款，多退少补。用公式表示为：

应纳税额 = [(全年工资、薪金收入 ÷ 12 - 费用扣除标准) × 税率 - 速算扣除数] × 12

年终应补（退）税额 = 应纳税额 - 全年已代扣代缴税额

考虑到远洋运输具有跨国流动的特性，因此，对远洋运输船员每月的工资、薪金收入在统一扣除 3 500 元费用的基础上，准予再扣除附加减除费用 1 300 元。对于船员伙食费不发给个人，而是用于集体用餐的，可允许该项补贴不计入船员个人的应纳税工资、薪金收入。

5. 个人从企业取得实物福利所得应纳税额的计算。外商投资企业、外国企业为符合一定条件的雇员购买住房、汽车等个人消费品，所购房屋产权证和车辆发票均填写雇员姓名，并商定该雇员在企业工作达到一定年限或满足其他条件后，该住房、汽车的所有权完全归雇员个人所有。对于个人取得的这一实物所得，应在取得的当月，按照有关凭证上注明的价格或主管税务机关核定的价格并入其工资、薪金所得征税。国税发 [1995] 115 号文明确：考虑到个人取得的前述实物价值较高，且所有权是随着工作年限逐步取得的，所以可按企业规定取得该财产所有权需达到的工作年限内（高于 5 年的按 5 年计算）平均分月计入工资、薪金所得征收个人所得税。

【例 8-5】中国公民王某 20××年 1 月受聘到某外国企业担任技术总监，月工资 4 000 元。外方还给他提供一辆价值 120 000 元的小轿车，规定工作满 5 年后车子归其个人所有。计算其当月应纳的个人所得税。

解：每月收入 = 4 000 + 120 000 ÷ (5 × 12) = 6 000(元)

月应纳税额 = (6 000 - 3 500) × 3% = 450(元)

6. 个人取得公务交通、通信补贴收入应纳税额的计算。个人因公务用车和通信制度改革而取得的公务用车、通信补贴收入，扣除一定标准的公务费用后，计入"工资、薪金所得"项目征收个人所得税；不按月发放的，分解到所属月份并与该月份"工资、薪金所得"合并后计征个人所得税。

公务费用的扣除标准，由省级地方税务局根据纳税人公务交通、通信费用实际发生情况调查测算，报经省级人民政府批准后确定，报国家税务总局备案。

7. 中国公民从境外取得工资、薪金所得应纳税额的计算。在中国境内有住所而在中国境外任职或者受雇取得工资、薪金所得的个人，应按照从国外取得的月工资、薪金收入额，每月扣除4 800元，即在减除3 500元费用的基础上，再附加减除费用1 300元后，作为应纳税所得额计征个人所得税。计算公式为：

应纳税所得额 = 境外取得每月工资、薪金额 − 4 800

应纳税额 = 应纳税所得额 × 适用税率 − 速算扣除数

如果纳税人已在境外缴纳了个人所得税，允许在应纳税额中扣除，但扣除税额不得超过纳税人境外所得按我国个人所得税法规定计算的税额。

8. 个人取得非正常退职费收入应纳税额的计算。实行内部退养的个人在其办理内部退养手续后至法定离退休年龄之间从原任职单位取得的工资、薪金，不属于离退休工资，应按"工资、薪金所得"项目计征个人所得税。

个人在办理内部退养手续后从原任职单位取得的一次性收入，应按办理内部退养手续后至法定离退休年龄之间的所属月份进行平均，并与领取当月的"工资、薪金所得"合并后减除当月费用扣除标准，以余额为基数确定适用税率，再将当月工资、薪金加上取得的一次性收入，减去费用扣除标准，按适用税率计征个人所得税。

个人在办理内部退养手续后至法定离退休年龄之间重新就业取得的"工资、薪金所得"，应与其从原任职单位取得的同一月份的"工资，薪金所得"合并，并依法自行向主管税务机关申报缴纳个人所得税。

对于由于工伤、疾病等原因丧失工作能力，又没有达到退休条件，按照规定离开工作岗位的退职人员领取的退职费，不超过原工资、薪金40%的部分，可以免征个人所得税；超过上述标准的部分，应按照正常工资、薪金所得在领取所得的当月计算缴纳个人所得税。但是考虑到作为雇主给予退职人员经济补偿的退职费，通常一次性发给，数额较大，以及退职人员有可能在一段时间内没有固定收入等实际情况，依照税法有关工资、薪金所得计税的规定，对退职人员一次取得较高退职费收入的，可视为其一次取得数月的工资、薪金收入，并以原每月工资、薪金收入总额为标准，划分为若干月份的工资、薪金收入后，计算应纳税所得额和应纳税额。如果按照上述方法划分超过了6个月工资、薪金收入的，按6个月平均划分计算。

① 原每月工资、薪金收入总额划分的月份在6个月以内的：

应纳所得税 = [(原每月工资、薪金收入总额 − 费用扣除标准) × 适用税率 − 速算扣除数] × (退职费收入额 ÷ 原每月工资、薪金总额)

② 原每月工资、薪金收入总额划分的月份超过了6个月的：

应纳所得税 = [(退职费收入 ÷ 6 − 费用扣除标准) × 适用税率 − 速算扣除数] × 6

个人取得全部退职费收入的应纳税额，应由其原雇主在支付退职费时负责代扣代缴。个人退职后6个月又再次任职、受雇的，对于个人已缴纳个人所得税的退职费收入，不再与再次任职、受雇取得的工资、薪金所得合并计算补缴个人所得税。

【例8−6】李某于20××年12月因企业业务锐减而被解除劳动合同，一次性取得退职费 30 000 元。李某每月工资收入 3 000 元。计算其个人所得税。

解： 应纳税额 = [(30 000 ÷ 6 − 3 500) × 3%] × 6 = 270(元)

9. 个人与用人单位解除劳动关系取得一次性补偿收入应纳税额的计算

① 个人因与用人单位解除劳动关系而取得一次性补偿收入（包括用人单位发放的经济补偿金、生活补助费和其他补助费用），其收入在当地上年职工平均工资 3 倍数额以内的部分，免征个人所得税；超过的部分可视为一次取得数月的工资、薪金收入，允许在一定期限内平均计算。方法是：以个人取得的一次性补偿收入，除以个人在本企业的工作年限数（超过 12 年的按 12 年计算），以其商数作为个人的月工资、薪金收入，按照税法规定计算缴纳个人所得税。个人在解除劳动合同后又再次任职、受雇的，已纳税的一次性补偿收入不再与再次任职、受雇的工资、薪金所得合并计算补缴个人所得税。

② 个人领取一次性补偿收入时按照国家和地方政府规定的比例实际缴纳的住房公积金、医疗保险费、基本养老保险费、失业保险费，可以在计征其一次性补偿收入的个人所得税时予以扣除。

③ 企业依照国家有关法律规定宣告破产，企业职工从该破产企业取得的一次性安置费收入，免征个人所得税。

【例 8−7】 王某在某制造企业工作 18 年，现因企业业务萎缩被买断工龄。该企业向王某支付一次性补偿金 18 万元，其中，从 18 万元中拿出 1.2 万元为其缴纳"三险一金"，当地上年职工平均工资为 2 万元。计算王某应缴纳的个人所得税。

解： 免纳个人所得税的部分 = 20 000 × 3 + 12 000 = 72 000（元）

应纳个人所得税的部分 = 180 000 − 72 000 = 108 000（元）

应纳税所得额 = 108 000 ÷ 12 − 3 500 = 5 500（元）

应纳个人所得税税额 = (5 500 × 20% − 555) × 12 = 6 540(元)

二、个体工商户的生产、经营所得应纳税额的计算

对于实行查账征收的个体工商户的生产、经营所得应纳税额的计算公式为：

应纳税所得额 = 收入总额 − (成本 + 费用 + 损失 + 准予扣除的税金) − 规定费用扣除标准

应纳税额 = 应纳税所得额 × 适用税率 − 速算扣除数

（一）收入总额

收入总额，是指个体工商户从事生产、经营以及与生产、经营有关的活动所取得的各项收入，包括商品（产品）销售收入、营运收入、劳务服务收入、工程价款收入、财产出租或转让收入、利息收入、其他收入和营业外收入。

（二）准予扣除的项目

在计算应纳税所得额时，准予从收入总额中扣除的项目包括成本、费用、损失和准予扣除的税金。

1. 成本、费用，是指个体工商户从事生产、经营所发生的各项直接支出和分配计入成本的间接费用以及销售费用、管理费用、财务费用。

2. 损失，是指纳税义务人在生产、经营过程中发生的各项营业外支出。包括：固定资产盘亏、报废、损毁和出售的净损失、自然灾害或意外事故损失、公益救济性捐款、赔偿金、违约金等。

3. 税金，是指个体工商户按规定缴纳的消费税、营业税、城市维护建设税、资源税、城镇土地使用税、土地增值税、房产税、车船税、印花税、耕地占用税，以及教育费附加。

（三）准予在所得税前列支的其他项目及列支标准

1. 个体工商户在生产经营过程中的借款利息支出，未超过按中国人民银行规定的同类、同期贷款利率计算的数额部分，准予扣除。

2. 个体工商户发生的与生产经营有关的财产保险、运输保险以及从业人员的养老、医疗及其他保险费用支出，按国家有关规定的标准计算扣除。

3. 个体工商户发生的与生产经营有关的修理费用，可据实扣除。修理费用发生不均衡或数额较大的，应分期扣除。

4. 个体工商户按规定缴纳的工商管理费、个体劳动者协会会费、摊位费，按实际发生数扣除。

5. 个体工商户在生产经营过程中租入固定资产而支付的费用，分别按两种情况处理：融资租赁的租赁费不得直接扣除，经营租赁的租赁费，可以据实扣除。

6. 个体工商户研究开发新产品、新技术、新工艺所发生的开发费用，以及研究开发新产品、新技术而购置单台价值在 5 万元以下的测试仪器和试验性装置的购置费准予扣除；超出上述标准和范围的，按固定资产管理，不得在当期扣除。

7. 个体工商户在生产经营过程中发生的固定资产和流动资产盘亏，即毁损净损失，由个体工商户提供清查盘存资料，经主管税务机关审核后，可以在当期扣除。

8. 个体工商户在生产经营过程中发生的以外币结算的往来款项增减变动时，由于汇率变动而发生折合人民币的差额，作为汇兑损益，计入当期所得或在当期扣除。

9. 个体工商户发生的与生产经营有关的无法收回的账款（包括因债务人破产或者死亡，以其破产财产或者遗产清偿后，仍然不能收回的应收账款，或者因债务人逾期未履行还债义务超过三年仍然不能收回的应收账款），应由其提供有效证明，报经主管税务机关审核后，按实际发生数扣除。

10. 个体工商户向其从业人员实际支付的合理工资、薪金支出，允许在税前据实扣除。

11. 个体工商户拨缴的工会经费、发生的职工福利费、职工教育经费支出分别在工资、薪金总额2%、14%、2.5%的标准内据实扣除。

12. 个体工商户每一纳税年度发生的广告费和业务宣传费不超过当年销售（营业）收入15%的部分，可以据实扣除；超过部分，准予在以后年度结转扣除。

13. 个体工商户发生的与生产经营有关的业务招待费支出，按照发生额的60%扣除，但最高不得超过当年销售（营业）收入的5‰。

14. 个体工商户将其所得通过中国境内的社会团体、国家机关向教育和其他社会公益事业以及遭受严重自然灾害地区、贫困地区的捐赠，捐赠额不超过其应纳税所得额30%的部分可以据实扣除。纳税人直接给受益人的捐赠不得扣除。

15. 个体工商户在生产经营过程中发生的与家庭生活混用的费用,由主管税务机关核定分摊比例,据此计算确定的属于生产、经营过程中发生的费用,准予扣除。

16. 个体工商户的年度经营亏损,经申报主管税务机关审核后,允许用下一年度的经营所得弥补,下一年度所得不足弥补的允许逐年延续弥补,但最长不得超过5年。

17. 个体工商户购入低值易耗品的支出,原则上一次摊销,但一次性购入价值较大的,应分期摊销。分期摊销的价值标准和期限由各省、自治区、直辖市地方税务局确定。

(四) 不得在所得税前列支的项目

1. 资本性支出,包括:为购置和建造固定资产、无形资产以及其他资产的支出,对外投资的支出;
2. 被没收的财物,支付的罚款;
3. 缴纳的个人所得税,固定资产投资方向调节税,以及各种税收的滞纳金、罚金和罚款;
4. 各种赞助支出;
5. 自然灾害或者意外事故损失有赔偿的部分;
6. 分配给投资者的股利;
7. 用于个人和家庭的支出;
8. 个体工商户业主的工资支出;
9. 与生产经营无关的其他支出;
10. 国家税务总局规定不准扣除的其他支出。

(五) 费用减除标准

个体工商户2011年9月1日(含)以后的生产、经营所得,应适用税法修改后的费用减除标准,即每月3 500元。2011年9月1日之前,应适用税法修改前的费用减除标准,即每月2 000元。

(六) 资产的税务处理

个体工商户购入、自建、实物投资和融资租入的资产,包括固定资产、无形资产、递延资产等,只能采取分次计提折旧或分次摊销的方式予以列支。

1. 固定资产的税务处理。个体工商户的固定资产是指在生产经营中使用的、期限超过1年且单位价值在1 000元以上的房屋、建筑物、机器、设备、运输工具及其他与生产经营有关的设备、工器具等。

(1) 固定资产的折旧范围。允许计提折旧的固定资产包括:房屋和建筑物;在用的机械设备、仪器仪表和各种工器具;季节性停用和修理停用的设备,以及以经营租赁方式租出和以融资租赁方式租入的固定资产。

(2) 不得计提折旧的固定资产。不得计提折旧的固定资产包括:房屋、建筑物以外的未使用、不需用的固定资产;以经营租赁方式租入和以融资租赁方式租出的固定资产;已提足折旧继续使用的固定资产。

个体工商户应当按照税法规定的资产计价方式所确定的资产价值和规定的资产折旧年限，计提固定资产折旧。固定资产在计提折旧前，应当估计残值（按固定资产原价的5%确定），从固定资产原价中减除。

（3）固定资产的计价。确定固定资产价值，可以分别不同的固定资产，按以下方式计价：购入的固定资产，按实际支付的买价、包装费、运杂费和安装费等计价；自行建造的固定资产，按建造过程中实际发生的全部支出计价；以实物形式投资的固定资产，按评估确认或者合同、协议约定的价值计价；在原有基础上进行改、扩建的固定资产，按账面原价减去改、扩建过程中发生的变价收入，加上改、扩建增加的支出计价；盘盈的固定资产，按同类固定资产的重置完全价值计价；融资租入的固定资产，按照租赁协议或者合同确定的租赁费加运输费、保险费、安装调试费等计价。

（4）固定资产的折旧年限。税法规定的固定资产折旧最短年限分别为：房屋、建筑物为20年；轮船、机器、机械和其他生产设备为10年；电子设备和轮船以外的运输工具，以及与生产经营有关的器具、工具、家具等为5年。个体工商户由于特殊原因需要缩短固定资产折旧年限的须报经省级税务机关审核批准。

（5）固定资产的折旧方法。固定资产折旧按平均年限法和工作量法计算提取。

① 按平均年限法计算折旧的公式为：

固定资产的年折旧率 = [1 - 5%（残值率）] ÷ 折旧年限 × 100%

月折旧率 = 年折旧率 ÷ 12

月折旧额 = 固定资产原价 × 月折旧率

② 按工作量法计算折旧的公式为：

单位里程（每工作小时）折旧额 = （原值 - 残值） ÷ 总行驶里程（总工作小时）

2. 无形资产的税务处理。无形资产是指在生产经营过程中长期使用但没有实物形态的资产，包括专利权、非专利技术、商标权、商誉、著作权、场地使用权等。

（1）无形资产的计价。无形资产的计价应当按照取得的实际成本为准。具体是：作为投资的无形资产，以协议、合同规定的合理价格为原价；购入的无形资产，按实际支付的价款为原价；接受捐赠的无形资产，按所附单据或参照同类无形资产的市场价格确定原价；非专利技术和商誉的计价，应经法定评估机构评估后确认。

（2）无形资产的摊销。无形资产从开始使用之日起，在有效使用期内分期均额扣除。作为技术资助或受让的无形资产，在法律、合同或协议中规定了使用年限的，可按该使用年限分期扣除；没有规定使用年限或是自行开发的无形资产，扣除期限不得少于10年。

3. 递延资产的税务处理。个体工商户自申请营业执照之日起至开始生产经营之日止所发生的符合税法规定的费用，除为取得固定资产、无形资产的支出，以及应计入资产价值的汇兑损益、利息支出之外，可作为递延资产中的开办费，并自开始生产经营之日起不短于5年的期限内分期均额扣除。

4. 流动资产的税务处理及存货计价。流动资产是指可以在1年内或者超过1年的一个营业周期内变现或者运用的资产，包括现金、应收及预付款项和存货。所谓存货，是指在生产经营过程中为销售或者耗用而储备的物资，包括各种原材料、辅助材料、燃料、低值易耗品、包装物、在产品、外购商品、自制半成品、产成品等。存货应按实际成本计价，领用或发出存货的核算,原则上采用加权平均法。

三、对企事业单位的承包、承租经营所得应纳税额的计算

(一) 应纳税所得额的计算

对企事业单位的承包经营、承租经营所得是以每一纳税年度的收入总额,减除必要费用后的余额,为应纳税所得额。其中,收入总额是指纳税人按照承包经营、承租经营合同规定分得的经营利润和工资、薪金性质的所得。个人的承包经营、承租经营所得,既有工资、薪金的性质,又含有生产、经营性质,但考虑到个人按承包经营、承租经营合同规定分到的是经营利润,涉及的生产、经营成本费用已经扣除,所以,税法规定,"减除必要费用"是指按月减除3 500元(自2011年9月1日以后为3 500元),实际减除的是相当于个人的生计及其他费用。其计算公式为:

应纳税所得额=个人承包、承租经营收入总额-每月费用扣除标准×实际承包或承租月数

(二) 应纳税额的计算

对企事业单位承包经营、承租经营所得适用五级超额累进税率,以其应纳税所得额按适用税率计算应纳税额。计算公式为:

应纳税额=应纳税所得额×适用税率-速算扣除数

【例8-8】钱某20××年承包某商店,承包期为1年。取得承包经营所得60 000元。钱某还按月从商店领取工资,每月4 000元。计算钱某全年应缴纳的个人所得税。

解: 全年应纳税所得额=(60 000 + 12 × 4 000) - 12 × 3 500 = 66 000(元)

全年应纳税额= 66 000 × 30% - 9 750 = 10 050 (元)

实际工作中,纳税人可能会在一年内分次取得承包、承租经营所得。如遇到这种情况,应在每次分得承包、承租经营所得后,先预缴税款,年终汇算清缴,多退少补。

实行承包、承租经营的纳税人,应以每一纳税年度的承包、承租经营所得计算纳税。如果纳税人的承包、承租期在一个纳税年度内经营不足12个月的,以其实际承包、承租经营的月份数为一个纳税年度计算纳税。计算公式为:

应纳税所得额=该年度承包、承租经营收入额-(3 500×该年度实际承包、承租经营月份数)

应纳税额=应纳税所得额×适用税率-速算扣除数

四、劳务报酬所得应纳税额的计算

(一) 应纳税所得额的计算

劳务报酬所得以个人每次取得的收入,定额或定率减除规定费用后的余额为应纳税所得额。每次收入不超过4 000元的,定额减除费用800元;每次收入在4 000元以上的,定率减除20%的费用。其计算公式为:

1. 每次收入不超过4 000元的：

应纳税所得额 = 每次收入额 - 800元

2. 每次收入在4 000元以上的：

应纳税所得额 = 每次收入额 × (1 - 20%)

每次收入，是指属于一次性收入的，以取得该项收入为一次；凡属于同一项目连续性收入的，以一个月内取得的收入为一次。考虑属地管辖与时间划定有交叉的特殊情况，统一规定以县（含县级市、区）为一地，其管辖内的一个月内的劳务服务为一次；当月跨县地域的，则应分别计算。

上述劳务报酬所得中的"同一项目"，是指劳务报酬所得列举的劳务项目中的某一单项，如果个人兼有不同的劳务报酬所得，应当分别按不同的项目所得定额或定率减除费用。

此外，获得劳务报酬所得的纳税人从其收入中支付给中介人和相关人员的报酬，除另有规定者外，在定率扣除20%的费用后，一律不再扣除。对中介人和相关人员取得的报酬，应分别计征个人所得税。

（二）应纳税额的计算

劳务报酬所得适用20%的比例税率，其应纳税额的计算公式为：

应纳税额 = 应纳税所得额 × 适用税率

如果纳税人的每次应税劳务报酬所得超过20 000元，应实行加成征税，其应纳税总额应依据相应税率和速算扣除数计算。计算公式为：

应纳税额 = 应纳税所得额 × 适用税率 - 速算扣除数

【例8-9】 李教授于8月外出讲学，一次取得劳务报酬60 000元。计算其应缴纳的个人所得税（不考虑其他税费）。

解：（1）应纳税所得额 = 60 000 × (1 - 20%) = 48 000(元)

（2）应纳税额 = 48 000 × 30% - 2 000 = 12 400（元）。

（三）为纳税人代付税款的计算方法

如果单位或个人为纳税人代付税款，应当将单位或个人支付给纳税人的不含税支付额（或称纳税人取得的不含税收入额）换算为应纳税所得额，然后按规定计算应代付的个人所得税款。计算公式为：

1. 不含税收入额不超过3 360元的：

（1）应纳税所得额 = （不含税收入额 - 800）÷（1 - 税率）

（2）应纳税额 = 应纳税所得额 × 适用税率

2. 不含税收入额超过3 360元的：

（1）应纳税所得额 = [(不含税收入额 - 速算扣除数) × (1 - 20%)] ÷ [1 - 税率 × (1 - 20%)]

或：应纳税所得额 = [(不含税收入额 - 速算扣除数) × (1 - 20%)] ÷ 当级换算系数

公式推导起点：应纳税所得额 = (不含税收入额 + 应纳税所得额 × 税率 - 速算扣除数) ×

$(1-20\%)$

（2）应纳税额 = 应纳税所得额 × 适用税率 - 速算扣除数

上述公式中：公式1.（1）和2.（1）中的税率，是指不含税劳务报酬收入所对应的税率；公式1.（2）和2.（2）中的税率，是指应纳税所得额按含税级距所对应的税率。

表8-4　　　　　　　　不含税劳务报酬收入适用税率表

级数	不含税劳务报酬收入额	税率（%）	速算扣除数（元）	换算系数（%）
1	未超过3 360元的部分	20	0	无
2	超过3 360元~21 000元的部分	20	0	84
3	超过21 000元~49 500元的部分	30	2 000	76
4	超过49 500元的部分	40	7 000	68

【例8-10】设计师赵某为甲公司进行一项工程设计，按照合同规定，甲公司应支付赵某的劳务报酬48 000元，与其报酬相关的个人所得税由公司代付。计算甲公司应代付的个人所得税税额。

解：应纳税所得额 = [(48 000 - 2 000) × (1 - 20%)] ÷ 76% = 48 421.05(元)

甲公司应代付个人所得税 = 48 421.05 × 30% - 2 000 = 12 526.32（元）

五、稿酬所得应纳税额的计算

（一）应纳税所得额的计算

1. 应纳税所得额的确定。

（1）每次收入不超过4 000元的：

应纳税所得额 = 每次收入额 - 800元

（2）每次收入4 000元以上的：

应纳税所得额 = 每次收入额 × (1 - 20%)

2. 每次收入。稿酬所得每次收入，以每次出版、发表取得的收入为一次，具体可分为：

（1）同一作品再版取得的所得，应视为另一次稿酬所得计征个人所得税。

（2）在两处或两处以上出版、发表同一作品而取得的稿酬，则可以分别各次取得的所得或再版所得分次征税。

（3）个人的同一作品在报刊上连载，应合并其因连载而取得的所得为一次。连载之后又出书取得稿酬的，或先出书后连载取得稿酬的，应视同再版稿酬分次征税。

（4）同一作品在出版和发表时，以预付稿酬或分次支付稿酬等形式取得的稿酬收入，应合并计算为一次。

（5）同一作品出版、发表后，因添加印数而追加稿酬的，应与以前出版、发表时取得的稿酬合并计算为一次，计征个人所得税。

（6）作者去世后，对取得其遗作稿酬的个人，按稿酬所得征税。

(二) 应纳税额的计算

应纳税额 = 应纳税所得额 × 税率 × (1 − 30%)

【例 8 − 11】 中国公民李阳为自由撰稿人,某年 10 月份出版中篇小说一部,取得稿酬 40 000 元,后因小说加印和报刊连载,分别取得出版社稿酬 20 000 元和报社稿酬 3 800 元。请计算李阳当月应纳的个人所得税。

解: 出版小说、小说加印应纳个人所得税 = (40 000 + 20 000) × (1 − 20%) × 20% × (1 − 30%) = 6 720(元)

小说连载应纳个人所得税 = (3 800 − 800) × 20% × (1 − 30%) = 420(元)

六、特许权使用费所得应纳税额的计算

(一) 应纳税所得额的计算

1. 每次收入不超过 4 000 元的:

应纳税所得额 = 每次收入额 − 800 元

2. 每次收入在 4 000 元以上的:

应纳税所得额 = 每次收入额 × (1 − 20%)

特许权使用费所得"每次收入",是指一项特许权的一次许可使用所取得的收入。纳税人采用同一合同转让一项特许权分期(跨月)取得收入的,应合并为一次收入计算应纳税额。

(二) 应纳税额的计算

应纳税额 = 应纳税所得额 × 税率(20%)

【例 8 − 12】 李强将其拥有的某项专利权通过某专利事务所授权某企业使用,使用费为 240 000 元,同时按协议向专利事务所支付中介费 36 000 元。计算李强应纳个人所得税税额。

解: 按照规定,对于个人从事技术转让中所支付的中介费,若能提供有效合法的凭证,允许从其所得中扣除。

应纳税所得额 = 240 000 − 240 000 × 20% − 36 000 = 156 000(元)

应纳税额 = 156 000 × 20% = 31 200(元)

七、财产租赁所得应纳税额的计算

(一) 应纳税所得额的计算

财产租赁所得以一个月内取得的收入为一次。对一次取得数月、数年的租金收入,也可根据合同和实际所得所属月份分别计算。

个人出租财产取得的财产租赁收入,在计算缴纳个人所得税时,应依次扣除以下费用:

1. 财产租赁过程中缴纳的税费。在出租财产过程中缴纳的营业税、城建税、房产税和教育费附加等税费要有完税(缴款)凭证。

2. 由纳税人负担的该出租财产实际开支的修缮费用(允许扣除的修缮费用以每次800元为限,一次扣除不完的,准予在下一次继续扣除,直到扣完为止)。

3. 税法规定的费用扣除标准。

(1) 每次(月)收入不超过4 000元的:

应纳税所得额 = 每次(月)收入额 - 缴纳的税费 - 修缮费用(800元为限) - 800元

(2) 每次(月)收入超过4 000元的:

应纳税所得额 = [每次(月)收入额 - 缴纳的税费 - 修缮费用(800元为限)] × (1 - 20%)

个人将承租房屋转租取得的租金收入,属于个人所得税应税所得,应按"财产租赁所得"项目计算缴纳个人所得税。

取得转租收入的个人向房屋出租方支付的租金,凭房屋租赁合同和合法支付凭据允许在计算个人所得税时,从该项转租收入中扣除。

个人转租房屋的费用扣除次序调整为:

① 财产租赁过程中缴纳的税费;
② 向出租方支付的租金;
③ 由纳税人负担的租赁财产实际开支的修缮费用;
④ 税法规定的费用扣除标准。

(二) 应纳税额的计算

财产租赁所得依其应纳税所得额和20%的比例税率计算应纳税额。计算公式为:

应纳税额 = 应纳税所得额 × 税率

【例8-13】 王丽某年将私有住房出租1年,每月取得租金收入3 000元,当年3月发生租房装修费用2 000元。已按月缴纳了营业税、城建税、教育费附加。计算王丽当年应纳个人所得税。

解: 应缴纳的个人所得税 = {[3 000 - 3 000 × 3% × 50% × (1 + 7% + 3%) - 800] × 10% × 9} + {[3 000 - 3 000 × 3% × 50% × (1 + 7% + 3%) - 800 - 800] × 10% × 2} + {[3 000 - 3 000 × 3% × 50% × (1 + 7% + 3%) - 400 - 800] × 10% × 1} = 2 380.6(元)

八、财产转让所得应纳税额的计算

(一) 应纳税所得额的计算

财产转让所得,以一次转让财产的收入额减除财产的原值和合理费用后的余额为应纳税所得额。

应纳税所得额 = 每次收入额 - 财产原值 - 合理费用

1. 每次收入,是指一件财产的所有权一次转让取得的收入。

2. 财产原值是指：
① 有价证券，为买入价以及买入时按照规定缴纳的有关费用；
② 建筑物，为建造费或者购进价格以及其他有关费用；
③ 土地使用权，为取得土地使用权所支付的金额、开发土地的费用及其他有关费用；
④ 机器设备、车船，为购进价格、运输费、安装费及其他有关费用；
⑤ 其他财产，参照以上方法确定。

纳税人未提供完整、准确的财产原值凭证，不能正确计算财产原值的，由主管税务机关核定其财产原值。

3. 合理费用，是指卖出财产时按照规定支付的有关费用。

（二）应纳税额的计算

应纳税额 = 应纳税所得额 × 适用税率

【例 8-14】 某工厂与钱某签订合同，购买钱某拥有的房屋四合院一座，用作工厂的办公用房，价款为 600 000 元。该四合院为钱某从某单位购入，当时支付价款 300 000 元，支付其他有关税费共计 21 400 元。钱某出售该房产应缴纳土地增值税、营业税、城建税、印花税、教育费附加等 45 900 元。计算该公司应代扣个人所得税。

解： 应纳税所得额 = 600 000 - 300 000 - 21 400 - 45 900 = 232 700（元）
应纳税额 = 232 700 × 20% = 46 540（元）

九、利息、股息、红利所得应纳税额的计算

（一）应纳税所得额的计算

利息、股息、红利所得，偶然所得和其他所得，以每次收入额为应税所得额，不扣除任何费用。

所谓每次收入，是以支付单位或个人每次支付利息、股息、红利时，个人所取得的收入为一次；对于股份制企业在分配股息、红利时，以股票形式向股东个人支付应得的股息、红利（即派发红股），应以派发红股的股票票面金额为一次收入额。偶然所得以每次取得该项收入为一次。

从上市公司取得的股息、红利，减按 50% 计入应纳税所得额。自 2008 年 10 月 9 日（含）起，暂免征收储蓄存款利息所得税。

（二）应纳税额的计算

应纳税额 = 应纳税所得额（每次收入额）× 适用税率

[例 8-15] 王某持有某上市公司的股票 10 000 股，该上市公司 2011 年度的利润分配方案为每 10 股送 3 股，并于 2012 年 4 月份实施，该股票的面值为每股 1 元。从非上市公司取得股息所得 7 000 元。计算王某应缴纳的个人所得税。

解： 王某从该上市公司获得股息红利所得 = 10 000 ÷ 10 × 3 × 1 = 3 000（元）

应纳个人所得税 = 3 000 × 20% × 50% = 300（元）
非上市公司取得股息应纳个人所得税 = 7 000 × 20% = 1 400（元）

十、偶然所得、其他所得应纳税额的计算

（一）应纳税所得额的计算

偶然所得和其他所得，以个人每次收入额为应税所得额，不扣除任何费用。除有特殊规定外，每次收入额就是应纳税所得额，以每次取得该项收入为一次。

（二）应纳税额的计算

应纳税额 = 应纳税所得额（每次收入额）× 适用税率

十一、个人所得税的其他事项

（一）公益性捐赠扣除的计算

个人将其所得通过中国境内的国家机关、社会团体向教育和其他社会公益事业以及灾区、贫困地区捐赠，捐赠额未超过纳税人申报的应纳税所得额30%的部分，可以从其应纳税所得额中扣除。

个人通过国家机关、社会团体向农村义务教育的捐赠，准予从所得额中全额扣除。

一般捐赠额的扣除以不超过纳税人应纳税所得额的30%为限。

捐赠扣除限额 = 应纳税所得额 × 30%
应纳税额 =（应纳税所得额 - 允许扣除的捐赠限额）× 适用税率 - 速算扣除数

【例8-16】 李娜取得讲学劳务50 000元，将其中10 000元通过民政部门捐赠给洪涝灾区、5 000元通过著名企业捐款给贫困地区、6 000元通过国家机关捐赠给当地红十字会机构。该项劳务报酬应缴纳个人所得税为多少元？

解： 通过国家机关捐赠给当地红十字会机构，可以全额扣除；通过著名企业捐款给贫困地区，该企业是营利性机构，所以该笔捐款不得扣除；通过国家机关向受灾地区的捐赠，应计算扣除限额。

扣除限额 = 50 000 ×（1 - 20%）× 30% = 12 000（元），实际捐赠10 000元，可以全额扣除。

该项劳务报酬应缴纳个人所得税 = [50 000 ×（1 - 20%）- 6 000 - 10 000] × 30% - 2 000
= 5 200（元）

（二）境外所得已纳税款抵免的计算

纳税人从中国境外取得的所得，准予其在应纳税额中扣除已在境外实缴的个人所得税税款，但扣除额不得超过该纳税人境外所得依照我国税法规定计算的应纳税额。

我国个人所得税的抵免限额采用分国分项限额抵免法，即分别来自不同国家或地区和不同应税项目，依照税法规定的费用减除标准和适用税率计算抵免限额。对于同一国家或地区的不同应税项目，以其各项的抵免限额之和作为来自该国或该地区所得的抵免限额。如果纳税人在境外的所得实际缴纳的所得税低于或等于按我国税法所计算的应纳税额，则按境外实际缴纳的所得税额予以抵免；如果纳税人某一纳税年度发生实缴境外税款超过抵免限额时，其超过限额部分不允许在应纳税额中抵扣，但可以在以后纳税年度仍来自该国家或地区的不足限额，即实缴境外税款低于抵免限额的部分中补扣。下一年度结转后仍有超限额的，可继续结转，但每年发生的超限额结转期最长不得超过5年。

【例8-17】某中国公民王强10月取得A国一家公司支付的劳务所得10 000元（折合成人民币，下同），已被扣缴所得税1 000元；在A国出版一部小说，获得稿酬收入20 000元，扣缴所得税2 000元。同月还从B国取得利息所得1 000元，已被扣缴所得税200元，提供咨询劳务，获得报酬20 000元，扣缴所得税1 500元。经核查，境外完税凭证无误。计算王强的境外所得在我国境内应补缴的个人所得税。

解：A国的所得计算：

1. 计算限额分国又分项：

（1）来自A国的劳务按我国税法计算应纳税额 = 10 000 × (1 − 20%) × 20%
= 1 600（元）

（2）来自A国的稿酬按我国税法计算应纳税额 = 20 000 × (1 − 20%) × 20% × (1 − 30%)
= 2 240（元）

2. 比较限额分国不分项：（分国加总）1 000 + 2 000 < 1 600 + 2 240

应补缴个人所得税 = 3 840 − 3 000 = 840（元）

B国的所得计算：

1. 计算限额分国又分项：

（1）来自B国的利息按我国税法计算应纳税额 = 1 000 × 20% = 200（元）

（2）来自B国的劳务按我国税法计算应纳税额 = 20 000 × (1 − 20%) × 20% = 3 200（元）

2. 比较限额分国不分项：（分国加总）1 500 + 300 < 3 200 + 200

应补缴个人所得税 = 3 400 − 1 800 = 1 600（元）

（三）两人以上共同取得同一项目收入的税款计算

两人或两人以上共同取得同一项目收入的，应当对每个人取得的收入分别按照税法规定减除费用后计算纳税，即实行"先分收入、后扣费用、再计算纳税"的办法。

【例8-18】某大学甲、乙、丙三位教师共同编写出版一本教材，共得稿酬18 000元。按工作量分配稿酬，甲担任主编分得10 000元，乙参编分得5 000元，丙参编分得3 000元。计算甲、乙、丙各自应纳的个人所得税。

解：甲应纳税额 = 10 000 × (1 − 20%) × 20% × (1 − 30%) = 1 120（元）

乙应纳税额 = 5 000 × (1 − 20%) × 20% × (1 − 30%) = 560（元）

丙应纳税额 = (3 000 − 800) × 20% × (1 − 30%) = 308（元）

（四）单位或个人为纳税人负担税款的计算

在实际工作中，有的单位或个人（雇主）常常为纳税人负担税款，即支付给纳税人的报酬（包括工资、薪金、劳务报酬等所得）是不含税的净所得或称为税后所得，纳税人的应纳税额由雇主代为缴纳。在这种情况下，就不能以纳税人实际取得的收入减除费用扣除额后直接乘以适用税率计算应纳税额，否则，就会缩小税基，降低适用税率。正确的方法是，将纳税人的不含税收入换算为含税应纳税所得额，然后再计算应纳税额。以工资、薪金为例，分三种情况处理：

1. 全额负担税款的计算。雇主全额为雇员负担税款，应将雇员取得的不含税收入换算成含税应纳税所得额后，计算雇主应当代扣代缴的税款。

（1）应纳税所得额＝（不含税收入额－费用扣除标准－速算扣除数）÷（1－适用税率）

（2）应纳税额＝应纳税所得额×适用税率－速算扣除数

【例8－19】 某公司聘请李某为公司驻外经理，公司每月给李某汇寄工资为6 000元，李某应纳的个人所得税由公司负担。计算公司每月应负担多少个人所得税？

解：（1）先按不含税级距查找税率：6 000－3 500＝2 500（元）
适用税率10%，速算扣除数105（元）

（2）计算应纳税所得额：（6 000－3 500－105）÷（1－10%）＝2 661.11（元）

（3）根据应纳税所得额查找适用税率（含税级距表）为10%
2 661.11×10%－105＝161.11（元）

所以公司应为李某承担税额为161.11（元）

2. 定额负担部分税款的计算。雇主为其雇员定额负担部分税款的，应将雇员取得的工资、薪金所得换算成应纳税所得额后，计算单位应当代扣代缴的税款。

（1）应纳税所得额＝雇员取得的工资＋雇主代雇员负担的税款－费用扣除标准

（2）应纳税额＝应纳税所得额×适用税率－速算扣除数

3. 定率负担部分税款的计算。雇主为其雇员负担一定比例税款，是指雇主为雇员负担一定比例的工资应纳的税款或负担一定比例的实际应纳税款。当发生这种情况时，计算公式为：

（1）应纳税所得额＝（未含雇主负担的税款的收入额－费用扣除标准－速算扣除数×负担比例）÷（1－税率×负担比例）

（2）应纳税额＝应纳税所得额×适用税率－速算扣除数

第五节 个人所得税的征收管理

一、征收方式

我国个人所得税采取由支付单位源泉扣缴和纳税人自行申报纳税两种征收方法。

（一）支付单位源泉扣缴方法

个人所得税以所得个人为纳税人，以支付所得的单位或者个人为扣缴义务人。扣缴义务人向个人支付应税款项（包括现金支付、汇拨支付、转账支付和以有价证券、实物以及其他形式支付的折算金额）时，应当依照税法规定代扣代缴税款。

（二）自行申报缴纳方法

《个人所得税自行纳税申报办法（试行)》（以下简称《办法》）明确了纳税人须向税务机关进行自行申报的5种情形：(1) 年所得12万元以上的；(2) 从中国境内两处或两处以上取得工资、薪金所得的；(3) 从中国境外取得所得的；(4) 取得应税所得，没有扣缴义务人的；(5) 国务院规定的其他情形。

纳税人在一个纳税年度内取得的全部应税所得达到12万元，不论其平常取得的应纳税所得是否已由扣缴义务人扣缴税款，或是纳税人自己已向税务机关自行申报纳税过，年度终了后都应当再自行向税务机关办理纳税申报。

符合第（2）至第（4）种情形的纳税人，要进行日常申报纳税，即在取得应税所得时，就按照《办法》的相关规定，在规定的期限内向主管税务机关办理纳税申报并缴纳税款。

第（5）种情形目前暂未明确，其纳税申报办法根据具体情形另行规定。

对于年所得12万元以上的纳税人，在纳税年度终了后3个月内，须申报其各项所得的年所得额、应纳税额、已缴（扣）税额、抵扣税额、应补（退）税额和相关个人基础信息。申报的年所得包含个人所得税法规定的11个应税所得项目，即工资、薪金所得，个体工商户的生产经营所得，对企事业单位的承包经营、承租经营所得，劳务报酬所得，稿酬所得，特许权使用费所得，利息、股息、红利所得，财产租赁所得，财产转让所得，偶然所得，经国务院财政部门确定征税的其他所得。同时明确，在计算年所得时，可以剔除3类免税所得，即《中华人民共和国个人所得税法》第四条第一项至第九项规定的免税所得；《中华人民共和国个人所得税法实施条例》第六条规定可以免税的来源于中国境外的所得，第二十五条规定的按照国家规定单位为个人缴付和个人缴付的基本养老保险费、基本医疗保险费、失业保险费、住房公积金；并规定除个体工商户的生产、经营所得和财产转让所得以应纳税所得额计算年所得外，其他各项所得均以毛收入额来计算年所得。

二、纳税期限

除特殊情况外，纳税人应在取得应纳税所得的次月15日内向税务机关申报并缴纳税款。具体规定如下：

1. 工资、薪金所得应纳的税款，按月计征，由扣缴义务人或者纳税义务人在次月15日内缴入国库，并向税务机关报送纳税申报表。采掘业、远洋运输业、远洋捕捞业等特定行业的工资、薪金所得应纳的税款，可以实行按年计算、分月预缴的方式计征，自年度终了之日起30日内，合计其全年工资、薪金所得，再按12个月平均并计算实际应纳的税款，多退少补。

2. 对账册健全的个体工商户的生产、经营所得应纳的税款，按年计算，分月预缴，由纳税义务人在次月15日内预缴，年度终了后3个月内汇算清缴，多退少补。对账册健全的个体工商户的生产、经营所得应纳的税款，由税务机关自行确定征收方式。

3. 对企事业单位的承包经营、承租经营所得应纳的税款，按年计算，由纳税义务人在年度终了后30日内缴入国库，并向税务机关报送纳税申报表。纳税义务人在一年内分次取得承包经营、承租经营所得的，应当在取得每次所得后的15日内预缴，年度终了后3个月内汇算清缴，多退少补。

4. 纳税人取得劳务报酬、稿酬等其他各项所得，按次计征。在取得所得的次月15日内向主管税务机关办理纳税申报并缴款入库。

5. 从中国境外取得所得的纳税义务人，应当在年度终了后30日内，将应纳的税款缴入国库，并向税务机关报送纳税申报表。

三、申报地点

（一）年所得12万元以上的纳税人，纳税申报地点分别为：

1. 在中国境内有任职、受雇单位的，向任职、受雇单位所在地主管税务机关申报。

2. 在中国境内有两处或者两处以上任职、受雇单位的，选择并固定向其中一处单位所在地主管税务机关申报。

3. 在中国境内无任职、受雇单位，年所得项目中有个体工商户的生产、经营所得或者对企事业单位的承包经营、承租经营所得（以下统称生产、经营所得）的，向其中一处实际经营所在地主管税务机关申报。

4. 在中国境内无任职、受雇单位，年所得项目中无生产、经营所得的，向户籍所在地主管税务机关申报。在中国境内有户籍，但户籍所在地与中国境内经常居住地（指纳税人离开户籍所在地最后连续居住一年以上的地方）不一致的，选择并固定向其中一地主管税务机关申报。在中国境内没有户籍的，向中国境内经常居住地主管税务机关申报。

（二）从中国境内两处或者两处以上取得工资、薪金所得的，从中国境外取得所得的或取得应税所得，没有扣缴义务人的，纳税申报地点分别为：

1. 从两处或者两处以上取得工资、薪金所得的，选择并固定向其中一处单位所在地主管税务机关申报。

2. 从中国境外取得所得的，向中国境内户籍所在地主管税务机关申报。在中国境内有户籍，但户籍所在地与中国境内经常居住地不一致的，选择并固定向其中一地主管税务机关申报。在中国境内没有户籍的，向中国境内经常居住地主管税务机关申报。

（三）个体工商户向实际经营所在地主管税务机关申报。

（四）个人独资、合伙企业投资者兴办两个或两个以上企业的，区分不同情形确定纳税申报地点：

1. 兴办的企业全部是个人独资性质的，分别向各企业的实际经营管理所在地主管税务机关申报。

2. 兴办的企业中含有合伙性质的，向经常居住地主管税务机关申报。

3. 兴办的企业中含有合伙性质，个人投资者经常居住地与其兴办企业的经营管理所在地不一致的，选择并固定向其参与兴办的某一合伙企业的经营管理所在地主管税务机关申报。

除以上情形外，纳税人应当向取得所得所在地主管税务机关申报。

纳税人不得随意变更纳税申报地点，因特殊情况变更纳税申报地点的，须报原主管税务机关备案。

第 9 章

资源税和土地增值税

【内容提要】 资源税是对各种自然资源开采、生产和使用所征收的一种特别税。土地增值税是我国为了规范土地、房地产交易秩序,对转让房地产的过高收益进行调节,以抑制投机牟取暴利的行为,维护国家权益,保护正常从事房地产开发的经营者的合法权益,促进房地产市场健康发展,同时也是为了规范国家参与土地增值收益的分配方式。本章主要介绍资源税和土地增值税的基本概念、纳税人、征税范围、税率结构、应纳税额计算、征收管理等问题。

第一节 资源税

一、资源税的概念

资源税是对在中华人民共和国领域及管辖海域开采应税矿产品及生产盐等应税资源的单位和个人,就其应税产品销售额或销售数量和自用数量为计税依据而征收的一种税。资源税是以各种自然资源为课税对象、为了调节资源级差收入并体现国有资源有偿使用而征收的一种税。自然资源是指天然存在的自然物质资源,一般包括土地资源、海洋资源、森林资源、草原资源、水力资源、生物资源、矿藏资源及阳光、空气等资源。

我国开征资源税的历史悠久。早在周朝就有"山泽之赋",对在山上伐木、采矿、狩猎,水上捕鱼、煮盐等,都要征税。战国时期秦国对盐的生产、运销所课征的"盐课",也属于资源税。明朝的"坑冶之课",实际上就是矿税,其征收对象包括金、银、铜、铝、朱砂等矿产品。新中国成立初期,我国就在《全国税政实施要则》中规定对盐的生产、运销征收盐税。1973 年盐税被并入到工商税之中。1984 年 9 月 18 日国务院发布的《资源税暂行条例(草案)》,正式命名为资源税,并于 1984 年 10 月 1 日在全国范围内征收。但由于只对原油、天然气、煤炭等三种资源课税,金属矿产品、非金属矿产品等其他资源没有纳入征税范围,因而不能充分保障国家对资源的所有权在经济上的体现,也不能充分体现国有资源有偿开采的原则。有鉴于此，1993年年底在进行税制改革时，根据"普遍征收，级差调节"的原则，对资源税进行了调整和改革，扩大了资源税的征税范围，适当地调高了单位税额，并将盐税并入到资源税中作为一个税目。资源税法就是调整资源税征纳关系的法律规范的总称。我国现行资源税的基本规范，是1993年12月25日国务院发布的《中华人民共和国资源税暂行条例》，1993年12月30日财政部发布的《中华人民共和国资源税暂行条例实施细则》，并于1994年1月1日起施行。2011年9月30日，国务院发布《关于修改〈中华人民共和国资源税暂行条例〉的决定》，自2011年11月1日起施行新的暂行条例。

二、资源税的特点

我国现行资源税有以下特点：

（一）对特定资源产品征税，征税范围小

我国现行资源税法采取列举方法，仅把煤炭、原油、天然气、金属矿产品、非金属矿产品和盐等七种资源产品列入征税范围，因而征税范围窄小。从资源税的改革和政府宏观经济调控的客观需要出发，我国资源税的征税范围应逐步扩大，有计划地将水资源、森林资源、草原资源、土地资源及其他矿产品列入征税范围。

（二）征税目的主要在于调节级差收入

资源税的立法目的主要在于调节资源开采企业因资源开采条件的差异所形成的级差收入，为资源开采企业之间开展公平竞争创造条件。

（三）资源税属于中央和地方共享税

世界上征收资源税的国家，在资源税的管理权限和收入归属上，主要有三种类型，即中央税、共享税和地方税。我国现行资源税属于共享税，并按资源种类划分收入归属。

三、资源税的作用

（一）有利于促进国有资源的合理开采、节约使用和有效配置

我国自然资源分布广，种类多，各地自然资源的结构和开发条件差异较大，因而资源开采者的利润水平相差悬殊。长期以来，由于没有征收资源税，对因资源差异形成的级差收入未能进行合理调节，造成国家资源的极大浪费。开征资源税，可以根据资源和开发条件的优劣，确定不同的税额，把资源的开采和使用，同纳税人的切身利益结合起来，不仅有利于国家对自然资源的保护和管理，防止经营者乱采滥用资源，减少资源的损失浪费，而且有利于经营者出于自身利益方面的考虑，自觉提高资源的开发利用率，最大限度地、合理、有效、节约地开发利用国有资源。

（二）有利于调节由于资源条件差异形成的级差收入，为资源开采企业之间展开公平竞争创造条件

我国地域辽阔，自然资源藏量丰富，但各地资源结构和开发条件存在很大差异。资源条件好、品位高、开采条件优越，则开采成本低，利润水平就高；反之，成本高，利润水平就低。这样不仅在客观上造成了开采企业之间的苦乐不均，而且使开采企业的盈利水平不能反映其主观努力程度。开征资源税，可以把由于自然资源本身的稀缺性和开采条件的优越性所形成的级差收入进行调节。

四、资源税的征税对象

目前，资源税只对矿产品和盐征收，具体包括：

（一）原油。指开采的天然原油，不包括以油母页岩等炼制的原油。

（二）天然气。指专门开采或与原油同时开采的天然气，暂不包括煤矿开采的天然气。

（三）煤炭。指原煤，不包括以原煤加工的洗煤、选煤等。

（四）其他非金属矿原矿。指上列产品和井矿盐以外的非金属矿原矿。

（五）黑色金属矿产品原矿。

（六）有色金属矿产品原矿。

（七）盐。包括固体盐、液体盐。固体盐是指海盐原盐、湖盐原盐和井矿盐；液体盐是指卤水。

（八）未列举名称的其他非金属矿原矿和其他有色金属矿产品原矿，由省、自治区、直辖市人民政府决定征收或暂缓征收资源税，并报财政部和国家税务总局备案。

五、资源税的纳税人

资源税的纳税义务人是指在中华人民共和国领域及管辖海域开采应税矿产品或者生产盐的单位和个人。

单位是指国有企业、集体企业、私有企业、股份制企业、其他企业和行政单位、事业单位、军事单位、社会团体及其他单位；个人是指个体经营者和其他个人；其他单位和其他个人包括外商投资企业、外国企业、外籍人员。

《资源税暂行条例》还规定，以收购未税矿产品的独立矿山、联合企业及其他单位为资源税的扣缴义务人。规定资源税的扣缴义务人主要针对那些税源小、零散、不定期开采，税务机关难以控制的情况，为了加强征管，避免逃税，由扣缴义务人在收购产品时代扣代缴资源税。

独立矿山是指只有采矿或只有采矿和选矿，独立核算，自负盈亏的单位，其生产的原矿和精矿主要用于对外销售；联合企业是指采矿、选矿、冶炼、（或加工）连续生产的企业或采矿、冶炼（或加工）连续生产的企业，其采矿单位，一般是该企业的二级或二级以下核算单位；其他单位，是指自己并不生产应税矿产品，而从事矿产品原矿收购自用或卖给其他使用单位的矿产品收购单位。未税矿产品是指资源税纳税人在销售其矿产品时不能向扣缴义

务人提供资源税管理证明的矿产品。

自 2011 年 11 月 1 日起,中外合作开采石油资源的中国企业和外国企业依法缴纳资源税,不再缴纳矿区使用费。但是,之前已依法订立的中外合作开采石油资源的合同,在已约定的合同有效期内,继续依照当时国家有关规定缴纳矿区使用费,不缴纳资源税;合同期满后,依法缴纳资源税。

六、资源税的税目和税率

(一) 资源税的税目

资源税的税目反映征收资源税的具体范围,是资源税课征对象的具体表现形式。在具体设计税目时,采取列举法。即按照各种课税产品的类别分别设置税目,共设置 7 个大税目:

1. 原油。指开采的天然原油,不包括以油母页岩等炼制的人造石油。
2. 天然气。指专门开采和与原油同时开采的天然气,暂不包括煤矿生产的天然气。
3. 煤炭。指原煤,原煤征税;以原煤加工的洗煤、选煤和其他煤炭制品不征税。
4. 其他非金属矿原矿。具体包括宝石、金刚石、玉石、膨润土、石墨、石英砂、云母、大理石、花岗石、石灰石、石膏、石棉等。
5. 黑色金属矿产品原矿。包括铁矿石、锰矿石、铬矿石等黑色金属矿原矿。
6. 有色金属矿产品原矿。包括铝土矿石、钨矿石、锡矿石、锑矿石、铜矿石、铅锌矿石、镍矿石、黄金矿石等其他有色金属矿产品原矿。
7. 盐。一是固体盐,包括海盐原盐、湖盐原盐和井矿盐;二是液体盐(卤水),是指氯化钠含量达到一定浓度的溶液,是用于生产碱和其他产品的原料。

(二) 资源税的税率

资源税实行比例税率和定额税率,实行从价定率、从量定额征收。纳税人具体适用的税率,在《资源税税目税率表》规定的税率幅度内,根据纳税人所开采或者生产应税产品的资源品位、开采条件等情况,由财政部商国务院有关部门确定;财政部未列举名称且未确定具体适用税率的其他非金属矿原矿和有色金属矿原矿,由省、自治区、直辖市人民政府根据实际情况确定,报财政部和国家税务总局备案。

纳税人开采或者生产不同税目应税产品的,应当分别核算不同税目应税产品的销售额或者销售数量;未分别核算或者不能准确提供不同税目应税产品的销售额或者销售数量的,从高适用税率。

1. 一般规定。资源税应税产品的具体适用税率见表 9 - 1。资源税税目、税率的调整,由国务院确定。
2. 资源税扣缴义务人适用的税率规定:
(1) 独立矿山、联合企业收购未税资源税应税产品的单位,按照本单位应税产品税额(率)标准,依据收购的数量(金额)代扣代缴资源税。
(2) 其他收购单位收购的未税资源税应税产品,按主管税务机关核定的应税产品税额(率)标准,依据收购的数量(金额)代扣代缴资源税。

表 9-1　　　　　　　　　　　资源税税目税率表

税　目		税　率
一、原油		销售额的 5%~10%
二、天然气		销售额的 5%~10%
三、煤炭	焦煤	每吨 8~20 元
	其他煤炭	每吨 0.3~5 元
四、其他非金属矿原矿	普通非金属矿原矿	每吨或者每立方米 0.5~20 元
	贵重非金属矿原矿	每千克或者每克拉 0.5~20 元
五、黑色金属矿原矿		每吨 2~30 元
六、有色金属矿原矿	稀土矿	每吨 0.4~60 元
	其他有色金属矿原矿	每吨 0.4~30 元
七、盐	固体盐	每吨 10~60 元
	液体盐	每吨 2~10 元

对于划分资源等级的应税产品，其在《几个主要品种的矿山资源等级表》中未列举名称的纳税人适用的税额，由省、自治区、直辖市人民政府根据纳税人的资源状况，参照《资源税税目税额明细表》和《几个主要品种的矿山资源等级表》中确定的邻近矿山的税额标准，在浮动 30% 的幅度内核定，并报财政部和国家税务总局备案。

七、资源税的计税依据

（一）一般计税方法

资源税的应纳税额，按照从价定率或者从量定额的办法，分别以应税产品的销售额乘以纳税人具体适用的比例税率或者以应税产品的销售数量乘以纳税人具体适用的定额税率计算。

1. 销售额的确定。销售额为纳税人销售应税产品向购买方收取的全部价款和价外费用，但不包括收取的增值税销项税额。

价外费用，包括价外向购买方收取的手续费、补贴、基金、集资费、返还利润、奖励费、违约金、滞纳金、延期付款利息、赔偿金、代收款项、代垫款项、包装费、包装物租金、储备费、优质费、运输装卸费以及其他各种性质的价外收费。但下列项目不包括在内：

（1）同时符合以下条件的代垫运输费用：承运部门的运输费用发票开具给购买方；纳税人将该项发票转交给购买方。

（2）同时符合以下条件代为收取的政府性基金或者行政事业性收费：由国务院或者财政部批准设立的政府性基金，由国务院或者省级人民政府及其财政、价格主管部门批准设立的行政事业性收费；收取时开具省级以上财政部门印制的财政票据；所收款项全额上缴财政。

纳税人以人民币以外的货币结算销售额的，应当折合成人民币计算。其销售额的人民币折合率可以选择销售额发生的当天或者当月 1 日的人民币汇率中间价。纳税人应在事先确定采用何种折合率计算方法，确定后 1 年内不得变更。

2. 特殊情形下销售额的确定。纳税人申报的应税产品销售额明显偏低并且无正当理由的、有视同销售应税产品行为而无销售额的，除财政部、国家税务总局另有规定外，按下列顺序确定销售额：

（1）按纳税人最近时期同类产品的平均销售价格确定；
（2）按其他纳税人最近时期同类产品的平均销售价格确定；
（3）按组成计税价格确定。组成计税价格为：

组成计税价格 = 成本 × (1 + 成本利润率) ÷ (1 − 税率)

公式中的成本，是指应税产品的实际生产成本；公式中的成本利润率由省、自治区、直辖市税务机关确定。

3. 销售数量。销售数量，包括纳税人开采或者生产应税产品的实际销售数量和视同销售的自用数量。

纳税人不能准确提供应税产品销售数量的，以应税产品的产量或者主管税务机关确定的折算比换算成的数量作为计征资源税的销售数量。

（二）计税依据的特殊规定

1. 纳税人开采或者生产应税产品自用于连续生产应税产品的，不缴纳资源税；自用于其他方面的，视同销售，依法缴纳资源税。

2. 纳税人自产自用应税产品，因无法准确提供移送使用量而采取折算比换算课税数量办法的，具体规定如下：

（1）煤炭，对于连续加工前无法正确计算原煤移送使用量的，可按加工产品的综合回收率，将加工产品实际销量和自用量折算成的原煤数量作为课税数量。

（2）金属和非金属矿产品原矿，因无法准确掌握纳税人移送使用原矿数量的，可将其精矿按选矿比折算成的原矿数量作为课税数量。

选矿比 = 精矿数量 ÷ 耗用原矿数量

3. 原油中的稠油、高凝油与稀油划分不清或不易划分的，一律按原油的数量课税。

4. 纳税人以自产的液体盐加工固体盐，按固体盐税额征税，以加工的固体盐数量为课税数量。纳税人以外购的液体盐加工固体盐，其加工固体盐所耗用液体盐的已纳税额准予在其应纳固体盐税额中抵扣。

八、资源税应纳税额的计算

资源税采用从价定率和从量定额征收办法，根据应税产品的销售额和课税数量，分别乘以适用税率和适用的单位税额计算应纳的资源税。具体计算公式为：

1. 从价定率计征资源税的，其计算公式：

应纳税额 = 销售额 × 适用税率

2. 从量定额计征资源税的，其计算公式：

应纳税额 = 课税数量 × 单位税额

现举例说明如下：

【例9-1】位于县城的某内资原煤生产企业为增值税一般纳税人，某年5月发生以下业务：

（1）购进挖掘机一台，获得的增值税专用发票上注明的价款为60万元，增值税税款为10.2万元；支付运费4万元，取得公路内河货运发票。

（2）购进低值易耗品，取得的增值税专用发票上注明的增值税税额合计为8万元。

（3）开采原煤10 000吨。销售原煤9 000吨，每吨不含税单价500元，价款已收取；另支付运费6万元、装卸费2万元，取得公路内河货运发票。

（4）为职工宿舍供暖，使用本月开采的原煤200吨；另将本月开采的原煤500吨无偿赠送给某有长期业务往来的客户。

（5）销售开采原煤过程中产生的天然气125千立方米，取得不含税销售额25万元。

（说明，相关票据在本月通过主管税务机关认证并申报抵扣；增值税月初留抵税额为0；假设该煤矿所在地原煤的资源税税额为5元/吨，天然气资源税税率为5%。）

要求：根据上述资料，计算该企业当月应缴纳的增值税和资源税。

解：
销项税额 = 9 000 × 500 ÷ 10 000 × 17% + (200 + 500) × 500 ÷ 10 000 × 17% + 25 × 13%
= 85.7（万元）
进项税额 = 10.2 + 4 × 7% + 8 + 6 × 7% = 18.9（万元）
应纳增值税 = 85.7 - 18.9 = 66.8（万元）
应纳资源税 = 9 000 × 5 ÷ 10 000 + (200 + 500) × 5 ÷ 10 000 + 25 × 5% = 6.1（万元）

【例9-2】某产盐企业，某年5月以外购液体盐3 000吨加工成固体盐600吨，以自产液体盐5 000吨加工成固体盐1 000吨。当月销售固体盐1 500吨，取得销售收入300万元，已知液体盐每吨单位税额5元、固体盐每吨单位税额40元。请计算该产盐企业5月份应缴纳的资源税。

解：纳税人以自产的液体盐加工固体盐，按固体盐税额征税，以加工的固体盐数量为课税数量；纳税人以外购的液体盐加工成固体盐，其加工固体盐所耗用液体盐的已纳税额准予抵扣。应纳资源税 = 1 500 × 40 - 3 000 × 5 = 45 000（元）

九、资源税的减税免税

（一）资源税减税免税的基本政策

资源税贯彻普遍征收、级差调节的原则思想，因此规定的减免税项目较少。资源税规定仅对在中国境内开采或生产应税产品的单位和个人征收，进口的矿产品和盐不征收资源税。由于对进口应税产品不征收资源税，相应的对出口应税产品也不免征或退还已纳的资源税。

（二）资源税减税免税的主要内容

1. 开采原油过程中用于加热、修井的原油，免税。

2. 纳税人开采或生产应税产品过程中，因意外事故、自然灾害等不可抗拒的原因遭受重大损失的，由省、自治区、直辖市人民政府酌情给予减税或免税。

3. 对地面抽采煤层气（煤矿瓦斯）暂不征收资源税。

纳税人兼营减免税项目的，应单独核算减免税项目的数量。未单独核算或者不能准确提供数量的，不得给予减税免税。

十、资源税的征收管理

（一）资源税的纳税义务发生时间

1. 纳税人销售应税产品，其纳税义务发生时间为：

（1）采用分期收款结算方式的，其纳税义务发生时间为销售合同规定的收款日期的当天；

（2）采用预收货款结算方式的，其纳税义务发生时间为发出应税产品的当天；

（3）采用其他结算方式的，其纳税义务发生时间为收讫销售款或取得索取销售款凭据的当天。

2. 纳税人自产自用应税产品的，其纳税义务发生时间为移送使用应税产品的当天。

3. 扣缴义务人代扣代缴税款的，其纳税义务发生时间为扣缴义务人支付货款的当天。

（二）资源税的纳税期限

纳税期限是纳税人发生纳税义务后缴纳税款的期限。资源税的纳税期限规定为1日、3日、5日、10日、15日或者1个月，具体纳税期限由主管税务机关根据实际情况具体核定。不能按固定期限计算纳税的，可以按次计算纳税。

纳税人以1个月为纳税期限的，应当自期满之日起10日内申报纳税；以1日、3日、5日、10日或者15日为一期纳税的，应当自期满之日起5日内预缴税款，于次月1日起10日内申报纳税并结清上月税款。

扣缴义务人的纳税期限，比照上述规定执行。

（三）资源税的纳税地点

1. 凡是缴纳资源税的纳税人，都应当向应税产品的开采或者生产所在地主管税务机关缴纳税款。

2. 如果纳税人在本省、自治区、直辖市范围内开采或者生产应税产品，其纳税地点需要调整的，由所在地省、自治区、直辖市税务机关决定。

3. 如果纳税人应纳税的资源属于跨省开采，其下属生产单位与核算单位不在同一省、自治区、直辖市的，对其开采或者生产的应税产品，一律在开采地或者生产地纳税。实行从量计征的应税产品，其应纳税款一律由独立核算的单位按照每个开采地或者生产地的销售量及适用税率计算划拨；实行从价计征的应税产品，其应纳税款一律由独立核算的单位按照每个开采地或者生产地的销售量、单位销售价格及适用税率计算划拨。

4. 扣缴义务人代扣代缴的资源税，也应当向收购地主管税务机关缴纳。

第二节 土地增值税

一、土地增值税概述

(一) 土地增值税的概念

土地增值税是对有偿转让国有土地使用权、地上建筑物及其附着物产权（以下称为转让房地产）并取得增值性收入的单位和个人所征收的一种税。它是我国为了规范土地、房地产交易秩序，对转让房地产的过高收益进行调节，以抑制投机牟取暴利的行为，维护国家权益，保护正常从事房地产开发的经营者的合法权益，促进房地产市场健康发展，同时也是为了规范国家参与土地增值收益的分配方式，增加国家财政收入，于1994年1月1日开征的一个税种。现行土地增值税的基本规范，是1993年12月13日国务院颁布的《中华人民共和国土地增值税暂行条例》（简称《土地增值税暂行条例》）和财政部于1995年1月27日颁布的《中华人民共和国土地增值税暂行条例实施细则》（简称《土地增值税暂行条例实施细则》）。

土地增值税具有以转让房地产取得的增值额为征税对象、征税面比较广、采用扣除法和评估法计算增值额、实行超率累进税率、实行按次征收的特点。

(二) 征税对象和范围

土地增值税的征税对象是有偿转让国有土地使用权、地上建筑物及其附着物产权所取得的增值额。

土地增值税的征税范围包括：

1. 国有土地使用权。国有土地是指按国家法律规定属于国家所有的土地。
2. 地上建筑物及其附着物连同国有土地使用权一并转让。地上建筑物及其附着物是指建于土地上的一切建筑物、构筑物、地上地下的各种附属设施，以及附着于该土地上的不能移动或一旦移动就会遭损坏的各种植物、养殖物及其他物品。

这一征税范围包括以下三层含义：

第一，土地增值税只对转让国有土地使用权和地上建筑物及其附着物的行为征税。这里所强调的是，转让使用权的土地是否为国家所有。这是判断是否属于土地增值税征税范围的标准之一。

第二，土地增值税是对国有土地使用权、地上建筑物及其附着物的转让行为征税。这里所强调的是，土地使用权、地上建筑物及其附着物的产权是否发生转让。这是判断是否属于土地增值税征税范围的标准之二。

第三，土地增值税是对转让房地产并取得收入的行为征税。这里所强调的是，是否从土地使用权、地上建筑物及其附着物的转让行为中取得收入。这是判断是否属于土地增值税征税范围的标准之三。

无论是单独转让国有土地使用权，还是房屋产权与国有土地使用权一并转让，只要取得收入，均属于土地增值税的征税范围，应对其征收土地增值税。

土地使用者转让、抵押或置换土地，无论其是否取得了该土地的使用权属证书，无论其在转让、抵押或置换土地过程中是否与对方当事人办理了土地使用权属证书变更登记手续，只要土地使用者享有占有、使用、收益或处分该土地的权利，且有合同等证据表明其实质转让、抵押或置换了土地并取得了相应的经济利益，土地使用者及其对方当事人应当依照税法规定缴纳土地增值税。

（三）纳税人

土地增值税的纳税人是指转让国有土地使用权、地上建筑物及其附着物产权，并取得收入的单位和个人，具体包括国家机关、社会团体、部队、企事业单位、个体工商业户、个人，以及外商投资企业、外国企业、外国机构、华侨、港澳台同胞和外籍个人等。

（四）税率

土地增值税的税率采用四级超率累进税率，见表9-2。

表9-2　　　　　　　　　　土地增值税四级超率累进税率表

级次	增值额与扣除项目金额的比率	税率（%）	速算扣除系数
1	不超过50%的部分	30	0
2	50%~100%的部分	40	0.05
3	100%~200%的部分	50	0.15
4	超过200%的部分	60	0.35

二、土地增值税的计算

（一）计税依据

土地增值税的计税依据是纳税人转让房地产所取得的增值额。转让房地产的增值额，是纳税人转让房地产的收入额减除税法规定的扣除项目金额后的余额。

1. 收入额的确定。纳税人转让房地产所取得的收入，是指转让房地产所取得的各种收入，包括货币收入、实物收入和其他收入在内的全部价款及有关的经济利益，不允许从中减除任何成本费用。

对取得的实物收入，要按收入时的市场价格折算成货币收入；对取得的无形资产收入，要进行专门的评估，在确定其价值后折算成货币收入。

对取得的收入为外国货币的，应当以取得收入当天或当月1日国家公布的市场汇价折合成人民币。当月以分期收款方式取得的外币收入，也应按实际收款日或收款当月1日国家公布的市场汇价折合成人民币。

2. 扣除项目及其金额的确定。在确定房地产转让的增值额和计算缴纳土地增值税时，允许从房地产转让收入总额中扣除的项目及其金额，可分为以下6类：

（1）取得土地使用权所支付的金额。取得土地使用权所支付的金额是指纳税人为取得土地使用权支付的地价款和按国家统一规定缴纳的有关费用之和。其中,"取得土地使用权所支付的金额"可以有三种形式:以出让方式取得土地使用权的,为支付的土地出让金;以行政划拨方式取得土地使用权的,为转让土地使用权时按规定补缴的出让金;以转让方式取得土地使用权的,为支付的地价款。

(2)开发土地和新建房及配套设施的成本(以下简称房地产开发成本)。房地产开发成本是指纳税人开发房地产项目实际发生的成本。这些成本允许按实际发生数扣除,主要包括土地征用及拆迁补偿费、前期工程费、建筑安装工程费、基础设施费、公共配套设施费、开发间接费用等。

① 土地征用及拆迁补偿费,包括土地征用费、耕地占用税、劳动力安置费及有关地上、地下附着物拆迁补偿的净支出、安置动迁用房支出等。

② 前期工程费,包括规划、设计、项目可行性研究和水文、地质、勘察、测绘、"三通一平"等支出。

③ 建筑安装工程费,是指以出包方式支付给承包单位的建筑安装工程费、以自营方式发生的建筑工程安装费。

④ 基础设施费,包括开发小区内的道路、供水、供电、供气、排污、通讯、照明、环卫、绿化等工程发生的支出。

⑤ 公共配套设施费,包括不能有偿转让的开发小区内公共配套设施发生的支出。

⑥ 开发间接费用,是指直接组织、管理开发项目所发生的费用,包括工资、职工福利费、折旧费、修理费、办公费、水电费、劳动保护费、周转房摊销等。

(3)开发土地和新建房及配套设施的费用(以下简称房地产开发费用)。房地产开发费用是指与房地产开发项目有关的销售费用、管理费用、财务费用。根据新会计制度的规定,与房地产开发有关的费用直接计入当年损益,不按房地产项目进行归集或分摊。

第一,能够按转让房地产项目计算分摊利息支出,并能提供金融机构的贷款证明的:

房地产开发费用 = 利息 + (取得土地使用权所支付的金额 + 房地产开发成本) × 5% 以内

第二,不能按转让房地产项目计算分摊利息支出,或不能提供金融机构贷款证明的:

房地产开发费用 = (取得土地使用权所支付的金额 + 房地产开发成本) × 10% 以内

需要注意以下几点:一是计算扣除的具体比例,由省、自治区、直辖市人民政府规定。二是利息的上浮幅度按国家的有关规定执行,超过上浮幅度的部分不允许扣除;对于超过贷款期限的利息部分和加罚的利息不允许扣除。

(4)与转让房地产有关的税金。这是指在转让房地产时缴纳的营业税、印花税、城市维护建设税,教育费附加也可视同税金扣除。

允许扣除的印花税是指在转让房地产时缴纳的印花税。房地产开发企业按照《施工、房地产开发企业财务制度》的有关规定,其缴纳的印花税列入管理费用,印花税不再单独扣除。房地产开发企业以外的其他纳税人在计算土地增值税时,允许扣除在转让房地产环节缴纳的印花税。

对于个人购入房地产再转让的,其在购入环节缴纳的契税,由于已经包含在旧房及建筑物的评估价格之中,因此,计征土地增值税时,不能作为与转让房地产有关的税金予以扣除。

（5）财政部确定的其他扣除项目。对房地产开发的纳税人可按取得土地使用权所支付的金额与房地产开发成本之和加计20%的扣除。此条优惠只适用于从事房地产开发的纳税人，除此之外的其他纳税人不适用。

其他扣除项目金额 =（取得土地使用权所支付的金额 + 房地产开发成本）×20%

对于县级及县级以上人民政府要求房地产开发企业在售房时代收的各项费用，可处理如下：① 如果代收费用计入房价向购买方一并收取，则可作为转让房地产所取得的收入计税，在计算扣除项目金额时，代收费用可以扣除，但不得作为扣除20%的基数。② 如果代收费用未计入房价中而单独收取，可以不作为转让房地产的收入，当然，在计算扣除项目金额时，代收费用也不能扣除。

（6）旧房及建筑物的评估价格。旧房及建筑物的评估价格是指在转让已使用的房屋及建筑物时，由政府批准设立的房地产评估机构评定的重置成本价乘以成新度折扣率后的价格。评估价格须经当地税务机关确认。

转让旧房及建筑物的评估价格、取得土地使用权所支付的地价款和按国家统一规定缴纳的有关费用及在转让环节缴纳的税金，可以在计征土地增值税时扣除。对取得土地使用权时未支付地价款或不能提供已支付的地价款凭据的，在计征土地增值税时不允许扣除。

纳税人在转让旧房及建筑物时，因计算纳税需要对房地产进行评估，其支付的评估费用允许在计算土地增值税时予以扣除。但是，对纳税人因隐瞒、虚报房地产成交价等情形而按房地产评估价格计算征收土地增值税时发生的评估费用，则不允许在计算土地增值税时予以扣除。

3. 增值额的确定。计算土地增值税是以增值额与扣除项目金额的比率大小按相适用的税率累进计算征收的，增值额与扣除项目金额的比率越大，适用的税率越高，缴纳的税款越多，因此，准确核算增值额是很重要的。

土地增值额为纳税人转让房地产所取得的收入减除规定的扣除项目金额后的余额。

4. 评估价格的规定。

纳税人有下列情形之一的，按照房地产评估价格计算征收：（1）出售旧房及建筑物的；（2）隐瞒、虚报房地产成交价格的；（3）提供扣除项目金额不实的；（4）转让房地产的成交价格低于房地产评估价格，又无正当理由的。

第一，出售旧房及建筑物的，应按评估价格计算扣除项目的金额。基本方法是：首先应确定该房屋及建筑物的重置成本价，然后再确定其新旧程度（即成新度折扣率），最后，以重置成本价乘以其成新度折扣率，以确定转让该旧房及建筑物的扣除项目金额。

由政府批准设立的房地产评估机构评定的房地产重置成本价乘以成新度折扣率的价格，适用于旧房地产的估价。计算公式为：

旧房地产评估价格 = 房地产重新购建价格 − 建筑物折旧

纳税人转让旧房及建筑物，凡不能取得评估价格，但能提供购房发票的，经当地税务部门确认，取得土地使用权所支付的金额、旧房及建筑物的评估价格，可按发票所载金额并从购买年度起至转让年度止每年加计5%计算扣除。计算扣除项目时"每年"按购房发票所载日期起至售房发票开具之日止，每满12个月计一年；超过一年，未满12个月但超过6个月的，可以视同为一年。

对纳税人购房时缴纳的契税,凡能提供契税完税凭证的,准予作为"与转让房地产有关的税金"予以扣除,但不作为加计5%的基数。

第二,隐瞒、虚报房地产成交价格的,应由评估机构参照同类房地产的市场交易价格进行评估。税务机关根据评估价格确定转让房地产的收入。

第三,提供扣除项目金额不实的,应由评估机构按照房屋重置成本价乘以按成新度折扣率计算的房屋成本价和取得土地使用权时的基准地价进行评估。税务机关根据评估价格确定扣除项目金额。

对于转让旧房及建筑物,既没有评估价格,又不能提供购房发票的,地方税务机关可以实行核定征收。

(二) 应纳税额的计算

土地增值税按照纳税人转让房地产所取得的增值额和规定的税率计算征收。其计算方法及计算程序如下:

1. 计算方法。土地增值税以纳税人转让房地产所取得的增值额为计税依据,按照超率累进税率计算应纳税额,其应纳税额有以下两种计算方法:

(1) 分步计算法,即按照每一级距的土地增值额乘以该级距相应的税率,分别计算各级次土地增值税税额,然后将其相加汇总,求得应纳税额。其计算公式为:

$$应纳税额 = \sum(每一级距的土地增值额 \times 适用税率)$$

这种分步计算法计算过程比较烦琐,因此,在实际工作中,一般采用速算扣除法,以简化计算过程。

(2) 速算扣除法,即按照增值额乘以适用税率,减去扣除项目金额乘以速算扣除系数的简便方法计算应纳税额。具体计算公式如下:

① 增值额未超过扣除项目金额50%的:

土地增值税税额 = 增值额 × 30%

② 增值额超过扣除项目金额50%,未超过100%的:

土地增值税税额 = 增值额 × 40% - 扣除项目金额 × 5%

③ 增值额超过扣除项目金额100%,未超过200%的:

土地增值税税额 = 增值额 × 50% - 扣除项目金额 × 15%

④ 增值额超过扣除项目金额200%的:

土地增值税税额 = 增值额 × 60% - 扣除项目金额 × 35%

上述公式中的5%、15%、35%均为速算扣除系数。

2. 计算程序:

(1) 计算扣除项目金额。如系转让旧房及建筑物的,应计算评估价格,再确定扣除项目金额。

评估价格 = 重置成本价 × 成新度折扣率

(2)计算增值额。

增值额 = 转让收入额 - 扣除项目金额

(3)计算增值额占扣除项目金额的比重(以下简称"增值率")。

增值率 = 增值额 ÷ 扣除项目金额 × 100%

(4)依据增值率确定适用税率。
(5)依据适用税率计算应纳税额。

应纳税额 = 增值额 × 适用税率 - 扣除项目金额 × 速算扣除系数

【例9-3】位于市区的某国有工业企业利用厂区空地建造写字楼,某年发生的相关业务如下:

(1)按照国家有关规定补交土地出让金4 000万元,缴纳相关费用160万元;
(2)写字楼开发成本3 000万元,其中装修费用500万元;
(3)写字楼开发费用中的利息支出为300万元(不能提供金融机构证明);
(4)写字楼竣工验收,将总建筑面积的1/2销售,签订销售合同,取得销售收入6 500万元;将另外1/2的建筑面积出租,当年取得租金收入15万元。

(其他相关资料:该企业所在省规定,按土地增值税暂行条例规定的高限计算扣除房地产开发费用。)

要求:根据上述资料,按下列序号计算回答问题,每问需计算出合计数。

(1)企业计算土地增值税时应扣除的取得土地使用权所支付的金额;
(2)企业计算土地增值税时应扣除的开发成本的金额;
(3)企业计算土地增值税时应扣除的开发费用的金额;
(4)企业计算土地增值税时应扣除的有关税金;
(5)企业应缴纳的土地增值税;
(6)企业缴纳的营业税、城市维护建设税和教育费附加;
(7)企业应缴纳的房产税。

解:(1)取得土地使用权所支付的金额 = (4 000 + 160) × 50% = 2 080(万元)
(2)应扣除的开发成本的金额 = 3 000 × 50% = 1 500(万元)
(3)应扣除的开发费用的金额 = (2 080 + 1 500) × 10% = 358(万元)
(4)应扣除的有关税金 = 6 500 × 5% × (1 + 7% + 3%) + 6 500 × 0.05%
   = 360.75(万元)
(5)扣除项目合计 = 2 080 + 1 500 + 358 + 360.75 = 4 298.75(万元)
增值税率 = (6 500 - 4 298.75) ÷ 4 298.75 × 100% = 51.20%
应缴纳的土地增值税 = (6 500 - 4 298.75) × 40% - 4 298.75 × 5% = 665.56(万元)
(6)营业税、城市维护建设税和教育费附加 = (6 500 + 15) × 5% × (1 + 7% + 3%)
   = 358.33(万元)
(7)应缴纳的房产税 = 15 × 12% = 1.8(万元)

【例9-4】某国有企业转让一幢旧的办公大楼,取得转让收入3 000万元,并按税法规定缴纳了有关税金(营业税税率为5%,城市维护建设税税率为5%,教育费附加征收率为

3%)。转让前为取得土地使用权支付的地价款60万元,有关费用10万元,该办公大楼建造时造价为400万元,经房地产评估部门评定,该楼重置成本价为1 500万元,成新度折扣率为六成新。

要求:计算该企业应缴纳的土地增值税。

解:(1)转让收入 = 3 000(万元)
(2)扣除项目金额:
① 房地产评估价格 = 1 500 × 60% = 900(万元)
② 取得土地使用权所支付的金额 = 60 + 10 = 70(万元)
③ 与转让房地产有关的税金 = 3 000 × 5% × (1 + 7% + 3%) + 3 000 × 0.5‰
    = 166.5(万元)
④ 合计为 900 + 70 + 166.5 = 1 136.5(万元)
(3)增值额 = 3 000 - 1 136.5 = 1 863.5(万元)
(4)增值额与扣除项目金额的比率 = 1 863.5 ÷ 1 136.5 = 163.97%
(5)应纳土地增值税 = 1 863.5 × 50% - 1 136.5 × 15% = 761.275(万元)

三、土地增值税的申报与缴纳

(一)土地增值税的减免税

1. 纳税人建造普通标准住宅出售,增值额未超过扣除项目金额20%的,免征土地增值税;增值额超过扣除项目金额20%的,应就其全部增值额按规定计税。

对于纳税人既建普通标准住宅又搞其他房地产开发的,应分别核算增值额;不分别核算增值额或不能准确核算增值额的,其建造的普通标准住宅不能适用这一免税规定。

2. 因国家建设需要依法征用、收回的房地产,免征土地增值税。

3. 从2008年11月1日起,对居民个人转让住房一律免征土地增值税。

4. 企事业单位、社会团体以及其他组织转让旧房作为廉租住房、经济适用住房房源且增值额未超过扣除项目金额20%的,免征土地增值税。

(二)土地增值税的纳税申报

土地增值税的纳税人应自转让房地产合同签订之日起7日内,向房地产所在地的主管税务机关办理纳税申报,同时向税务机关提交房屋产权证、土地使用权证书、土地转让、房产买卖合同、房地产评估报告及其他与转让房地产有关的资料,然后在税务机关规定的期限内缴纳土地增值税。

纳税人因经常发生转让房地产行为而难以在每次转让后申报的,可按月或按各省、自治区、直辖市和计划单列市地方税务局规定的期限缴纳。

纳税人选择定期申报方式后,应向纳税人所在地的地方税务机关备案,定期申报方式确定后,一年之内不得变更。纳税人按规定办理纳税手续后,持纳税凭证到房产、土地管理部门办理产权变更手续。

在实际工作中,土地增值税纳税人分为两大类,一类是从事房地产开发的纳税人,一类是其他纳税人。这两类纳税人办理纳税申报的内容和方法不尽相同。

1. 房地产开发公司。纳税人应当在签订房地产转让合同、发生纳税义务后 7 日内或在税务机关核定的期限内，按照税法规定，向主管税务机关办理纳税申报，并同时提供下列证件和资料：

（1）房屋产权证、土地使用权证书。

（2）土地转让、房产买卖合同。

（3）与转让房地产有关的资料。主要包括取得土地使用权所支付的金额，房地产开发成本方面的财务会计资料、房地产开发费用方面的资料、与房地产转让有关的税金的完税凭证，以及其他与房地产有关的资料。

（4）根据税务机关的要求提供房地产评估报告。指当税务机关认定纳税人所提供的转让房地产所取得的收入或扣除项目金额不实，不能作为计税依据，必须进行房地产评估时，由纳税人交由政府批准设立的评估机构对房地产所作的评估报告。

税务机关应当对上述纳税资料，包括合同或批件文本等，进行严格审查。其中，涉及税收减免和分次纳税等的审查内容包括：

① 签订房地产转让合同、房地产开发合同或立项的具体日期和签订土地受让合同的具体日期，以及按合同规定投入开发资金的到位情况。要求就上述合同，提供是否属于1994年1月1日以前签订的有关证明材料，作为税务机关确定该项目是否征税的参考依据。

② 房地产开发项目的类型。要求对开发项目是否属于普通标准住宅进行备案，作为税务机关确定对其是否征税的参考依据。

③ 房地产转让的形式。即对一个项目是一次性销售还是分次销售，是采取现房销售方式还是预售方式进行备案，作为税务机关核定申报及纳税时间的参考依据。

2. 房地产开发公司以外的其他纳税人。这类纳税人应自签订房地产转让合同之日起 7 日内，到房地产所在地的主管税务机关进行纳税申报，并提供下列资料：

（1）房屋及建筑物产权、土地使用权证书。

（2）土地转让、房产买卖合同。

（3）房地产评估报告。如果转让的是旧房，必须出具政府指定的评估机构所作的评估报告。

（4）与转让房地产有关的税金的完税凭证。

（5）其他与转让房地产有关的资料。如房地产的原造价或买价等。

（6）纳税人发生下列转让行为的，还应从签订房地产转让合同之日起 7 日内，到房地产所在地主管税务机关备案：

① 因国家建设需要依法征用、收回的房地产，纳税人因此而得到经济补偿的。

② 因城市实施规划、国家建设的需要而搬迁，由纳税人自行转让其房地产的（此种情况应同时提供政府要求其搬迁的批文）。

③ 转让原自用住房的（这种情况应同时提供表明其居住时间的证明，如房屋产权证、住房证、户口簿等）。

（三）纳税时间和缴纳方法

土地增值税按照转让房地产所取得的实际收益计算征收，由于计税时要涉及房地产开发的成本和费用，有时还要进行房地产评估等，因此，其纳税时间就不可能像其他税种那样作出统一规定，而是要根据房地产转让的不同情况，由主管税务机关具体确定。主要有三种情况：

1. 以一次交割、付清价款方式转让房地产的。对于这种情况，主管税务机关可在纳税人办理纳税申报后，根据其应纳税额的大小及向有关部门办理过户、登记手续的期限等，规定其在办理过户、登记手续前数日内一次性缴纳全部土地增值税。

2. 以分期收款方式转让房地产的。对于这种情况，主管税务机关可根据合同规定的收款日期来确定具体的纳税期限，即先计算出应缴纳的全部土地增值税税额，再按总税额除以转让房地产的总收入，求得应纳税额占总收入的比例，然后，在每次收到价款时，按收到价款的数额乘以这个比例来确定每次应纳的税额，并规定其应在每次收款后数日内缴纳土地增值税。

3. 项目全部竣工结算前转让房地产的。纳税人在项目全部竣工结算前转让房地产取得的收入，由于涉及成本确定或其他原因，无法据实计算土地增值税的，可以预征土地增值税，待该项目全部竣工、办理结算后再进行清算，多退少补。主要涉及两种情况：

(1) 纳税人进行小区开发建设的，其中一部分房地产项目因先行开发并已转让出去，但小区内的部分配套设施往往在转让后才建成。在这种情况下，税务机关可以对先行转让的项目，在取得收入时预征土地增值税。

(2) 纳税人以预售方式转让房地产的，对在办理结算和转交手续前就取得的收入，税务机关也可以预征土地增值税。具体办法由省级地方税务局根据当地情况制定。

根据税法规定，凡采用预征方法征收土地增值税的，在该项目全部竣工办理结算时，都需要对土地增值税进行清算，根据应征税额和已征税额进行清算，多退少补。

（四）纳税地点

土地增值税由房地产所在地的税务机关负责征收。所谓"房地产所在地"，是指房地产的坐落地。不论纳税人的机构所在地、经营所在地、居住所在地设在何处，均应在转让的房地产所在地申报纳税。具体有以下两种情况：

1. 纳税人是法人的。当纳税人转让的房地产的坐落地与其机构所在地或经营所在地同在一地时，可在办理税务登记的原管辖税务机关申报纳税；如果转让的房地产坐落地与其机构所在地或经营所在地不在一地，则应在房地产坐落地的主管税务机关申报纳税。纳税人转让的房地产坐落在两个或两个以上地区的，应按房地产所在地分别申报纳税。

2. 纳税人是自然人的。当纳税人转让的房地产的坐落地与其居住所在地同在一地时，可在其住所所在地税务机关申报纳税；如果转让的房地产的坐落地与其居住所在地不在一地，则应在房地产坐落地的主管税务机关申报纳税。

第10章

城镇土地使用税和耕地占用税

【内容提要】 城镇土地使用税是以城镇土地为征税对象,对在城镇范围内拥有土地使用权的单位和个人征收的一种税。耕地占用税是对占用耕地建房或从事其他非农业生产建设的各类企业、单位和个人征收的一种税。本章主要介绍城镇土地使用税和耕地占用税的基本概念、纳税人、征税范围、税率结构、应纳税额计算、征收管理等问题。通过本章的学习,要求理解和掌握城镇土地使用税和耕地占用税的基本征收制度,重点掌握其计算缴纳办法。

第一节 城镇土地使用税

一、城镇土地使用税的概述

城镇土地使用税是以城镇土地为征税对象,对在城镇范围内拥有土地使用权的单位和个人征收的一种税。历史上,国家对土地征税的历史十分悠久。早在古希腊时代就已对土地征税,以后各国相继对土地征税。我国早在周朝就开始了对土地征税,但当时既不称土地税,也不称土地使用税,而称为"彻"。规定"民耕百亩者,彻取十亩以为赋",意思是说每户平民耕种土地,要以一定的产量交纳给王室。新中国成立初期,原政务院规定在全国范围内征收地产税。1951 年 8 月将地产税与房产税合并为城市房地产税,在城市中征收。1973 年工商税制改革时,将对企业征收的城市房地产税并入工商税之中,对城市的房产管理部门、个人和外侨则继续征收城市房地产税。由于我国的土地属于国家所有,个人和单位对土地只有使用权而无所有权,这样,以房地产所有人为纳税人的城市房地产税已名不副实。为此,1984 年第二步利改税时,将城市房地产税分立为房产税和城镇土地使用税。1988 年 9 月 27 日国务院发布了《中华人民共和国城镇土地使用税暂行条例》,于 1988 年 11 月 1 日起对国内企业、单位和个人征收,对外资企业和外籍人员不征收。2006 年 12 月 31 日国务院修订并重新颁布《中华人民共和国城镇土地使用税暂行条例》,自 2007 年 1 月 1 日起统一对内、外资企业和个人征收。

开征城镇土地使用税,可以加强对土地的管理,变土地的无偿使用为有偿使用,一方面有利于合理、节约使用土地,提高土地使用效益,另一方面有利于调节不同地区、不同地段之间的土地级差收入,理顺国家与土地使用者之间的分配关系。

二、城镇土地使用税的征税范围、纳税人和税率

(一) 城镇土地使用税的征税范围

城镇土地使用税的征税范围,包括在城市、县城、建制镇和工矿区内的国家所有和集体所有的土地。具体标准如下:

1. 城市是指经国务院批准设立的市,包括市区和郊区的土地;
2. 县城是指县人民政府所在地;
3. 建制镇是指镇人民政府所在地;
4. 工矿区是指工商业比较发达,人口比较集中,符合国务院规定的建制镇标准,但尚未设立建制镇的大中型工矿企业所在地,工矿区须经省、自治区、直辖市人民政府批准。

建立在城市、县城、建制镇和工矿区以外的工矿企业,不需缴纳城镇土地使用税。

另外,自2009年1月1日起,公园、名胜古迹内的索道公司经营用地,应按规定缴纳城镇土地使用税。

(二) 城镇土地使用税的纳税人

城镇土地使用税的纳税人,是指在城市、县城、建制镇、工矿区范围内使用土地的单位和个人。具体包括以下几类:

1. 拥有土地使用权的单位和个人;
2. 拥有土地使用权的单位和个人不在土地所在地的,以实际使用人或代管人为纳税人;
3. 土地使用权未确定或权属纠纷未解决的,以实际使用人为纳税人;
4. 土地使用权共有的,共有各方都是纳税人,由共有各方分别纳税。

几个单位或几个人共同拥有一块土地的使用权,这块土地的城镇土地使用税的纳税人应是共有的各方,它们应以其实际使用的土地面积占总面积的比例,分别计算缴纳土地使用税。

免税单位无偿使用纳税单位的土地,免征土地使用税;纳税单位无偿使用免税单位的土地,纳税单位应照章缴纳城镇土地使用税。纳税单位与免税单位共同使用、共有土地使用权上的多层建筑物,对纳税单位可按其占用的建筑物面积占建筑总面积的比例计征城镇土地使用税。

(三) 城镇土地使用税的税率

城镇土地使用税实行定额税率,即幅度差别税额(见表10-1)。

表 10-1　　　　　　　　　　城镇土地使用税税率表

级　别	人　口	每平方米年税额（元）
大城市	50 万人以上	1.5～30
中等城市	20 万～50 万人	1.2～24
小城市	20 万人以下	0.9～18
县城、建制镇、工矿区		0.6～12

各省、自治区、直辖市政府可根据市政建设情况和经济繁荣程度在上述规定税额幅度内，确定所辖地区的适用税额幅度。经济落后地区的适用税额标准可适当降低，但降低额不得超过上述规定最低税额的 30%。经济发达地区的适用税额标准可适当提高，但须报财政部批准。

三、城镇土地使用税应纳税额的计算

（一）城镇土地使用税的计税依据

城镇土地使用税以纳税人实际占用的土地面积为计税依据，土地面积计量标准为每平方米。纳税人实际占用的土地面积按下列办法确定：

1. 凡由省、自治区、直辖市人民政府确定的单位组织测定土地面积的，以测定的面积为准；

2. 尚未组织测量，但纳税人持有政府部门核发的土地使用证书的，以证书确认的土地面积为准；

3. 尚未核发出土地使用证书的，应由纳税人申报土地面积，据以纳税，待核发土地使用证以后再作调整。

（二）城镇土地使用税的应纳税额计算

城镇土地使用税的应纳税额按纳税人实际占用的土地面积和规定的税额标准计征，其计算公式为：

全年应纳税额 = 实际占用的应税土地面积（平方米）× 适用税额

【例 10-1】某市一生产企业 2011 年年初实际占地共计 60 000 平方米。其中厂房占地 40 000 平方米，职工宿舍占地 10 000 平方米，办公楼占地 4 000 平方米，医务室占地 1 000 平方米，幼儿园占地 2 000 平方米，厂区内道路及绿化占地 3 000 平方米。7 月份购买一栋旧仓库，该仓库占地 5 000 平方米，9 月份从房地产权属管理部门取得土地使用证和房产证。当地政府规定城镇土地使用税税额 5 元/平方米。计算该企业 2011 年度应缴纳的城镇土地使用税。

（1）厂房占地应纳城镇土地使用税 = 40 000 × 5 = 200 000（元）；
（2）职工宿舍占地应纳城镇土地使用税 = 10 000 × 5 = 50 000（元）；
（3）办公楼占地应纳城镇土地使用税 = 4 000 × 5 = 20 000（元）；

（4）医务室、幼儿园占地免税；

（5）厂区内道路及绿化占地应纳城镇土地使用税 = 3 000 × 5 = 15 000（元）；

（6）购买的旧仓库，从取得土地使用证的次月起缴纳城镇土地使用税：

应纳城镇土地使用税 = 5 000 × 5 × 3 ÷ 12 = 6 250（元）；

2011 年度应缴纳的城镇土地使用税 = 200 000 + 50 000 + 20 000 + 15 000 + 6 250 = 291 250（元）

四、城镇土地使用税的减税免税

（一）法定免税项目

1. 国家机关、人民团体、军队自用的土地。

上述土地是指办公用地和公务用地。生产、经营用地和其他用地不属于免税范围，应按规定征收土地使用税。

2. 由国家财政部门拨付事业经费的单位自用的土地。

如学校、医疗卫生单位、托儿所、幼儿园、敬老院、文化、体育、艺术等实行全额或差额预算管理的单位本身的业务用地。上述单位所属的附属工厂、商店、招待所等不属于单位公务、业务用地，应照章纳税。

3. 宗教寺庙、公园、名胜古迹自用的土地。

宗教寺庙自用的土地，是指举行宗教仪式等的房屋和宗教人员使用的生活用地。公园、名胜古迹自用的土地，是指供公共参观游览的土地及其管理单位的办公用地。但宗教寺庙、公园、名胜古迹中附设的营业单位，如影剧院、饮食部、茶社、照相馆等所使用的土地，不属于免税范围，应照章纳税。

4. 市政街道、广场、绿化地带等公共用地。

5. 直接用于农、林、牧、渔业的生产用地。

这部分土地是指直接从事于种植、养殖、饲养的专业用地，不包括农副产品加工场地和生活办公用地。

6. 经批准开山填海整治的土地和改造的废弃土地，从使用的月份起免缴土地使用税 5 年至 10 年。

具体免税期限由各省、自治区、直辖市地方税务局在《城镇土地使用税暂行条例》规定的期限内自行确定。

7. 对非营利性医疗机构、疾病控制机构和妇幼保健机构等卫生机构自用的土地，免征城镇土地使用税。对营利性医疗机构自用的土地，自 2000 年起免征城镇土地使用税 3 年。

8. 企业办的学校、医院、托儿所、幼儿园，其用地能与企业其他用地明确区分的，免征城镇土地使用税。

9. 由财政部另行规定免税的能源、交通、水利设施用地和其他用地。

（二）由省、自治区、直辖市地方税务局确定减免城镇土地使用税的土地

1. 个人所有的居住房屋及院落用地。

2. 房产管理部门在房租调整改革前出租的居民住房用地。
3. 免税单位职工家属的宿舍用地。
4. 民政部门举办的安置残疾人占一定比例的福利工厂用地。
5. 集体和个人办的各类学校、医院、托儿所、幼儿园用地。
6. 其他。

五、城镇土地使用税的征收管理

(一) 城镇土地使用税纳税义务发生时间

1. 纳税人购置新建商品房，自房屋交付使用之次月起，缴纳城镇土地使用税。
2. 纳税人购置存量房，自办理房屋权属转移、变更登记手续，房地产权属登记机关签发房屋权属证书之次月起，缴纳城镇土地使用税。
3. 纳税人出租、出借房产，自交付出租、出借房产之次月起，缴纳城镇土地使用税。
4. 房地产开发企业自用、出租、出借本企业建造的商品房，自房屋使用或交付之次月起，缴纳城镇土地使用税。
5. 纳税人新征用的耕地，自批准征用之日起满一年时开始缴纳土地使用税。
6. 纳税人新征用的非耕地，自批准征用次月起缴纳土地使用税。
7. 自2009年1月1日起，纳税人因土地的权利发生变化而依法终止城镇土地使用税纳税义务的，其应纳税款的计算应截止到土地权利发生变化的当月末。

(二) 城镇土地使用的税纳税期限

城镇土地使用税实行按年计算、分期缴纳的征收方法，具体纳税期限由省、自治区、直辖市人民政府确定。

(三) 城镇土地使用税的纳税地点和征收机构

城镇土地使用税在土地所在地缴纳。

纳税人使用的土地不属于同一省、自治区、直辖市管辖的，由纳税人分别向土地所在地的税务机关缴纳；在同一省、自治区、直辖市管辖范围内，纳税人跨地区使用的土地，其纳税地点由各省、自治区、直辖市地方税务局确定。

城镇土地使用税由土地所在地的地方税务机关征收，收入纳入地方财政预算管理。

第二节 耕地占用税

一、耕地占用税的概述

耕地占用税是对占用耕地建房或从事其他非农业建设的单位和个人征收的一种税。耕地是农业发展的基础。我国的国情是地少人多，人均耕地面积很少，低于世界平均水平。20

世纪80年代初期以来，城乡非农业生产建设乱占滥用耕地的现象严重。为了保护耕地，抑制耕地被乱占滥用，为了促进农业发展，1987年4月1日国务院发布了《中华人民共和国耕地占用税暂行条例》，从发布之日起征收耕地占用税。2007年12月1日，国务院修订重新颁布《中华人民共和国耕地占用税暂行条例》（以下简称《暂行条例》），《暂行条例》自2008年1月1日起统一对内、外资企业和个人征收。

二、耕地占用税的征税范围、纳税人和税率

（一）耕地占用税的征税范围

耕地占用税的征税范围是纳税人用于建房或从事其他非农业建设的耕地。包括国家所有和集体所有的耕地。

耕地是指用于种植农作物的土地（包括菜地、园地）。占用鱼塘、林地、牧草地、农田水利用地、养殖水面、渔业水域滩涂等农用土地建房或从事其他非农业建设的，也视同占用耕地征收耕地占用税。此外，占用前三年内属于上述范围的耕地或农用土地，亦视为耕地。

纳税人临时占用耕地，应当依照条例的规定缴纳耕地占用税。纳税人在批准临时占用耕地的期限内恢复所占用耕地原状的，全额退还已经缴纳的耕地占用税。

（二）耕地占用税的纳税人

耕地占用税的纳税人是占用耕地建房或从事非农业建设的单位和个人。包括外商投资企业、外国企业和外籍人员。

（三）耕地占用税的税率

我国不同地区之间人口和耕地资源的分布极不均衡，各地区之间的经济发展水平也有很大差异。为了更好地保护耕地，耕地占用税在税率的设计上采用了地区差别定额税率，根据各地区人均耕地数量的多少，分别设计高低不同的税率，人均耕地数量较少的地区，税率相对较高；人均耕地数量较多的地区，税率相对较低。具体规定如下：

1. 《暂行条例》统一规定的幅度定额税率。

（1）人均耕地不超过1亩的地区（以县级行政区域为单位，下同），每平方米为10～50元；

（2）人均耕地超过1亩但不超过2亩的地区，每平方米为8～40元；

（3）人均耕地超过2亩但不超过3亩的地区，每平方米为6～30元；

（4）人均耕地超过3亩的地区，每平方米为5～25元。

2. 各省、自治区、直辖市的平均税额。国务院财政、税务主管部门根据人均耕地面积和经济发展情况确定各省、自治区、直辖市的平均税额（见表10-2）。

表 10-2　　　各省、自治区、直辖市耕地占用税平均税额表　　　单位：元

地　　区	每平方米平均税额
上海	45
北京	40
天津	35
江苏、浙江、福建、广东	30
辽宁、湖北、湖南	25
河北、安徽、江西、山东、河南、重庆、四川	22.5
广西、海南、贵州、云南、陕西	20
山西、吉林、黑龙江	17.5
内蒙古、西藏、甘肃、青海、宁夏、新疆	12.5

3. 各地适用税额，由省、自治区、直辖市人民政府在《暂行条例》规定的税额幅度内，根据本地区情况核定。各省、自治区、直辖市人民政府核定的适用税额的平均水平，不得低于国务院财政、税务主管部门规定的平均税额。

4. 经济特区、经济技术开发区和经济发达且人均耕地特别少的地区，适用税额可以适当提高，但是提高的部分最高不得超过当地适用税额的50%。

5. 占用基本农田的，适用税额应当在上述适用税额的基础上再提高50%。

三、耕地占用税的减税免税

（一）下列经批准征用的耕地，免征耕地占用税：

1. 部队军事设施占用耕地。
2. 学校、幼儿园、养老院、医院占用耕地。

（二）减税规定

1. 铁路线路、公路线路、飞机场跑道、停机坪、港口、航道占用耕地，减按每平方米2元的税额征收耕地占用税。
2. 农村居民占用耕地新建住宅，可以按照当地适用税额减半征收耕地占用税。
3. 农村烈士家属、残疾军人、鳏寡孤独以及革命老根据地、少数民族聚居地区和边远贫困山区生活困难的农户，在规定用地标准以内新建住宅纳税确有困难的，由纳税人提出申请，经所在地乡（镇）人民政府审核，报经县级人民政府批准后，可给予减税或免税。

享受减免税后，纳税人改变原占地用途，而新用途又不在减免税范围的，应当按照当地适用税额补交耕地占用税。

四、耕地占用税应纳税额的计算与征收管理

(一) 耕地占用税的计税依据

耕地占用税以纳税人实际占用耕地的面积为计税依据。耕地面积的计算单位为平方米。

(二) 耕地占用税应纳税额的计算

耕地占用税应纳税额的计算公式为：

应纳税额 = 实际占用耕地的面积(平方米) × 适用的单位税额

(三) 耕地占用税的征收管理

耕地占用税由地方税务机关负责征收管理。土地管理部门在通知单位或者个人办理占用耕地手续时，应同时通知所在地同级地方税务机关。获准占用耕地的单位和个人，应当在收到土地管理部门的通知之日起30日内缴纳耕地占用税。土地管理部门凭耕地占用税完税凭证发放建设用地批准书。

第11章

房产税、车船税、船舶吨税和契税

【内容提要】 房产税是以房屋为征税对象,向房产所有人或经营人征收的一种财产税。车船税是以车船为征税对象,向车辆和船舶的所有人或者管理人征收的一种税。船舶吨税是对自我国境外港口进入境内港口的船舶征收的一种税。契税是对土地、房屋权属转移时,向产权承受人征收的一种财产税。本章主要研究房产税、车船税、船舶吨税和契税的基本概念、纳税人、征税范围、税率结构、应纳税额计算、征收管理等问题。

第一节 房产税

一、房产税概述

房产税是以房屋为征税对象,按房屋的计税余值或租金收入为计税依据,向房产所有人或经营人征收的一种财产税。房产税是一个历史悠久的税种。据历史考证,我国早在周朝就开始对房屋征税,以后各个朝代也都在不同程度上对房屋征税,如唐朝的间架税、元朝的房地租、明朝的"塌房税"和清朝末年的"房捐"等,均属于房产税。中华人民共和国成立后,1950年1月30日,政务院公布的《全国税政实施要则》规定,全国统一征收房产税。同年6月调整税收,将房产税和地产税合并为房地产税。1951年8月政务院正式颁布了《城市房地产税暂行条例》,规定对城市中的房屋和土地征收房产税和地产税,税种名称定为城市房地产税,并在全国范围内执行。1973年简化税制时,将对国营企业和集体企业征收的城市房地产税并入了工商税,保留下来的城市房地产税只限于对不缴纳工商税的城市房地产管理部门、有房产的个人及改革开放后出现的外商投资企业和外国企业征收。1984年第二步利改税和改革工商税制时,决定对国内企业单位房产恢复征税,同时考虑到由于我国土地属于国家和集体所有,土地使用者一般没有土地产权,房地产税名不副实,因而将对内资企业和个人征收的城市房地产税分为房产税和土地使用税。1986年10月1日起对内资企业和个人恢复开征房产税后,城市房地产税仅适用于涉外企业和外籍人员(包括华侨,港、澳、台同胞）。2008年12月31日国务院发布了第546号令，宣布自2009年1月1日起废止《城市房地产税暂行条例》，外商投资企业、外国企业和组织以及外籍个人，依照《中华人民共和国房产税暂行条例》缴纳房产税。

现行的房产税是1986年9月15日国务院颁布了《中华人民共和国房产税暂行条例》，并于同年10月1日起施行，在城市、县城、建制镇和工矿区征收，使房产税成为一个独立的税种。

征收房产税，有利于运用税收杠杆，加强对房产的管理，提高房产的使用效益；有利于配合国家房产政策的调整；有利于合理调节房产所有人和经营人的收入，均衡社会财富；有利于为逐步建立完善的地方税制创造条件。

二、房产税的征税范围、纳税人和税率

（一）房产税的征税范围

房产税以房产为征税对象。所谓房产，是指有屋面和围护结构（有墙或两边有柱），能够遮风避雨，可供人们在其中生产、学习、工作、娱乐、居住或储藏物资的场所。不包括独立于房屋之外的建筑物，如围墙、水塔、烟囱、室外游泳池等。

房产税的征税范围为位于城市、县城、建制镇和工矿区的房屋。这里所说的城市，是指经国务院批准设立的市，征税范围包括市区、郊区和市辖县县城。县城，是指未设立建制镇的县人民政府所在地，征税范围为县人民政府所在的城镇。建制镇，是指经省、自治区、直辖市人民政府批准设立的建制镇，征税范围为镇人民政府所在地。工矿区，是指工商业比较发达，人口比较集中，符合国务院规定的建制镇标准，但尚未设镇建制的大中型工矿企业所在地。开征房产税的工矿区须经省、自治区、直辖市人民政府批准。城市、县城、建制镇和工矿区的具体征税范围，由各省、自治区、直辖市人民政府确定。

坐落在农村的房屋暂不征收房产税。这是因为，农村的房屋除了农副业生产用房外，大部分是农民居住用房。对农村的房屋不纳入房产税的征税范围，有利于农业发展，繁荣农村经济。

（二）房产税的纳税人

房产税的纳税人是房屋的产权所有人。具体内容如下：

1. 产权属于国家所有的，以经营管理的单位为纳税人。产权属于集体和个人所有的，以集体单位和个人为纳税人。

2. 产权出典的，以承典人为纳税人。所谓产权出典，是指产权所有人将房屋、生产资料等的产权，在一定时期内典当给他人使用，而取得资金的一种融资业务。出典人就是指将自己的房屋在一定时期内出典给他人使用，并收取一定数额的押金的产权所有人。承典人是指以押金形式并付出一定费用，在一定的期限内享有房屋的使用、收益权的人。由于在房屋出典期间，产权所有人已无权支配房屋使用的权利，产权出典人就没有缴纳房产税的义务。因此，税法规定由对房屋具有支配权的承典人为纳税人。

3. 产权所有人、承典人不在房产所在地的，以房产代管人或者使用人为纳税人。

4. 产权未确定及租典纠纷未解决的，以房产代管人或者使用人为纳税人。所谓租典纠纷，是指产权所有人在房屋出典和租赁关系上与承典人、租赁人发生的各种争议，主要是权利和义务的争议尚无结果的。对于租典纠纷尚未解决的房产，税法规定以房产代管人或者使用人为纳税人。

5. 纳税单位和个人无租使用房产管理部门、免税单位及纳税单位的房产，应由使用人代缴纳房产税。

自2009年1月1日起，外商投资企业、外国企业和组织以及外籍个人，依照《中华人民共和国房产税暂行条例》缴纳房产税。

（三）房产税的税率

我国现行房产税采用的是比例税率。根据房产税计税依据的不同，税率也分为两种：

1. 按房产原值一次减除10%至30%损耗后的房产余值为计税依据的，年税率为1.2%。

2. 按房产租金收入为计税依据的，税率为12%。从2001年1月1日起，对个人按市场价格出租的居民住房，用于居住的，可暂减按4%的税率征收房产税。

三、房产税的减税免税

（一）法定免税

1. 国家机关、人民团体、军队自用的房产（指办公用房和公务用房）免征房产税；但出租房产以及非自身业务使用的生产、营业用房，应按规定征收房产税。其中，"人民团体"是指经国务院授权的政府部门批准设立或登记备案并由国家拨付行政事业费的各种社会团体。

2. 由国家财政部门拨付事业经费的单位，如学校、医疗卫生单位、托儿所、幼儿园、敬老院、文化、体育、艺术这些实行全额或差额预算管理的事业单位所有的，本身业务范围内使用的房产免征房产税。

为了鼓励事业单位经济自立，由国家财政部门拨付事业经费的单位，其经费来源实行自收自支后，从事业单位实行自收自支的年度起，免征房产税3年。

事业单位自用的房产，是指这些单位本身的业务用房。上述单位所属的附属工厂、商店、招待所等不属单位公务、业务的用房，应照章纳税。

3. 宗教寺庙、公园、名胜古迹自用的房产免征房产税。宗教寺庙自用的房产，是指举行宗教仪式等的房屋和宗教人员使用的生活用房屋；公园、名胜古迹自用的房产，是指供公共参观游览的房屋及其管理单位的办公用房屋。但宗教寺庙、公园、名胜古迹中附设的营业单位，如影剧院、饮食部、茶社、照相馆等所使用的房产及出租的房产，不属于免税范围，应照章纳税。

4. 个人所有的非营业用房，主要是指居民住房，不分面积多少，一律免征房产税。对个人拥有的营业用房或者出租的房产，不属于免税房产，应照章纳税。

5. 对行使国家行政管理职能的中国人民银行总行（含国家外汇管理局）所属分支机构自用的房产，免征房产税。

（二）经财政部批准免税的其他房产

1. 损坏不堪使用的房屋和危房，经有关部门鉴定，在停止使用后，可免征房产税。
2. 对因企业停产、撤销而闲置不用的房产，经省、自治区、直辖市地方税务局批准可暂不征收房产税。但如果这些房产转给其他征税单位使用或企业恢复生产的，应照章征税。
3. 为鼓励利用地下人防设施，暂不征收房产税。
4. 对微利企业和亏损企业的应税房产，由地方根据实际情况在一定期限内暂免征税。
5. 对高校后勤实体免征房产税。
6. 对非营利性医疗机构、疾病控制机构和妇幼保健机构等卫生机构自用的房产，免征房产税。对营利性医疗机构自用的房产，自2000年起免房产税3年。
7. 老年服务机构自用的房产免税。老年服务机构包括：老年社会福利院、敬老院（养老院）、老年服务中心、老年公寓（含老年护理院、康复中心、托老所）等。
8. 从2001年1月1日起，对按政府规定价格出租的公有住房和廉租住房，包括企业和自收自支事业单位向职工出租的单位自有住房；房管部门向居民出租的公有住房；落实私房政策中带户发还产权并以政府规定租金标准向居民出租的私有住房等，暂免征收房产税。
9. 房屋大修停用半年以上的，经纳税人申请，税务机关审核，在大修期间免征房产税。免征税额由纳税人在申报纳税时自行计算扣除，并在申报表附表或备注栏中作相应说明。
10. 在基建工地为基建工地服务的各种工棚、材料棚、休息棚和办公室、食堂、茶炉房、汽车房等，在施工期间，一律免征房产税。但工程结束后，施工企业将这种临时性房屋交还或估价转让给基建单位的，应从基建单位接收的次月起，照章纳税。

纳税人纳税确有困难的，可由省、自治区、直辖市人民政府确定，定期减征或者免征房产税。

四、房产税应纳税额的计算与征收管理

（一）房产税的计税依据

房产税的计税依据是房产的计税价值或房产的租金收入。按照房产计税价值征税的，称为从价计征；按照房产租金收入计征的，称为从租计征。

1. 从价计征。这是指以房产原值一次减除10%~30%后的余值为计税依据。具体减除幅度，由省、自治区、直辖市人民政府确定。减除幅度的确定，既要考虑到房屋的自然损耗因素，也要照顾到房屋后期的增值因素。

房产原值，是指纳税人按照会计制度规定，在账簿"固定资产"科目中记载的房屋原价。

纳税人未按会计制度规定记载原值的，在计征房产税时，应按规定调整房产原值；对房产原值明显不合理的，应重新予以评估；对没有房产原值的，应由房屋所在地的主管税务机关参考同类房产核定。

房产余值，是指房产的原值减除一定比例后的剩余价值。

房产原值确定的依据主要包括以下五个方面：

（1）依据纳税人固定资产账户记载的金额确定。

（2）未记入固定资产账户，但按有关的财务制度规定，房屋累计造价已达到固定资产标准的房产，按累计造价确定。

（3）无房产原值的自有房产，由房产所在地主管税务机关参考管理部门同一年代兴建的同类房屋造价核定。

（4）购买的房屋，按购进的价格确定。

（5）与房屋不可分割的水、暖气、煤气、电器设备等，应计算在房产原值内。

2. 从租计征。这是指以房屋出租取得的租金收入为计税依据。租金收入是房屋产权所有人出租房产使用权所得的报酬，包括货币收入、实物收入。当以劳务或其他形式为租金时，应根据同类房产的租金水平，确定一个标准租金额。

随着经济形势的发展，房产原值和租金收入具有多种形式，因此，房产税的计税依据应区别对待：

对于以房产投资联营，投资者参与投资利润分红，共担风险的，按房产余值作为计税依据计征房产税；对于以房产投资，收取固定收入，不承担联营风险的，实际上是以联营名义取得房产租金，应由出租方按租金收入计征房产税。

对于融资租赁的房屋，由于租赁费包括购进房屋的价款、手续费、借款利息等，与一般房屋出租的"租金"内涵不同，且租赁期满后，当承租方偿还最后一笔租赁费时，房屋产权要转移到承租方，这实际上是一种变相的分期付款购买固定资产的形式，所以在计征房产税时应以房产余值计算征收。至于租赁期内房产税的纳税人，由当地主管税务机关确定。

纳税人对个人出租房屋的租金收入申报不实或申报数与同一地段同类房屋的租金收入相比明显不合理的，主管税务机关可以按照《征管法》的有关规定，采取科学合理的方法核定其应纳税额。具体办法由各省、自治区、直辖市地方税务局结合当地实际情况制定。

（二）房产税应纳税额的计算

房产税应纳税额的计税方法有两种。

1. 按房产余值从价计征的计算公式：

应纳税额 = 房产原值 × (1 – 减除比例) × 税率

2. 按租金收入从租计征的计算公式：

应纳税额 = 房产租金收入 × 税率

【例11–1】 某企业经营用房固定资产账面房产原值为2 000万元。企业所在地省级政府规定按原值一次减除30%，计算该企业全年应纳房产税额。

年应纳税额 = 2 000 × (1 – 30%) × 1.2% = 16.8(万元)

【例11–2】 某企业在市区某地段出租房屋一幢，年租金20万元。计算该企业年应纳房产税税额。

应纳税额 = 200 000 × 12% = 24 000(元)

(三) 房产税的征收管理

1. 房产税的纳税义务发生的时间。

(1) 纳税人自行新建房屋用于生产经营,自建成之次月起,缴纳房产税;

(2) 纳税人委托施工企业建设的房屋,从办理验收手续之次月起,缴纳房产税;

(3) 纳税人出租、出借的房产,自出租、出借房产之次月起,缴纳房产税;

(4) 纳税人购置新建商品房,自房屋交付使用之次月起,缴纳房产税;

(5) 纳税人将原有房产用于生产经营,从生产经营之月起,缴纳房产税;

(6) 房地产开发企业自用、出租、出借本企业建造的商品房,自房屋使用或交付之次月起,缴纳房产税。

2. 房产税的纳税期限。房产税实行按年计算、分期缴纳的征收方法,具体纳税期限由省、自治区、直辖市人民政府规定。

3. 房产税的纳税地点。房产税在房产所在地的地方税务机关缴纳。房产不在同一地方的纳税人,应按房产的坐落地点分别向房产所在地的地方税务机关缴纳。

第二节 车船税

一、车船税概述

车船税是以车船为征税对象,向车辆和船舶(以下简称车船)的所有人或者管理人征收的一种税。我国对车船课税历史悠久。我国早在公元前129年(汉武帝元光六年)就开征了算商车。新中国成立后,中央人民政府政务院于1951年9月13日颁布《车船使用牌照税暂行条例》,开始征收车船使用牌照税。1973年简化税制时,将对企业征收的原车船使用牌照税并入"工商税",不再单独征收。对个人、外侨和外商投资企业(指"三资"企业)的车船,仍继续征收车船使用牌照税。1984年第二步利改税时,国务院决定恢复对车船征税,因原税名"车船使用牌照税"在实际工作中常被误认为是对牌照征税,因此,去掉"牌照"二字,改名为车船使用税,但此税当时暂缓开征。1986年9月15日,国务院发布《中华人民共和国车船使用税暂行条例》从1986年10月1日起实行。2006年12月29日,国务院发布《中华人民共和国车船税暂行条例》从2007年1月1日起实行。《中华人民共和国车船税法》(以下简称《车船税法》)由中华人民共和国第十一届全国人民代表大会常务委员会第十九次会议于2011年2月25日通过,自2012年1月1日起施行。车船税是由我国人大颁布法律的第3个税种。《中华人民共和国车船税法实施条例》(以下简称《车船税法实施条例》)经2011年11月23日国务院第182次常务会议通过,自2012年1月1日起施行。

征收车船税,可以促使纳税人提高车船使用效率;可以通过税收手段开辟财源、集中财力,缓解发展交通运输事业资金短缺的矛盾;可以借此加强对车船的管理。

二、车船税的征税范围、纳税人和税目税率

(一) 车船税的征税范围

车船税的征税范围,是在中华人民共和国境内属于《车船税法》所附《车船税税目税额表》(见表11-1)规定的车辆、船舶(以下简称车船)。包括依法应当在车船登记管理部门登记的机动车辆和船舶;依法不需要在车船登记管理部门登记的在单位内部场所行驶或者作业的机动车辆和船舶。

表11-1　　　　　　　　　　车船税税目税额表

税 目		计税单位	年基准税额	备 注
乘用车〔按发动机汽缸容量(排气量)分档〕	1.0升(含)以下的	每辆	60元至360元	核定载客人数9人(含)以下
	1.0升以上至1.6升(含)的		300元至540元	
	1.6升以上至2.0升(含)的		360元至660元	
	2.0升以上至2.5升(含)的		660元至1 200元	
	2.5升以上至3.0升(含)的		1 200元至2 400元	
	3.0升以上至4.0升(含)的		2 400元至3 600元	
	4.0升以上的		3 600元至5 400元	
商用车	客车	每辆	480元至1 440元	核定载客人数9人以上,包括电车
	货车	整备质量每吨	16元至120元	包括半挂牵引车、三轮汽车和低速载货汽车等
挂车		整备质量每吨	按照货车税额的50%计算	
其他车辆	专用作业车	整备质量每吨	16元至120元	不包括拖拉机
	轮式专用机械车		16元至120元	
摩托车		每辆	36元至180元	
船舶	机动船舶	净吨位每吨	3元至6元	拖船、非机动驳船分别按照机动船舶税额的50%计算
	游艇	艇身长度每米	600元至2 000元	

《车船税税目税额表》中车辆、船舶的含义如下:

乘用车,是指在设计和技术特性上主要用于载运乘客及随身行李,核定载客人数包括驾驶员在内不超过9人的汽车。

商用车,是指除乘用车外,在设计和技术特性上用于载运乘客、货物的汽车,划分为客

车和货车。

半挂牵引车，是指装备有特殊装置用于牵引半挂车的商用车。

三轮汽车，是指最高设计车速不超过每小时50公里，具有三个车轮的货车。

低速载货汽车，是指以柴油机为动力，最高设计车速不超过每小时70公里，具有四个车轮的货车。

挂车，是指就其设计和技术特性需由汽车或者拖拉机牵引，才能正常使用的一种无动力的道路车辆。

专用作业车，是指在其设计和技术特性上用于特殊工作的车辆。

轮式专用机械车，是指有特殊结构和专门功能，装有橡胶车轮可以自行行驶，最高设计车速大于每小时20公里的轮式工程机械车。

摩托车，是指无论采用何种驱动方式，最高设计车速大于每小时50公里，或者使用内燃机，其排量大于50毫升的两轮或者三轮车辆。

船舶，是指各类机动、非机动船舶以及其他水上移动装置，但是船舶上装备的救生艇筏和长度小于5米的艇筏除外。其中，机动船舶是指用机器推进的船舶；拖船是指专门用于拖（推）动运输船舶的专业作业船舶；非机动驳船，是指在船舶登记管理部门登记为驳船的非机动船舶；游艇是指具备内置机械推进动力装置，长度在90米以下，主要用于游览观光、休闲娱乐、水上体育运动等活动，并应当具有船舶检验证书和适航证书的船舶。

（二）车船税的纳税人

车船税的纳税人，是在中华人民共和国境内属于《车船税税目税额表》规定的车船的所有人或者管理人。

（三）车船税的税目税额

车船税实行从量征收，采用幅度定额税率，车船的适用税额依照《车船税税目税额表》执行。车辆的具体适用税额由省、自治区、直辖市人民政府依照《车船税税目税额表》规定的税额幅度和国务院的规定确定。船舶的具体适用税额由国务院《车船税税目税额表》规定的税额幅度内确定。

1. 车辆的具体适用税额。

省、自治区、直辖市人民政府根据车船税法所附《车船税税目税额表》确定车辆具体适用税额，应当遵循以下原则：

（1）乘用车依排气量从小到大递增税额；

（2）客车按照核定载客人数20人以下和20人（含）以上两档划分，递增税额。

省、自治区、直辖市人民政府确定的车辆具体适用税额，应当报国务院备案。

2. 机动船舶具体适用税额为：

（1）净吨位不超过200吨的，每吨3元；

（2）净吨位超过200吨但不超过2 000吨的，每吨4元；

（3）净吨位超过2 000吨但不超过10 000吨的，每吨5元；

（4）净吨位超过10 000吨的，每吨6元。

拖船按照发动机功率每1千瓦折合净吨位0.67吨计算征收车船税。

3. 游艇具体适用税额为:
(1) 艇身长度不超过 10 米的,每米 600 元;
(2) 艇身长度超过 10 米但不超过 18 米的,每米 900 元;
(3) 艇身长度超过 18 米但不超过 30 米的,每米 1 300 元;
(4) 艇身长度超过 30 米的,每米 2 000 元;
(5) 辅助动力帆艇,每米 600 元。

三、车船税的减税免税

《车船税法》对车船税的税收优惠作了明确规定,同时授权省、自治区、直辖市人民政府根据当地实际情况,可以对公共交通车船,农村居民拥有并主要在农村地区使用的摩托车、三轮汽车和低速载货汽车定期减征或者免征车船税。

下列车船免征车船税:

(一) 捕捞、养殖渔船

是指在渔业船舶登记管理部门登记为捕捞船或者养殖船的船舶。

(二) 军队、武装警察部队专用的车船

是指按照规定在军队、武装警察部队车船登记管理部门登记,并领取军队、武警牌照的车船。

(三) 警用车船

是指公安机关、国家安全机关、监狱、劳动教养管理机关和人民法院、人民检察院领取警用牌照的车辆和执行警务的专用船舶。

(四) 依照法律规定应当予以免税的外国驻华使领馆、国际组织驻华代表机构及其有关人员的车船

节约能源、使用新能源的车船可以免征或者减半征收车船税。免征或者减半征收车船税的车船的范围,由国务院财政、税务主管部门商国务院有关部门制订,报国务院批准。

对受地震、洪涝等严重自然灾害影响纳税困难以及其他特殊原因确需减免税的车船,可以在一定期限内减征或者免征车船税。具体减免期限和数额由省、自治区、直辖市人民政府确定,报国务院备案。

临时入境的外国车船和香港特别行政区、澳门特别行政区、台湾地区的车船,不征收车船税。

按照规定缴纳船舶吨税的机动船舶,自车船税法实施之日起 5 年内免征车船税。

依法不需要在车船登记管理部门登记的机场、港口、铁路站场内部行驶或者作业的车船,自车船税法实施之日起 5 年内免征车船税。

四、车船税的计算与征收管理

(一) 车船税的计税依据

对各类车船计税依据的具体规定是:乘用车、客车、摩托车按辆计征;载货汽车、其他车辆按整备质量吨位计征;机动船舶按净吨位计征,游艇按艇身长度米数计征。

《车船税法》和《车船税法实施条例》所涉及的排气量、整备质量、核定载客人数、净吨位、千瓦、艇身长度,以车船登记管理部门核发的车船登记证书或者行驶证所载数据为准。

依法不需要办理登记的车船和依法应当登记而未办理登记或者不能提供车船登记证书、行驶证的车船,以车船出厂合格证明或者进口凭证标注的技术参数、数据为准;不能提供车船出厂合格证明或者进口凭证的,由主管税务机关参照国家相关标准核定,没有国家相关标准的参照同类车船核定。

(二) 车船税应纳税额的计算

车船税应纳税额的计算公式是:
1. 乘用车、客车、摩托车的应纳税额 = 车辆数 × 适用单位税额
2. 货车、专用作业车、轮式专用机械车的应纳税额 = 整备质量吨数 × 适用单位税额
3. 挂车的应纳税额 = 整备质量吨数 × 适用单位税额 × 50%
4. 船舶的应纳税额 = 净吨位 × 适用单位税额
5. 拖船、非机动驳船 = 净吨位 × 适用单位税额 × 50%
6. 游艇的应纳税额 = 艇身长度米数 × 适用单位税额

购置的新车船,购置当年的应纳税额自纳税义务发生的当月起按月计算。

应纳税额 = (年应纳税额/12) × 应纳税月份数

【例 11-3】广西某企业拥有载货汽车 10 辆(每辆整备质量 5 吨);大型客车 2 辆。拥有机动船 20 艘,其中净吨位为 200 吨的 10 艘,1 000 吨的 5 艘,2 000 吨的 3 艘,10 000 吨的 2 艘;拥有非机动驳船 5 艘,其中净吨位为 50 吨的 3 艘,100 吨的 2 艘。广西规定载货汽车年纳税额整备质量每吨 60 元,大型客车年纳税额每辆 660 元。计算该企业全年应交纳车船使用税额。

该企业全年应纳的车船使用税额计算如下:
① 载货汽车应纳税额 = 5 × 10 × 60 = 3 000(元)
② 大客车应纳税额 = 2 × 660 = 1 320(元)
③ 机动船应纳税额 = 200 × 3 × 10 + 1 000 × 4 × 5 + 2 000 × 4 × 3 + 10 000 × 5 × 2
                = 150 000(元)
④ 非机动船应纳税额 = (50 × 3 + 100 × 2) × 3 × 50% = 525(元)
该企业全年应纳车船使用税额 = 3 000 + 1 320 + 150 000 + 525 = 154 845(元)

(三) 车船税的征收管理

1. 车船税的纳税义务发生的时间。

车船税纳税义务发生时间为取得车船所有权或者管理权的当月。取得车船所有权或者管理权的当月，应当以购买车船的发票或者其他证明文件所载日期的当月为准。

2. 车船税的纳税期限。

车船税按年申报，分月计算，一次性缴纳。纳税年度为公历1月1日至12月31日。具体申报纳税期限由省、自治区、直辖市人民政府规定。

3. 车船税的纳税地点和征收机关。

车船税的纳税地点为车船的登记地或者车船税扣缴义务人所在地。依法不需要办理登记的车船，车船税的纳税地点为车船的所有人或者管理人所在地。

车船税由地方税务机关负责征收。从事机动车第三者责任强制保险业务的保险机构为机动车车船税的扣缴义务人，应当在收取保险费时依法代收车船税，并出具代收税款凭证。已完税或者依法减免税的车辆，纳税人应当向扣缴义务人提供登记地的主管税务机关出具的完税凭证或者减免税证明。纳税人没有按照规定期限缴纳车船税的，扣缴义务人在代收代缴税款时，可以一并代收代缴欠缴税款的滞纳金。扣缴义务人已代收代缴车船税的，纳税人不再向车辆登记地的主管税务机关申报缴纳车船税。没有扣缴义务人的，纳税人应当向主管税务机关自行申报缴纳车船税。

纳税人缴纳车船税时，应当提供反映排气量、整备质量、核定载客人数、净吨位、千瓦、艇身长度等与纳税相关信息的相应凭证以及税务机关根据实际需要要求提供的其他资料。纳税人以前年度已经提供前款所列资料信息的，可以不再提供。

扣缴义务人应当及时解缴代收代缴的税款和滞纳金，并向主管税务机关申报。扣缴义务人向税务机关解缴税款和滞纳金时，应当同时报送明细的税款和滞纳金扣缴报告。扣缴义务人解缴税款和滞纳金的具体期限，由省、自治区、直辖市地方税务机关依照法律、行政法规的规定确定。

购置的新车船，购置当年的应纳税额自纳税义务发生的当月起按月计算。应纳税额为年应纳税额除以12再乘以应纳税月份数。在一个纳税年度内，已完税的车船被盗抢、报废、灭失的，纳税人可以凭有关管理机关出具的证明和完税凭证，向纳税所在地的主管税务机关申请退还自被盗抢、报废、灭失月份起至该纳税年度终了期间的税款。已办理退税的被盗抢车船失而复得的，纳税人应当从公安机关出具相关证明的当月起计算缴纳车船税。已缴纳车船税的车船在同一纳税年度内办理转让过户的，不另纳税，也不退税。

第三节 船舶吨税

一、船舶吨税概述

我国于1952年9月29日发布《中华人民共和国船舶吨税暂行办法》，从发布之日起实行的。并先后于1954年和1974年对该办法的个别条款做了修正。从1987年1月1日起，吨税的计征改为90天期和30天期两种,由纳税人于申请完税时自行选择。《中华人民共和国船舶吨税暂行条例》经2011年11月23日国务院第182次常务会议通过,自2012年1月1日起施行。

二、船舶吨税的征税范围、纳税人和税率

(一) 船舶吨税的征税范围

自中华人民共和国境外港口进入境内港口的船舶(以下称应税船舶),应当依法缴纳船舶吨税(以下简称吨税)。

(二) 吨税的纳税人

吨税的纳税人是应税船舶的负责人。

(三) 吨税的税率

吨税设置优惠税率和普通税率。

中华人民共和国籍的应税船舶,船籍国(地区)与中华人民共和国签订含有相互给予船舶税费最惠国待遇条款的条约或者协定的应税船舶,适用优惠税率。

其他应税船舶,适用普通税率。具体税目税率见表11-2。

表11-2 吨税税目税率表

(按船舶净吨位划分)	税率(元/净吨)						备注
	普通税率(按执照期限划分)			优惠税率(按执照期限划分)			
	1年	90日	30日	1年	90日	30日	
不超过2 000净吨	12.6	4.2	2.1	9.0	3.0	1.5	拖船和非机动驳船分别按相同净吨位船舶税率的50%计征税款
超过2 000净吨,但不超过10 000净吨	24.0	8.0	4.0	17.4	5.8	2.9	
超过10 000净吨,但不超过50 000净吨	27.6	9.2	4.6	19.8	6.6	3.3	
超过50 000净吨	31.8	10.6	5.3	22.8	7.6	3.8	

三、船舶吨税的减税免税

下列船舶免征吨税:
1. 应纳税额在人民币50元以下的船舶;
2. 自境外以购买、受赠、继承等方式取得船舶所有权的初次进口到港的空载船舶;
3. 吨税执照期满后24小时内不上下客货的船舶;
4. 非机动船舶(不包括非机动驳船);

5. 捕捞、养殖渔船；
6. 避难、防疫隔离、修理、终止运营或者拆解，并不上下客货的船舶；
7. 军队、武装警察部队专用或者征用的船舶；
8. 依照法律规定应当予以免税的外国驻华使领馆、国际组织驻华代表机构及其有关人员的船舶；
9. 国务院规定的其他船舶。

四、船舶吨税应纳税额的计算与征收管理

（一）船舶吨税应纳税额的计算

吨税的应纳税额按照船舶净吨位乘以适用税率计算。

应纳税额 = 应税船舶净吨位 × 适用税率

吨税分1年期缴纳、90天期缴纳与30天期缴纳三种。缴纳期限由应税船舶负责人或其代理人自行选择。应税船舶负责人在每次申报纳税时，可以按照《吨税税目税率表》选择申领一种期限的吨税执照。

（二）船舶吨税的征收管理

1. 吨税纳税义务发生时间。

吨税纳税义务发生时间为应税船舶进入港口的当日。

应税船舶在吨税执照期满后尚未离开港口的，应当申领新的吨税执照，自上一次执照期满的次日起续缴吨税。

2. 吨税的申报缴纳。

应税船舶在进入港口办理入境手续时，应当向海关申报纳税领取吨税执照，或者交验吨税执照。应税船舶在离开港口办理出境手续时，应当交验吨税执照。

应税船舶负责人申领吨税执照时，应当向海关提供下列文件：

（1）船舶国籍证书或者海事部门签发的船舶国籍证书收存证明；
（2）船舶吨位证明。

吨税按照船舶净吨位和吨税执照期限征收。吨税由海关负责征收。海关征收吨税应当制发缴款凭证。

应税船舶负责人缴纳吨税或者提供担保后，海关按照其申领的执照期限填发吨税执照。

应税船舶负责人应当自海关填发吨税缴款凭证之日起15日内向指定银行缴清税款。未按期缴清税款的，自滞纳税款之日起，按日加收滞纳税款0.5‰的滞纳金。

3. 吨税的担保。

应税船舶到达港口前，经海关核准先行申报并办结出入境手续的，应税船舶负责人应当向海关提供与其依法履行吨税缴纳义务相适应的担保；应税船舶到达港口后，依照本条例规定向海关申报纳税。

下列财产、权利可以用于担保：

(1) 人民币、可自由兑换货币;
(2) 汇票、本票、支票、债券、存单;
(3) 银行、非银行金融机构的保函;
(4) 海关依法认可的其他财产、权利。

4. 吨税执照的延期。

在吨税执照期限内,应税船舶发生下列情形之一的,海关按照实际发生的天数批注延长吨税执照期限:

(1) 避难、防疫隔离、修理,并不上下客货;
(2) 军队、武装警察部队征用。

应税船舶因不可抗力在未设立海关地点停泊的,船舶负责人应当立即向附近海关报告,并在不可抗力原因消除后,依照本条例规定向海关申报纳税。

5. 吨税执照的效力。

应税船舶在吨税执照期限内,因税目税率调整或者船籍改变而导致适用税率变化的,吨税执照继续有效。

因船籍改变而导致适用税率变化的,应税船舶在办理出入境手续时,应当提供船籍改变的证明文件。

吨税执照在期满前毁损或者遗失的,应当向原发照海关书面申请核发吨税执照副本,不再补税。

6. 吨税的补退。

海关发现少征或者漏征税款的,应当自应税船舶缴纳税款之日起1年内,补征税款。但因应税船舶违反规定造成少征或者漏征税款的,海关可以自应当缴纳税款之日起3年内追征税款,并自应当缴纳税款之日起按日加征少征或者漏征税款0.5‰的滞纳金。

海关发现多征税款的,应当立即通知应税船舶办理退还手续,并加算银行同期活期存款利息。

应税船舶发现多缴税款的,可以自缴纳税款之日起1年内以书面形式要求海关退还多缴的税款并加算银行同期活期存款利息;海关应当自受理退税申请之日起30日内查实并通知应税船舶办理退还手续。

应税船舶应当自收到本条第二款、第三款规定的通知之日起3个月内办理有关退还手续。

7. 违法责任。

应税船舶有下列行为之一的,由海关责令限期改正,处2 000元以上3万元以下罚款;不缴或者少缴应纳税款的,处不缴或者少缴税款50%以上5倍以下的罚款,但罚款不得低于2 000元:

(1) 未按照规定申报纳税、领取吨税执照的;
(2) 未按照规定交验吨税执照及其他证明文件的。

吨税税款、滞纳金、罚款以人民币计算。

第四节 契税

一、契税的概述

契税是对土地、房屋权属转移时，向产权承受人征收的一种财产税。契税是一个古老的税种，起源于东晋的"估税"。当时的"估税"分为输估和散估两种，其中输估是对大宗买卖如房屋、土地、奴婢和牲畜等交易时征收；散估是对小宗买卖如货物等交易时征收。新中国成立以后颁布的第一个税收法规就是《契税暂行条例》。这个条例对旧中国的契税进行了改革，其基本内容是：凡是土地、房屋的买卖、典当、赠与和交换，均应凭土地、房屋的产权证明，在当事人双方订立契约时，由产权承受人缴纳契税，税率分两种：买卖、赠与税率6%，典当税率3%；对交换房屋双方价值相等的，免税；不相等的，就其超过价值部分按6%缴纳契税。1954年，财政部对《契税暂行条例》进行修改。修改的主要内容是：对公有制单位的买卖、典当、承受赠与和交换土地、房屋的行为免征契税，契税的征税范围只限于非公有制单位的房屋产权转移行为，收入不大。后来国家禁止土地买卖和转让，契税处于停征阶段。为适应改革开放后的新情况，国务院于1997年7月7日重新颁布了《中华人民共和国契税暂行条例》，并于1997年10月1日起施行。

新的契税条例的颁布，使我国契税立法得到了进一步完善，使契税征管更加规范。

契税自开征以来，不仅有效地保障了房地产所有人的合法权益，避免和减少了产权纠纷的发生，也为国家筹集了一定数量的财政资金。随着我国社会经济的发展和改革开放的不断深入，房地产业必将成为国民经济中的主要产业之一，房地产必将成为新的经济增长点和消费热点。在这种形势下，调整和完善契税法律制度，加强契税的征收管理，对增加财政收入、调控房地产市场、调节个人收入差距、缓解社会分配不公的矛盾，具有深远的意义。

二、契税的征税范围、纳税人和税率

（一）契税的征税范围

契税的征税对象是境内发生土地使用权和房屋所有权权属转移的土地和房屋。具体征税范围包括：

1. 国有土地使用权出让。是指土地使用者向国家交付土地使用权出让费用，国家将国有土地使用权在一定年限内让予土地使用者的行为。

2. 土地使用权转让。是指土地使用者以出售、赠与、交换或者其他方式将土地使用权转移给其他单位和个人的行为。

土地使用权出售，是指土地使用者以土地使用权作为交易条件，取得货币、实物、无形资产或者其他经济利益的行为。土地使用权赠与，是指土地使用者将土地使用权无偿转让给受赠者的行为。土地使用权交换，是指土地使用者之间相互交换土地使用权的行为。不包括农村集体土地承包经营权的转移。

3. 房屋买卖。是指房屋所有者将其房屋出售，由承受者交付货币、实物、无形资产或者其他经济利益的行为。

4. 房屋赠与。是指房屋所有者将其房屋无偿转让给受赠者的行为。

5. 房屋交换。是指房屋所有者之间相互交换房屋所有权的行为。

6. 视同土地使用权转让、房屋买卖或者房屋赠与行为。

土地、房屋权属以下列方式转移的，视同土地使用权转让、房屋买卖或者房屋赠与征税：

（1）以土地、房屋权属作价投资、入股；

（2）以土地、房屋权属抵债；

（3）以获奖方式承受土地、房屋权属；

（4）以预购方式或者预付集资建房款方式承受土地、房屋权属。

（二）契税的纳税人

契税的纳税人是指在我国境内转移土地、房屋权属过程中，承受土地使用权或房屋所有权的单位和个人。承受，是指以受让、购买、受赠、交换等方式取得土地、房屋权属的行为。单位，是指企业单位、事业单位、国家机关、军事单位和社会团体以及其他组织。个人，是指个体经营者及其他个人，包括中国公民和外籍人员。具体包括：

国有土地使用权出让、土地使用权转让，房屋买卖、赠与和交换，以土地和房屋权属作价投资、入股，抵偿债务，以获奖方式承受土地和房屋权属，以预购或集资建房方式承受土地房屋权属的承受人，均为契税的纳税人。

（三）契税的税率

契税实行3%~5%的幅度比例税率。由于我国经济发展不平衡，各地经济差别较大的实际情况，因此，各省、自治区、直辖市人民政府在上述幅度内确定本地区的具体适用税率，并报财政部和国家税务总局备案。

三、契税的减税免税

（一）契税减免的规定

1. 国家机关、事业单位、社会团体、军事单位承受土地、房屋用于办公、教学、医疗、科研和军事设施的，免征契税。用于办公的，是指办公室（楼）以及其他直接用于办公的土地、房屋；用于教学的，是指教室（教学楼）以及其他直接用于教学的土地、房屋；用于医疗的，是指门诊部以及其他直接用于医疗的土地、房屋；所称用于科研的，是指科学试验的场所以及其他直接用于科研的土地、房屋；用于军事设施的，是指：（1）地上和地下的军事指挥作战工程；（2）军用的机场、港口、码头；（3）军用的库房、营区、训练场、试验场；（4）军用的通信、导航、观测台站；（5）其他直接用于军事设施的土地、房屋。

2. 城镇职工按规定第一次购买公有住房，免征契税。此外，财政部、国家税务总局规定：自2000年11月29日起，对各类公有制单位为解决职工住房而采取集资建房方式建成的普通住房,或由单位购买的普通商品住房,经当地县以上人民政府房改部门批准、按照国家房改政策出售给本单位职工的,如属职工首次购买住房,均可免征契税。

3. 因不可抗力灭失住房而重新购买住房的,酌情减免。不可抗力是指自然灾害、战争等不能预见、不可避免,并不能克服的客观情况。

4. 土地、房屋被县级以上人民政府征用、占用后,重新承受土地、房屋权属的,由省级人民政府确定是否减免。

5. 承受荒山、荒沟、荒丘、荒滩土地使用权,并用于农、林、牧、渔业生产的,免征契税。

6. 经外交部确认,依照我国有关法律规定以及我国缔结或参加的双边和多边条约或协定,应当予以免税的外国驻华使馆、领事馆、联合国驻华机构及其外交代表、领事官员和其他外交人员承受土地、房屋权属。

7. 已购公有住房经补缴土地出让金和其他出让费用成为完全产权住房的,免征土地权属转移的契税。

(二) 契税减免的其他规定

1. 在公司制改造中,对不改变投资主体和出资比例改建成的公司制企业承受原企业土地、房屋权属的,不征契税;对独家发起、募集设立的股份有限公司承受发起人土地、房屋权属的,免征契税;对国有、集体企业经批准改建成全体职工持股的有限责任公司或股份有限公司承受原企业土地、房屋权属的,免征契税;对其余涉及土地、房屋权属转移的,征收契税。公司制改造,是指非公司制企业按照《公司法》要求改建为有限责任公司(含国有独资公司)或股份有限公司。或经批准由有限责任公司变更为股份有限公司。

2. 在企业合并中,新设方或者存续方承受被解散方土地、房屋权属,如合并前各方为相同投资主体的,则不征契税,其余征收契税。企业合并,是指两个或者两个以上的企业,依照法律规定、合同约定改建为一个企业的行为。合并有吸收合并和新设合并两种形式。一个企业存续,其他企业解散的,为吸收合并;设立一个新企业,原各方企业解散的,为新设合并。

3. 企业分立中,对派生方、新设方承受原企业土地、房屋权属的,不征契税。企业分立,是指企业依照法律规定、合同约定分设为两个或两个以上投资主体相同的企业的行为。分立有存续分立和新设分立两种形式。原企业存续,而其一部分分出、派生设立为一个或数个新企业的,为存续分立;原企业解散,分立出的各方分别设立为新企业的,为新设分立。

4. 在股权转让中,单位、个人承受企业股权,企业的土地、房屋权属不发生转移,不征契税;在增资扩股中,对以土地、房屋权属作价入股或作为出资投入企业的,征收契税。股权重组是指企业股东持有的股份或出资发生变更的行为。股权重组主要包括股权转让和增资扩股两种形式。股权转让是指企业的股东将其持有的股份或出资部分或全部转让给他人;增资扩股是指公司向社会公众或特定单位、个人募集出资、发行股票。

5. 企业破产清算期间,对债权人(包括破产企业职工)承受破产企业土地、房屋权属以抵偿债务的,免征契税;对非债权人承受破产企业土地、房屋权属的,征收契税。对被撤销的金融机构在清算过程中催收债权时,接收债务方土地使用权、房屋所有权所发生的权属转移免征契税。

企业破产是指企业因经营管理不善造成严重亏损，不能清偿到期债务而依法宣告破产的法律行为。

四、契税应纳税额的计算与征收管理

（一）契税的计税依据

契税的计税依据为不动产的价格。由于土地、房屋权属转移方式不同，定价方法不同，因而具体计税依据视不同情况而定。

1. 国有土地使用权出让、土地使用权出售、房屋买卖，计税依据为成交价格。成交价格，是指土地、房屋权属转移合同确定的价格。包括承受者应交付的货币、实物、无形资产或者其他经济利益。

2. 土地使用权赠与、房屋赠与，计税依据由征收机关参照土地使用权出售、房屋买卖的市场价格核定。

3. 土地使用权交换、房屋交换，计税依据为所交换的土地使用权、房屋的价格的差额。交换价格相等的，免征契税；交换价格不等的，由多交付货币、实物、无形资产或者其他经济利益的一方按价格的差额交纳契税。

土地使用权与房屋所有权之间相互交换，由多交付货币、实物、无形资产或者其他经济利益的一方按价格的差额交纳契税。

4. 以划拨方式取得土地使用权的，经批准转让房地产时，由房地产转让者补缴契税。计税依据为补缴的土地使用权出让费用或者土地收益。

对成交价格明显低于市场价格并且无正当理由的，或者所交换土地使用权、房屋的价格的差额明显不合理并且无正当理由的，计税依据由征收机关参照市场价格核定。

（二）契税应纳税额的计算

契税采用比例税率，应纳税额的基本计算公式为：

应纳税额 = 计税依据 × 适用税率

【例11-4】王某有两套住房，将一套房屋出售给李某，成交价格为150 000元。将另一套住房与谢某交换，王某的住房价值为180 000元，谢某的住房价值为150 000元，谢某支付30 000元差价给王某。假定当地政府规定的契税税率为3%。请计算王某、李某、谢某各自应缴纳的契税。

王某不缴纳契税。
李某应纳税额 = 150 000 × 3% = 4 500（元）
谢某应纳税额 = (180 000 - 150 000) × 3% = 900（元）

（三）契税的征收管理

1. 契税的纳税义务发生时间。

（1）契税的纳税义务发生时间是纳税人签订土地、房屋权属转移合同的当天，或者纳税人取得其他具有土地、房屋权属转移合同性质凭证的当天。

（2）纳税人因改变土地、房屋用途应当补缴已经减征、免征契税的，其纳税义务发生时间为改变有关土地、房屋用途的当天。

2. 契税的纳税期限。

（1）纳税人应当自纳税义务发生之日起 10 日内，向土地、房屋所在地的契税征收机关办理纳税申报，并在契税征收机关核定的期限内缴纳税款。

（2）纳税人符合减征或者免征契税规定的，应当在签订土地、房屋权属转移合同后 10 日内，向土地、房屋所在地的契税征收机关办理减征或者免征契税手续。经批准减征、免征契税的纳税人改变有关土地、房屋用途，应当补缴已经减征、免征的税款。

3. 契税的纳税地点和征收机关。

契税的纳税地点为土地、房屋所在地。

契税由各级财政机关或地方税务机关负责征收管理。具体征收机关由省、自治区、直辖市人民政府确定。纳税人办理纳税事宜后，契税征收机关应当向纳税人开具契税完税凭证。土地管理部门、房产管理部门应当向契税征收机关提供有关资料，并协助契税征收机关依法征收契税。

纳税人应当持契税完税凭证和其他规定的文件材料，依法向土地管理部门、房产管理部门办理有关土地、房屋权属变更登记手续。纳税人未出具契税完税凭证的，土地管理部门、房产管理部门不予办理有关土地、房屋权属变更登记手续。

第12章

城市维护建设税、印花税和车辆购置税

【内容提要】 城市维护建设税是对缴纳增值税、消费税、营业税的单位和个人征收的一个税种。印花税是对经济活动和经济交往中书立、领受的凭证征收的一种税。车辆购置税是对购置车辆的单位和个人征收的一种税。本章主要研究城市维护建设税、印花税和车辆购置税的基本概念、纳税人、征税范围、税率结构、应纳税额计算、征收管理等问题。

第一节 城市维护建设税

一、城市维护建设税的概述

城市维护建设税是对缴纳增值税、消费税、营业税的单位和个人征收的一个税种。

新中国成立以来,我国城市建设和维护取得了一定成效,但用于城建方面的资金一直不足。1979年以前,我国城市维护建设的资金来源由当时的工商税附加、城市公用事业附加和国家下拨城市维护费组成。1979年国家开始在部分大中城市试行从上年工商利润中提取5%用于城市维护和建设的办法,但未能从根本上解决问题。1981年国务院在批转财政部关于改革工商税制的设想中提出:"根据城市建设的需要,开征城市维护建设税,作为县以上城市和工矿区市政建设的专项资金"。现行的城市维护建设税是1985年2月8日由国务院发布《中华人民共和国城市维护建设税暂行条例》,并于1985年1月1日起实施。

二、城市维护建设税的特点

(一) 属于一种附加税

城市维护建设税是以纳税人实际缴纳的增值税、消费税、营业税税额为计税依据,随"三税"同时征收,其本身没有特定的课税对象,其征管方法也完全比照"三税"的有关规定办理。

(二) 税款专款专用

国家的税收收入一般都直接纳入国家预算，根据中央和地方政府的需要，统一安排使用到国家建设和事业发展的各个方面，税法并不规定各个税种收入的具体用途。但城市维护建设税的所征税款实行专款专用，要求保证用于城市公用事业和公共设施的维护和建设。

(三) 按城镇规模设计不同的比例税率

城市维护建设税的税率是依据纳税人所在城镇的规模及其资金需要而设计，与纳税人获取的利润水平或经营特点关联不大。城市规模大的，税率高；反之，就低一些。

三、城市维护建设税的征税对象、纳税人和税率

(一) 城市维护建设税的征税对象

城市维护建设税的征税对象为纳税人实际缴纳的增值税、消费税、营业税。

(二) 城市维护建设税的纳税人

城市维护建设税的纳税人是指在征税范围内从事工商经营并缴纳增值税、消费税、营业税的单位和个人，即负有缴纳"三税"义务的单位和个人。包括国有企业、集体企业、私营企业、股份制企业、其他企业和行政单位、事业单位、军事单位、社会团体、其他单位，以及个体工商户及其他个人，只要交纳了增值税、消费税、营业税的任何一种税，都必须同时缴纳城市维护建设税。

个体商贩及个人在集市上出售商品，对其征收临时经营的增值税，是否同时按其实缴税额征收城市维护建设税，由各省、自治区、直辖市人民政府根据实际情况确定。

自2010年12月1日起，外商投资企业和外国企业及外籍个人开始征收城市维护建设税。对外资企业2010年12月1日（含）之后发生纳税义务的增值税、消费税、营业税征收城市维护建设税；对外资企业2010年12月1日（含）之前发生纳税义务的增值税、消费税、营业税不征收城市维护建设税。

(三) 城市维护建设税的税率

城市维护建设税的税率，是指纳税人应交纳的城市维护建设税税额与纳税人实际交纳的"三税"税额之间的比率。城市维护建设税在税率设计上，考虑到不同地区维护建设资金的需要，根据谁受益、谁负担，受益不同负担不同的原则，实行地区差别比例税率，按纳税人所在地的行政区划来设定适用税率，具体为：

1. 纳税人所在地在城市市区的，税率为7%；
2. 纳税人所在地在县城、建制镇的，税率为5%；
3. 纳税人所在地不在城市市区、县城、建制镇的，税率为1%。

另外，货物运输业代开发票纳税人管理的所有单位和个人（包括外商投资企业、特区

企业和其他单位、个人），凡按规定应当征收营业税的，在代开货物运输业发票时一律按开票金额3%征收营业税，按营业税税款7%预征城市维护建设税。在代开发票时已征收的属于法律、法规规定的减征或者免征的城市维护建设税及高于法律、法规的城市维护建设税税率征收的税款，在下一征期退税。

纳税人一般应按所在地适用的税率计算纳税。但对下列两种情况，可按缴纳"三税"所在地的适用税率就地缴纳城市维护建设税。

第一种情况是：由受托方代征、代扣"三税"的单位和个人，其代征、代扣的城市维护建设税按受托方所在地适用税率；

第二种情况是：流动经营等无固定经营场所和纳税地点的单位和个人，在经营地缴纳"三税"的，其城市维护建设税的缴纳按经营地适用税率。

对铁道部应纳的城市维护建设税，由于铁道部汇总缴纳营业税，难以适用地区差别税率，因此，特规定，其缴纳城市维护建设税的税率统一为5%。

四、城市维护建设税的减税免税

城市维护建设税原则上不单独减免，但因城市维护建设税又具有附加税性质，当主税发生减免时，城市维护建设税相应发生减免。城市维护建设税的税收减免具体有以下几种情况：

1. 城市维护建设税按减免后实际缴纳的"三税"税额计征，即随"三税"的减免而减免。

2. 对于因减免而需进行退库的，城市维护建设税也可同时退库。

3. 海关对进口产品代征增值税、消费税的，不征收城市维护建设税。对出口产品退还增值税、消费税的，不退还已交纳的城市维护建设税。

此外，对增值税、消费税、营业税"三税"实行先征后返、先征后退、即征即退办法的，除另有规定外，对随"三税"附征的城市维护建设税，一律不予退（返）还。

五、城市维护建设税应纳税额的计算

（一）城市维护建设税的计税依据

城市维护建设税以纳税人实际缴纳的增值税、消费税、营业税税额为计税依据。纳税人违反"三税"有关规定而加收的滞纳金和罚款，不作为城市维护建设税的计税依据，但纳税人在被查补"三税"和被处以罚款时，应同时对其偷漏的城市维护建设税进行补税、征收滞纳金和罚款。

（二）城市维护建设税应纳税额的计算

城市维护建设税纳税人的应纳税额是以纳税人实际交纳的"三税"税额为计税依据，其计算公式为：

应纳税额＝实际缴纳的增值税、消费税、营业税税额×适用税率

【例12-1】地处市区的某股份制企业7月缴纳增值税50万元、消费税30万元、营业税12万元。计算该企业应纳的城市维护建设税税额。

应纳的城市维护建设税税额 = (50 + 30 + 12) × 7% = 6.44（万元）

【例12-2】地处县城的某企业6月应缴纳增值税234万元，其中因符合税法规定退库30万元；消费税50万元；营业税15万元，因迟交税款被加收滞纳金0.15万元。计算该企业应纳的城市维护建设税税额。

应缴纳的城市维护建设税税额 = (234 - 30 + 50 + 15) × 5% = 13.45（万元）

六、城市维护建设税的征收管理

（一）纳税义务发生的时间

纳税人只要发生了增值税、消费税、营业税的纳税义务，城市维护建设税的纳税义务也就发生了。

（二）纳税期限

由于城市维护建设税是由纳税人在缴纳"三税"时同时缴纳的，所以其纳税期限分别与"三税"的纳税期限一致。根据税法规定，增值税、消费税的纳税期限均分别为1日、3日、5日、10日、15日或者1个月；营业税的纳税期限分别为5日、10日、15日或者1个月。"三税"纳税人的具体纳税期限，由主管税务机关根据纳税人应纳税额的大小分别核定；不能按照固定期限纳税的，可以按次纳税。

（三）纳税地点

纳税人缴纳城市维护建设税的地点，就是该纳税人缴纳"三税"的地点。但是，属于下列情况的，其纳税地点有不同的规定：

1. 代征、代扣"三税"的单位和个人，其城市维护建设税的纳税地点在代征、代扣地。具体情况如下：

（1）委托加工产品，委托代销商品及企业收购工业手工业品，规定由委托方或收购企业代扣代缴增值税、消费税、营业税的单位和个人，同时按照当地适用税率代扣城市维护建设税。

（2）交通运输管理部门对运输单位和个人代扣代缴营业税，同时按照当地适用税率代扣城市维护建设税。

2. 跨省开采的油田，下属生产单位与核算单位不在一个省内的，其生产的原油，在油井所在地缴纳增值税，其应纳税款由核算单位按照各油井的产量和规定税率，计算汇拨各油井缴纳。所以，各油井应纳的城市维护建设税，应由核算单位计算，随同增值税一并汇拨油井所在地，由油井在缴纳增值税的同时，一并缴纳城市维护建设税。

3. 对管道局输油部分的收入，由取得收入的各管道局于所在地缴纳营业税。所以，其应纳的城市维护建设税，也应由取得收入的各管道局于所在地缴纳营业税时一并缴纳。

4. 对流动经营等无固定纳税地点的单位和个人，应随同"三税"在经营地按适用税率缴纳城市维护建设税。

5. 各银行在缴纳营业税时，均由取得收入的核算单位在原地缴纳城市维护建设税。

第二节 印花税

一、印花税的概述

印花税是对经济活动和经济交往中，书立、领受的应税凭证的行为为征税对象的一种税。

印花税最早产生于1624年的荷兰，后来为许多国家所采用。印花税是一个比较古老的税种，由于它是在凭证上粘贴印花税票作为完税的标志，故称印花税，因此，印花税是一种具有行为税性质的凭证税。新中国成立以后，中央人民政府政务院于1950年1月颁布《全国税政实施要则》，规定印花税为全国统一开征的14个税种之一。经1953年和1956年两次修订后，缩小了征收范围，1958年简化税制时，将印花税并入工商统一税征收。现行印花税的基本法规是1988年8月6日国务院颁布的《中华人民共和国印花税暂行条例》，并于同年10月1日恢复征收印花税。

开征印花税，有利于完善税制体系，扩大地方财政收入；有利于促进社会主义市场经济新秩序的建立；有利于提高各类凭证的合法地位，增强纳税人自觉依法纳税的意识。

二、印花税的特点

（一）征税范围广泛

印花税的对象为在我国境内书立、领受应税凭证的行为，其征税范围广，主要表现在两个方面：一是涉及的应税行为广泛，包括书立和领受应税凭证的行为，这些行为是经济生活中经常发生的；二是涉及的应税凭证范围广泛，包括各类经济合同、营业账簿、权利许可证照等，这些凭证在经济生活中被广泛的使用。

（二）税率低、税负轻

印花税税负较轻，主要表现在其税率或税额明显低于其他税种，最低比例税率是万分之零点五，一般的为万分之几或千分之几；定额税率是每件应税凭证5元。

（三）自行贴花纳税

印花税实行"三自"缴纳方法，即自行计算、自行购印花税票贴花、自行划销的纳税方法。

（四）多缴不退不抵

印花税条例规定，凡多贴印花税票者，不得申请退税或抵用。

三、印花税的征税对象、纳税人和税率

(一) 印花税的征税对象

印花税属于行为课税,其征税对象为在我国境内书立、领受应税凭证的行为。应税凭证的具体范围包括:

1. 合同或具有合同性质的凭证。包括购销、加工承揽、建设工程承包、财产租赁、货物运输、仓储保管、借款、财产保险、技术合同或者具有合同性质的凭证。所谓合同,是指根据《中华人民共和国经济合同法》、《中华人民共和国涉外经济合同法》和其他有关合同法规订立的合同。所谓具有合同性质的凭证,是指具有合同效力的协议、契约、合同、单据、确认书及其他各种名称的凭证。所谓建设工程承包合同,是指建设工程勘察设计合同和建筑安装工程承包合同。建设工程承包合同包括总承包合同、分包合同和转包合同。

2. 产权转移书据。是指单位和个人产权的买卖、继承、赠与、交换、分割等所立的书据。包括财产所有权和版权、商标专用权、专利权、专有技术使用权等转移所书立的书据。

3. 营业账簿。是指单位或者个人记载生产经营活动的财务会计核算账簿。包括单位和个人从事生产经营活动所设立的各种账册。税目税率表中的"记载资金的账簿",是指载有"实收资本"和"资本公积"的总分类账簿,或者专门设置的记载"实收资本"和"资本公积"的账簿。税目税率表中的"其他账簿",是指除上述账簿以外的账簿,包括日记账簿和各明细分类账簿。

4. 权利、许可证照。是指政府管理机关登记注册的动产和不动产的所有权转移所立的书据。包括房屋产权证、工商营业执照、商标注册证、专利证、土地使用证等,以及企业股权转让所立的书据。

5. 经财政部确定征税的其他凭证。

(二) 印花税的纳税人

印花税的纳税人,是在我国境内书立、使用、领受应税凭证的单位和个人。所谓单位和个人,是指国内各类企业、事业、机关、团体、部队以及中外合资企业、合作企业、外资企业、外国公司企业和其他经济组织及其在华机构等单位和个人。根据不同的征税对象,印花税的纳税人分别为立合同人、立据人、立账簿人、领受人和使用人五种。

1. 立合同人。指合同的当事人。所谓当事人,是指对凭证有直接权利义务关系的单位和个人,但不包括合同的担保人、证人、鉴定人。各类合同的纳税人是立合同人。各类合同包括购销、加工承揽、建设工程承包、财产租赁、货物运输、仓储保管、借款、财产保险、技术合同或者具有合同性质的凭证。

2. 立据人。产权转移书据的纳税人是立据人。

3. 立账簿人。营业账簿的纳税人是立账簿人。

4. 领受人。指领取或接受并持有权利、许可证照的单位和个人。权利、许可证照的纳税人是领受人。

5. 使用人。在国外书立、领受,但在国内使用的应税凭证,其纳税人是使用人。

6. 各类电子应税凭证的签订人。

以电子形式签订的各类应税凭证当事人。

对同一应税凭证，凡由两方或两方以上当事人共同书立的，其当事人各方都是印花税的纳税人，应由各方就其所持凭证的计税金额履行纳税义务。

(三) 印花税的税率

印花税的税率有两种形式，即比例税率和定额税率。

1. 购销合同、建筑安装工程承包合同和技术合同分别按购销金额、承包金额和合同所载金额计税，税率为0.3‰。
2. 加工承揽合同、建设工程勘察设计合同，货物运输合同、产权转移书据和记载资金的账簿分别按加工承揽收入、收取费用、运输费用和所载金额计税，税率为0.5‰。
3. 财产租赁合同、财产保险合同和仓储保管合同，分别按租赁金额、保险费收入和仓储保管费用计税，税率为1‰。
4. 借款合同按借款金额计税，税率为0.05‰。
5. 营业账簿中的其他账簿、权利许可证照按件贴花，税率为每件5元。
6. 股权转让书据（A、B股票交易）税率为1‰。

印花税税目税率见表12-1。

表12-1 印花税税目税率

税 目	范 围	税 率	纳税人
1. 购销合同	包括供应、预购、采购、购销结合及协作、调剂、补偿、易货等合同	按购销金额万分之三贴花	立合同人
2. 加工承揽合同	包括加工、定做、修缮、修理、印刷、广告、测绘、测试等合同	按加工或承揽收入万分之五贴花	立合同人
3. 建设工程勘察设计合同	包括勘察、设计合同	按收取费用万分之五贴花	立合同人
4. 建筑安装工程承包合同	包括建筑、安装工程承包合同	按承包金额万分之三贴花	立合同人
5. 财产租赁合同	包括租赁房屋、船舶、飞机、机动车辆、机械、器具、设备等合同	按租赁金额千分之一贴花；税额不足1元的，按1元贴花	立合同人
6. 货物运输合同	包括民用航空运输、铁路运输、海上运输、内河运输、公路运输和联运合同	按运输费用万分之五贴花	立合同人
7. 仓储保管合同	包括仓储、保管合同	按仓储保管费用千分之一贴花	立合同人

续表

税　目	范　围	税　率	纳税人
8. 借款合同	银行及其他金融组织和借款人（不包括银行同业拆借）所签订的借款合同	按借款金额万分之零点五贴花	立合同人
9. 财产保险合同	包括财产、责任、保证、信用等保险合同	按保险费收入千分之一贴花	立合同人
10. 技术合同	包括技术开发、转让、咨询、服务等合同	按所载金额万分之三贴花	立合同人
11. 产权转移书据	包括财产所有权和版权、商标专用权、专利权、专有技术使用权等转移书据	按所载金额万分之五贴花	立据人
12. 股权转让书据	上市股票、企业内部发行的股票等转让书据	按股权转让金额千分之一贴花	立据人
13. 资金账簿	实收资本、资本公积	按账簿记录金额万分之五贴花	立账簿人
14. 其他账簿	营业账簿（除实收资本、资本公积账簿）	每件5元	立账簿人
15. 权利许可证照	房屋产权证、工商营业执照、商标注册证、专利证、土地使用证等证照	每件5元	领受人

四、印花税的减税免税

（一）已缴纳印花税的凭证的副本或者抄本免税。

（二）国家指定的收购部门与村民委员会、农民个人书立的农副产品收购合同免税。

（三）无息、贴息贷款合同免税。

（四）外国政府或者国际金融组织向我政府及国家金融机构提供优惠贷款所书立的合同免税。

（五）房地产管理部门与个人签订的用于生活居住的租赁合同免税。

（六）农牧业保险合同免税。

（七）军事物资运输凭证、抢险救灾物资运输凭证、新建铁路的工程临管线运输凭证免税。

五、印花税应纳税额的计算

(一) 印花税的计税依据

印花税的计税依据有两种：计税金额和应税凭证件数。

1. 购销合同的计税依据为合同记载的购销金额。
2. 加工承揽合同的计税依据是加工或承揽收入的金额。
3. 建设工程勘察设计合同的计税依据为收取的费用。
4. 建筑安装工程承包合同的计税依据为承包金额。
5. 财产租赁合同的计税依据为租赁金额。税额不足1元的，按1元贴花。
6. 货物运输合同的计税依据为取得的运输费金额，即运输费收入，不包括所运货物的金额、装卸费和保险费等。
7. 仓储保管合同的计税依据为收取的仓储保管费用。
8. 借款合同的计税依据为借款金额。
9. 财产保险合同的计税依据为支付（收取）的保险费，不包括所保财产的金额。
10. 技术合同的计税依据为合同所载的价款、报酬或使用费。为了鼓励技术研究开发，对技术开发合同，只就合同所载的报酬金额计税，研究开发经费不作为计税依据。单对合同约定按研究开发经费一定比例作为报酬的，应按一定比例的报酬金额贴花。
11. 产权转移书据的计税依据为所载金额。
12. 营业账簿税目中记载资金的账簿的计税依据为"实收资本"与"资本公积"两项的合计金额。其他账簿的计税依据为应税凭证件数。
13. 权利、许可证照的计税依据为应税凭证件数。

需要注意的是：

（1）应税凭证以"金额"、"收入"、"费用"作为计税依据的，应当全额计税，不得作任何扣除。

（2）同一凭证，载有两个或两个以上经济事项而适用不同税目税率，如分别记载金额的，应分别计算应纳税额，相加后按合计税额贴花；如未分别记载金额的，按税率高的计税贴花。

（3）按金额比例贴花的应税凭证，未标明金额的，应按照凭证所载数量及国家牌价计算金额；没有国家牌价的，按市场价格计算金额，然后按规定税率计算应纳税额。

（4）应税凭证所载金额为外国货币的，应按照凭证书立当日国家外汇管理局公布的外汇牌价折合成人民币，然后计算应纳税额。

（5）应纳税额不足1角的，免纳印花税；1角以上的，其税额尾数不满5分的不计，满5分的按1角计算。

（6）有些合同，在签订时无法确定计税金额，如技术转让合同中的转让收入，是按销售收入的一定比例收取或是按实现利润分成的；财产租赁合同，只是规定了月（天）租金标准而却无租赁期限的。对这类合同，可在签订时先按定额5元贴花，以后结算时再按实际金额计税，补贴印花。

（二）印花税应纳税额的计算

1. 从价计征的公式：

应纳税额 = 应纳税凭证记载的金额（或费用、收入额）× 适用税率

2. 从量计征的公式：

应纳税额 = 应税凭证件数 × 税额标准（5元）

[例12-3] 某企业某年2月成立，当年度有关资料如下：领受房屋产权证、工商营业执照、土地使用证各一件；与银行签订一年期借款合同，借款金额3 000 000元，年利率5%；与甲公司签订以货换货合同，本企业的货物价值350 000元，甲公司的货物价值450 000元；与乙公司签订受托加工合同，乙公司提供价值800 000元的原材料，本企业提供价值150 000元的辅助材料并收加工费200 000元；与货运公司签订运输合同，载明运输费用80 000元（其中含装卸费5 000元）；与铁路部门签订运输合同，载明运输费及保管费共计200 000元；计算该企业当年应缴纳的印花税。

（1）领受权利、许可证照应纳印花税 = 3 × 5 = 15（元）
（2）借款合同应纳印花税 = 3 000 000 × 0.05‰ = 150（元）
（3）以货换货合同应纳印花税 = (350 000 + 450 000) × 0.3‰ = 2 400（元）
（4）加工合同应纳印花税 = (150 000 + 200 000) × 0.5‰ = 175（元）
（5）货运合同应纳印花税 = (80 000 - 5 000) × 0.5‰ = 37.5（元）
（6）铁路运输合同应纳印花税 = 20 000 × 1‰ = 100（元）
（7）该企业当年应缴纳的印花税 = 15 + 150 + 2 400 + 175 + 37.5 + 100 = 2 877.5（元）

六、印花税的征收管理

（一）缴纳方法

印花税的纳税办法，按照应纳税额大小、纳税次数多少及征管的需要，分别采用自行贴花、汇贴或汇缴、委托代征三种纳税办法。印花税票为有价证券，票面金额以人民币为单位，分1角、2角、5角、1元、2元、5元、10元、50元和100元9种。

1. 自行贴花。这种办法一般适用于应税凭证较少或同一凭证缴纳次数较少的纳税人。纳税人书立、领受或者使用应税凭证的同时，纳税义务即已产生，应当根据应税凭证的性质和适用税率，自行计算应纳税额，自行购买印花税票，自行一次贴足印花税票并加以注销或画销，纳税义务才算全部履行完毕。

2. 汇贴或汇缴。这种办法一般适用于应纳税额较大或者贴花次数频繁的纳税人。

对一份凭证应纳税额超过500元的，应向当地税务机关申请填写缴款书或者完税证，将其中一联粘贴在凭证上或者由税务机关在凭证上加注完税标记代替贴花。

同一种类应税凭证，需要频繁贴花的，应向当地税务机关申请按期汇总缴纳印花税。获准汇总缴纳印花税的纳税人，应持有税务机关发给的汇缴许可证。汇总缴纳的期限由当地税务机关确定，但最长期限不得超过1个月。

凡汇总缴纳印花税的凭证，应加注税务机关指定的汇缴戳记、编号并装订成册后，将已

贴印花或者缴款书的一联粘贴附册后，盖章注销，保存备查。

3. 委托代征。这一办法主要是通过税务机关的委托，经由发放或办理应纳税凭证的单位代为征收印花税税款。

纳税人不论采用哪一种纳税办法，均应对纳税凭证妥善保存。凭证的保存期限，凡国家已有明确规定的，按规定办理；其余凭证均应在履行纳税义务完毕后保存1年。

（二）纳税地点

按规定，印花税的纳税地点是在合同的签订时、书据的立据时、账簿的启用时和证照的领用时贴花，也就是行为发生时的地点就是印花税的纳税地点

（三）处罚规定

印花税采取轻税重罚，处罚的主要规定有：

1. 纳税人在应税凭证上未贴或少贴印花税票的，税务机关除责令其补贴印花税票外，可处以应补贴印花税票金额3~5倍的罚款。

2. 纳税人在应税凭证上贴花后，不同时注销或画销的，税务机关可处以未注销或者未画销印花税票金额1~2倍的罚款。

3. 纳税人将已贴用在应税凭证上的印花税票揭下重用的，税务机关可处以重用印花税票金额5倍或者2 000元以上10 000元以下的罚款。

4. 纳税人对汇总缴纳印花税的凭证不按规定办理并保存备查的，由税务机关处以5 000元以下罚款；情节严重的，撤销其汇缴许可证。

5. 纳税人未按规定期限保存纳税凭证的，由税务机关酌情处以5 000元以下罚款。

6. 代售户对取得的税款逾期不缴或者挪作他用；或者违反合同将所领印花税票转托他人代售或者转至其他地区销售；或者未按规定详细提供领、售印花税票情况的，税务机关可视其情节轻重，给予警告或者取消其代售资格的处罚。

7. 伪造印花税票的，属犯罪行为，由司法机关依法追究刑事责任。

第三节　车辆购置税

一、车辆购置税的概述

车辆购置税是对购置车辆的单位和个人征收的一种税。现行车辆购置税法的基本规范，是2000年10月22日由国务院发布《中华人民共和国车辆购置税暂行条例》，从2001年1月1日起实施。

二、车辆购置税的特点

（一）征收环节单一

车辆购置税实行一次课征制，只在消费领域的特定环节征收，而在生产、经营过程中是

不征收的。

(二) 征收范围窄

作为财产税的车辆购置税,只对购置车辆为征税对象,范围较窄。

(三) 征税具有特定目的

车辆购置税是具有专门用途,由中央财政根据国家交通建设投资计划,统筹安排。

(四) 税负不具有转嫁性

车辆购置税的计税依据中不包括车辆购置税税额,车辆购置税额是附加在价格之外的,纳税人就是负税人,税负不转嫁。

三、车辆购置税的征税范围、纳税人和税率

(一) 车辆购置税的征收范围

车辆购置税的征收范围包括购置各类汽车、摩托车、电车、挂车、农用运输车。车辆购置,包括纳税人购买、进口、自产、受赠、获奖或者以其他方式取得并自用应税车辆行为。

(二) 车辆购置税的纳税人

车辆购置税的纳税人是在中国境内购买、进口、自产、受赠、获奖或者以其他方式取得并自用应税车辆的各类企业、单位和个人。

(三) 车辆购置税的税率

车辆购置税实行比例税率,税率为10%。

四、车辆购置税的减税免税

下列项目可以免征减征车辆购置税:
(一) 外国驻华使馆、领事馆和国际组织驻华机构及其外交人员自用的车辆,免税。
(二) 中国人民解放军和中国人民武装警察部队列入军队武器装备订货计划的车辆,免税。
(三) 设有固定装置的非运输车辆,免税。设有固定装置的非运输车辆是指,挖掘机、平地机、叉车、装载车(铲车)、起重机(吊车)、推土机等工程机械。
(四) 防汛部门和森林消防等部门购置的由指定厂家生产的指定型号的用于指挥、检查、调度、防汛(警)、联络的专用车辆(以下简称防汛专用车和森林消防专用车),免税。
(五) 回国服务的在外留学人员用现汇购买的国产小汽车(限1辆),免税。
(六) 长期来华定居专家进口自用小汽车(限1辆),免税。
(七) 自2010年1月20日至12月31日期间购置的排气量在1.6升及以下的小排量乘

用车,暂减按 7.5% 的税率征收车辆购置税。

五、车辆购置税应纳税额的计算

(一) 车辆购置税的计税依据

1. 纳税人购买自用车辆的,为纳税人支付给销售者的全部价款和价外费用,不包括增值税税款。价外费用是指,销售方在车价以外向购买方收取的基金、集资费、返还利润、补贴、违约金（延期付款利息）和手续费、包装费、储存费、优质费、运输装卸费、保管费、代收款项、代垫款项以及其他各种性质的价外收费。

2. 纳税人进口自用车辆的应税车辆的计税价格为：

计税价格 = 关税完税价格 + 关税 + 消费税

3. 纳税人自产、受赠、获奖或者以其他方式取得并自用车辆,计税依据由车购办参照国家税务总局核定的应税车辆最低计税价格核定。

4. 最低计税价格的确定。最低计税价格是指国家税务总局依据车辆生产企业提供的车辆价格信息并参照市场平均交易价格核定的车辆购置税计税价格。

（1）纳税人购买自用或者进口自用车辆,申报的计税价格低于同类型应税车辆的最低计税价格,又无正当理由的,计税依据为最低计税价格。

（2）对已经缴纳车辆购置税并办理了登记注册手续的车辆,其底盘（车架）、发动机发生更换的车辆,其计税依据为最新核发的同类型车辆最低计税价格的 70%。

（3）免税、减税车辆因转让、改变用途等原因不再属于免税、减税范围的,应当在办理车辆过户手续前或者办理变更车辆登记注册手续前按最低计税价格计算缴纳车辆购置税。

最低计税价格 = 同类型应税车辆的最低计税价格 × (1 - 已使用年限 ÷ 规定使用年限) × 100%

(二) 车辆购置税应纳税额的计算

车辆购置税实行从价定率一次课征的办法。购置已征车辆购置税的车辆,不再征收车辆购置税。计税公式为：

应纳税额 = 计税价格 × 适用税率

1. 纳税人购买自用车辆的计税公式为：

应纳税额 = (支付的全部价款 + 价外费用) × 适用税率

2. 纳税人进口自用车辆的计税公式为：

应纳税额 = (关税完税价格 + 关税 + 消费税) × 适用税率

3. 纳税人自产、受赠、获奖或以其他方式取得的自用车辆的计税公式为：

应纳税额 = 规定的最低计税价格 × 适用税率

【例12-4】某企业20××年3月份在国内购买富康轿车一辆,排气量为1.6升(自用),取得的普通发票金额为25万元。同年6月份购买进口奔驰轿车一辆,排气量2.8升(自用),完税价格100万元人民币,关税税率为20%,消费税税率为12%。计算该企业车辆购置税。

富康轿车应纳的车辆购置税 = 25 ÷ (1 + 17%) × 5% = 1.07(万元)
奔驰轿车应纳消费税 = 100 × (1 + 20%) ÷ (1 - 12%) × 12% = 16.36(万元)
奔驰轿车应纳的车辆购置税 = (100 + 20 + 16.36) × 10% = 13.636(万元)

六、车辆购置税的征收管理

(一)纳税期限

1. 购买自用应税车辆的,应当自购买之日起60日内申报纳税;
2. 进口自用应税车辆的,应当自进口之日起60日内申报纳税;
3. 自产、受赠、获奖或者以其他方式取得并自用应税车辆的,应当自取得之日起60日内申报纳税。

购买之日是指纳税人购车发票上注明的销售日期;进口之日是指纳税人报关进口的当天。

(二)纳税地点

纳税人购置应税车辆,应当向车辆登记注册地的税务机关申报缴纳车辆购置税。另外,纳税人应当持主管税务机关出具的完税证明或者免税证明,向公安机关车辆管理机构办理车辆登记注册手续;没有完税证明或者免税证明的,公安机关车辆管理机构不得办理车辆登记注册手续。

税务机关应当及时向公安机关车辆管理机构通报纳税人缴纳车辆购置税的情况。公安机关车辆管理机构应当定期向税务机关通报车辆登记注册的情况。

税务机关发现纳税人未按照规定缴纳车辆购置税的,有权责令其补缴;纳税人拒绝缴纳的,税务机关可以通知公安机关车辆管理机构暂扣纳税人的车辆牌照。

附录 1

烟 叶 税

一、烟叶税的由来

我国烟叶税制在不同的历史时期，经历了多次变化。新中国成立，初期国家规定对采购单位收购的烟叶按照50%的税率实行从价计税。1957年起，由于烤烟收购价格的几次提高，为了不过多提高烟叶的供应价格，当时的全国物价委员会、财政部、轻工业部和全国供销合作社联合下达了"关于调整烤烟供应价格的联合通知"，规定从1963年起烤烟的工商统一税按1960年收购价征税，1960年以后烤烟收购价格提高部分不征税。由于这种措施手续繁琐，财政部（65）财税字106号"关于调整熏烟叶税率和计税价格问题的通知"规定从1966年起依照实际的收购价格按40%的税率征收工商统一税。

1984年第二步利改税后原烤烟40%的工商税改为38%的产品税。由于生产烟叶高税率的驱动，1992年我国烟叶生产达到历史最高水平，全国收购烟叶5 528.6万担，出现了盲目发展的趋势。对此，国务院（1983）122号文件和125号文件明确要求对国家计划内生产收购的烤烟，按照国家牌价收购，对超计划或无计划生产收购烤烟税金全部上缴中央财政，并向下浮动收购价格20%。1993年为加强烟叶生产的宏观管理，国务院国办发（1993）43号文进一步规定"烟叶收购必须严格执行国家计划，对超过国家计划收购的烟叶税金要全部上缴中央财政。"由于从1987年到1995年国家4次调整了烤烟收购价格，全国烤烟每担平均收购均价已从1987年的86.18元提高到1995年的213.19元，为保持地方的税赋水平和既得利益，国家税务总局国税发（1993）096号和国务院国办发（1993）43号文规定烟叶的产品税由38%降为31%。并规定从1993年起出口的烟叶退税税率也调整为31%。

1994年国务院颁布的《关于对农业特产收入征收农业税的规定》中，将烟叶农业特产税税率规定为31%。规定由烟叶部门代扣代缴，是一种收购环节缴纳的从价税，税收归地方政府。烟叶农业特产税成为农林特产品中最高的一项纳税产品。同时，财政部（94）财预字第207号规定取消出口烟叶的退税。为加强烟草行业的宏观管理，妥善处理国家、企业和农民三者之间的利益关系，促进烟叶供求总量平衡，稳定卷烟销售，国务院决定调整烟叶、卷烟的价格和税收政策，于1998年7月印发了《国务院关于调整烟叶和卷烟价格及税收政策的紧急通知》（国发明电〔1998〕7号）。规定降低烟叶收入的农业特产税税率。在提高烟叶收购价格的同时，将烟叶收入的农业特产税税率由31%降为20%，并按调整后的烟叶收购价格计征。由于调低税率而减少的地方财政收入，由中央财政根据1998年国家下达的烟叶收购计划和1997年全国烟叶平均收购价格对省级财政一次性给予适当补助。具体办法由财政部另行制定。

烟叶税制改革早就被列入政府工作日程。2004年温家宝总理在《政府工作报告》中宣布："从今年起，除烟叶税外，取消农业特产税，逐步降低农业税税率，平均每年降低1个百分点以上，5年内取消农业税"。这样，根据农业特产税改革的制度安排，2006年提前在全国彻底取消农业税的情况下，烟叶农特产税继续保留了下来。2006年4月28日，《中华人民共和国烟叶税暂行条例》（中华人民共和国国务院令第464号）正式施行。

烟叶农特产税的收入全部归地方政府，在一些烟叶主产区烟叶农特户税已经成为地方政府稳定的税源和财政的支柱。烟叶种植主要分布在贫困的边远山区，据统计，全国510个种烟县中有185个属国家扶贫开发重点县，其他有相当一部分种烟县属于省级扶贫县。2005年，全国烟叶税收入达41.48亿元，烟叶种植提供的农特税对地方财政发挥了一定的作用。

二、烟叶税的主要内容

烟叶税以在中华人民共和国境内收购烟叶的单位为烟叶税的纳税人。其征税范围包括烟叶，是指晾晒烟叶、烤烟叶。烟叶税实行比例税率，税率为20%。税率的调整，由国务院决定。烟叶税的应纳税额按照纳税人收购烟叶的收购金额和规定的税率计算。应纳税额的计算公式为：

应纳税额 = 烟叶收购金额 × 税率

烟叶税由地方税务机关征收。纳税人收购烟叶，应当向烟叶收购地的主管税务机关申报纳税。烟叶税的纳税义务发生时间为纳税人收购烟叶的当天。纳税人应当自纳税义务发生之日起30日内申报纳税。具体纳税期限由主管税务机关核定。

附录 2

教育费附加

一、教育费附加概述

教育费附加是对缴纳增值税、消费税、营业税的单位和个人,就其实际缴纳的税额为计算依据征收的一种附加费。

教育费附加是为了加快地方教育事业的发展,扩大地方教育经费的资金而征收的一项专用基金。1984年国务院颁布了《关于筹措农村学校办学经费的通知》,开征了农村教育事业经费附加。1985年,中共中央作出了《关于教育体制改革的决定》,指出国家增拨教育经费的同时,开辟多种渠道筹措经费。为此,国务院于1986年4月28日颁布了《征收教育费附加的暂行规定》,并于同年7月1日开征。

二、教育费附加的征收范围及计征依据

教育费附加是对凡缴纳增值税、消费税、营业税的单位和个人征收,以其实际缴纳的都是缴纳的增值税、消费税、营业税为计征依据,分别与增值税、消费税、营业税同时缴纳。

对外资企业2010年12月1日(含)之后发生纳税义务的增值税、消费税、营业税征收教育费附加;对外资企业2010年12月1日(含)之前发生纳税义务的增值税、消费税、营业税不征收教育费附加。

三、教育费附加的计征比率

教育费附加的计征比率于1986年开征时,规定为1%;1990年5月《国务院关于修改〈征收教育费附加的暂行规定〉的决定》,规定为2%;按照1994年2月7日《国务院关于教育费附加征收问题的紧急通知》规定,现行教育费附加的计征比率为3%。

四、教育费附加的减免规定

教育费附加随增值税、消费税、营业税征收而征收，随增值税、消费税、营业税减免而减免。具体规定如下：

（一）对从事卷烟生产的单位，减半征收教育费附加。

（二）对海关进口产品征收的增值税、消费税不征收教育费附加。但对出口产品退还增值税、消费税的，不退还已征的教育费附加。

五、教育费附加的计算

应纳的教育费附加 = 实际缴纳增值税、消费税、营业税 × 计征率